新編諸子集成

新語校注

王利器 撰

中華書局

圖書在版編目(CIP)數據

新語校注/王利器撰. —北京:中華書局,1986.8
(2023.11 重印)
(新編諸子集成)
ISBN 978-7-101-08689-8

Ⅰ.新… Ⅱ.王… Ⅲ.①政論-中國-西漢時代②古典哲學-中國-西漢時代③《新語》-注釋 Ⅳ.B234.12

中國版本圖書館 CIP 數據核字(2012)第 090460 號

原版責編: 陳金生
新版責編: 石 玉
責任印製: 陳麗娜

新編諸子集成
新 語 校 注
王利器 撰
*
中 華 書 局 出 版 發 行
(北京市豐臺區太平橋西里 38 號 100073)
http://www.zhbc.com.cn
E-mail:zhbc@zhbc.com.cn
大廠回族自治縣彩虹印刷有限公司印刷
*
850×1168 毫米 1/32 · 9⅞印張 · 2 插頁 · 190 千字
1986 年 8 月第 1 版 2012 年 7 月第 2 版
2023 年 11 月第 13 次印刷
印數:29801-30700 册 定價:48.00 元

ISBN 978-7-101-08689-8

新編諸子集成出版説明

子書是我國古籍的重要組成部分。最早的一批子書産生在春秋末到戰國時期的百家争鳴中，其中不少是我國古代思想文化的珍貴結晶。秦漢以後，還有不少思想家和學者寫過類似的著作，其中也不乏優秀的作品。

二十世紀五十年代，中華書局修訂重印了由原世界書局出版的諸子集成。這套叢書匯集了清代學者校勘、注釋子書的成果，較爲適合學術研究的需要。但其中未能包括近幾十年特别是一九四九年後一些學者整理子書的新成果，所收的子書種類不够多，斷句、排印尚有不少錯誤，爲此我們從一九八二年開始編輯出版新編諸子集成，至今已出滿四十種。

新編諸子集成所收子書與舊本諸子集成略同，是一般研究者經常要閲讀或查考的書。每一種都選擇到目前爲止較好的注釋本，有的書兼收數種各具優長的注本，出版以來，深受讀者歡迎，還有不少讀者提出意見建議，幫助我們修訂完善這套書。

爲方便讀者閲讀和收藏，我們決定把原先單行的各個品種組合成一個套裝，計收書四十種，共六十册，予以整體推出。敬請讀者關注。

中華書局編輯部
二〇一八年二月

目録

前言

卷上

卷下

前言

元人胡助陸賈贊寫道：

乃公天下，馬上得之；每奏新語，輒爲解頤。縱横餘風，遊説奇術，臣服尉佗，交歡平、勃。〔一〕

於陸賈行事之可考見者，作了全面的肯定。在胡助之前，楊雄法言淵騫篇寫道：

言辭：婁敬、陸賈。

李軌注：「陸賈説尉佗爲漢臣，又作新語，高祖善之。」漢書刑法志寫道：

漢興，高祖躬神武之材，行寬仁之厚，總擥英雄，以誅秦、項；任蕭、曹之文，用良、平之謀，騁陸、酈之辯，明叔孫通之儀，文武相配，大略舉焉。

又陸賈傳贊寫道：

陸賈位止大夫，致仕諸吕，不受憂責，從容平、勃之間，附會將相，以彊社稷，身名俱榮，其最優乎！

又叙傳上載班固答賓戲寫道：

近者，陸子優繇，新語以興。〔二〕

賈作行人，百越來賓。從容風議，博我以文。

又叙傳下寫道：

師古注引李奇曰：「作新語也。」王充論衡書解篇寫道：

高祖既得天下，馬上之計未敗，陸賈造新語，高祖粗納采。呂氏橫逆，劉氏將傾，非陸賈之策，帝室不寧。蓋材知無不能，在所遭遇；遇亂則知有功，有起則以其材著書者也。

文選陸士衡漢高祖功臣頌寫道：

相國酇文終侯蕭何，……太中大夫楚陸賈，……右三十一人，與定天下、安社稷者也。頌曰……抑抑陸生，知言之貫，往制勁越，來訪皇漢。附會平、勃，夷凶翦亂，所謂伊人，邦家之彥。

師古注：「漢書：『武詔曰：詩云：九變復貫，知言之選。』應劭曰：『言變政復禮，合於先王舊貫。選，善也。』」又潘安仁西征賦寫道：

陸賈之優游宴喜。

舉以與蕭、曹、魏、邴之相，辛、李、衛、霍之將，以及蘇武、張騫、金日磾、司馬長卿、王子淵、楊子雲、司馬遷、劉子政、劉子駿、趙廣漢、張敞、王遵、王章、王駿、于定國、張釋之、汲長孺、鄭當時、終軍、賈誼等相提並論。又寫道：

或從容附會，望表知裏。

李善注：「謂陸賈也。」司馬貞史記索隱陸賈傳述贊寫道：

陸賈使越，尉佗慴怖。相説國安，書成主悟。

如上所述，陸賈之於漢家，風雲際會，有「定天下，安社稷」之功，然而位不過太中大夫，始終没有列入功臣名次，如史記高祖功臣侯者年表、漢書高惠高后文功臣表，漢高作十八侯位次，以及漢高時侯百四十七人，高后時十二人，孝文時十人，都未得厠身其間，難道亦如李少卿所説的「漢亦負德」〔三〕嗎？嘗試思之，陸賈於漢王則爲客，繼於諸吕時即致仕，史、漢所表功臣，都以軍功論，而陸賈無軍功，與賈合傳之酈食其，史記載：「高祖舉列侯功臣，思酈食其，食其子疥，數將兵，功未當侯，上以其父故，封疥爲高粱侯。」漢書張良傳：「漢六年，封功臣，良未嘗有戰鬭功，高帝曰：『運籌策帷幄中，決勝千里外，子房功也。』自擇齊三萬户。」這都是無軍功不當侯之的證。還有一事，和陸賈更爲有關的，就是「漢軍方圍鍾離眛於滎陽東，項王至，……漢遣陸賈説項王請太公。項王弗聽。漢王復使侯公往説項王，項王乃與漢約：中分天下，割鴻溝以西者爲漢，鴻溝而東者爲楚。項王許之，即歸漢王父母妻子。軍皆呼萬歲。漢王乃封侯公爲平國君」〔四〕。說項王歸太公、呂后，陸生說弗聽，而侯公說許之，相形見絀。事非軍功，然而，侯公因此得封平國君，而陸賈恐因此而終身難封了。考史記高祖功臣侯者年表，諸以客從而受封的，計有：呂澤、呂釋之、蕭何、王陵、張蒼、林執〔五〕、高邑、任敖、冷耳、劉襄等十人；與陸賈合傳之酈食其，亦以客從，說齊歷下，齊以爲賣己，把他鼎烹了，及漢定天下，猶封其子爲高粱侯。陸賈亦以客從，而未見封，何也？原來春秋、戰國以還，養客之風盛行，呂氏春秋觀世篇寫道：「越石父曰：『夫子禮之，敢不敬從。』晏子遂以爲客。俗人有功則德，德則驕。今晏子功免人於阸矣，而反屈下之，其去俗亦遠矣。」高誘注：「客，敬。」這件事又見於史記管晏列傳、晏子春秋雜上、新序節士篇，「客」都作「上客」。史記孫子傳：「齊將田忌善而客待之，……於是忌進孫子於威王，威王問兵法，遂以爲師。其後，魏伐趙，趙急，請救於齊，齊威王欲將孫臏，臏辭謝曰：『刑餘之人不可。』於是乃以田忌爲將，而孫子爲師，居輜車中，坐爲計謀。」又樂毅傳：「於是爲魏昭王使於燕，燕王以客禮待之，樂毅辭讓，遂委質爲臣，燕昭王以爲亞卿。」由於客之出現，於是相應而出現了客籍，戰國策楚策寫道：「汗明見春申君，……春申君曰：『善。』召門吏爲汗先生著客籍，五日一見。」著客籍，明其非委質爲臣者比，故燕昭王先以客禮待樂毅，之後，樂毅乃委質爲臣。所謂客，其身份蓋在師友之間，僅有主客之誼，而無君臣之分。呂氏春秋舉難篇寫道：「魏文侯師子夏，友田子方，敬段干木，此名之所以過桓公也。」又察賢篇寫道：「魏文侯師卜子夏，友田子方，禮段干木，國治身逸。」一則曰敬，再則曰禮，俱謂視爲上客，這就是高誘以敬釋客之故了。漢書枚乘傳：「乘久爲上國大賓，與美俊並游。」這更是陸賈致仕後游漢廷公卿間的寫照。陸賈蓋初以客從漢高，平天下而無軍功，其後，奉使南越，歸拜太中大夫，始登仕籍。呂太后用事，致仕家居，以此游公卿間。文帝時又爲太中大夫，往使尉佗，令去黄屋稱制，比於諸侯。陸賈兩使南越，俱爲太中大夫。案續漢書百官志二，光禄大夫本注：「凡大夫、議郎，皆掌顧問應對，無常事，唯詔命所使。」這當是併下文太中大夫而言。陸賈兩使南越，先者後拜太中大夫，後者先爲太中大夫，即太中大夫掌應對，唯詔命所使之證也。詩經鄘風定之方中毛傳言「九能之士」寫道：「故建邦能命龜，田能施命，作器能銘，使能造命，升高能賦，師旅能誓，山川能説，喪紀能誄，祭祀能語。君子能此九者，可謂有德音，可以爲大夫。」漢書藝文志詩賦略寫道：「傳曰：『不歌而誦謂之賦，登高能賦，可以爲大夫。』言感物造端，材知深美，可與圖事，故可以爲列大夫也。古者，諸侯卿大夫交接鄰國，以微言相感，當揖讓之時，必稱詩以諭其志，蓋以別賢不肖而觀盛衰焉。故孔子曰：『不學詩，無以言。』」蓋古者誦詩三百，足以專對，登高能賦，謂壇坫之上，折衝尊俎之間，能賦詩以明志，故可以爲大夫。漢以太中大夫爲應對使者，蓋亦本之古義，與毛傳合，正義乃謂：「升高有所見，能爲詩，賦其形狀，鋪陳其事勢也。」若如所言，則與山川能説，有何區別？有以知其不然也。

新語，漢書藝文志未著録，而諸子略儒家有陸賈二十三篇，我認爲新語當在其中。兵書略兵權謀家，漢書藝文志著録「十三家二百五十九篇」，本注：「省伊尹、太公、管子、孫卿子、鶡冠子、蘇子、蒯通、陸賈、淮南王三百五十九種，出司馬法入禮也。」班志本七略成書，七略兩載者，班志省之，因而有所出入。劉奉世謂「種」當作「篇」，是。七略兩載，班志既省之，又復詳其出入，這都是爲了明辨學術流別。兵權謀家所省之陸賈，謂出之兵權謀而入之儒家，則所省的當爲十一篇；省併後之陸賈二十三篇，既有新語，又有陸賈兵法〔六〕，單不足以舉，故統謂之陸賈。漢志儒家又有劉敬三篇，劉敬亦嘗奉使匈奴，結和親約。又詩賦略陸賈賦之屬有朱建賦二篇。漢書以酈食其、陸賈、朱建、婁敬〔七〕合傳，雖本之史記之以酈、陸合傳，然而又有新的内容了。史記酈生陸賈傳贊寫道：「余讀陸生新語十二篇，固當世之辯士。」世或以此少之。今案：漢書酈陸劉叔孫傳贊也道：「高祖以征伐定天下，而縉紳之徒，騁其知辯，並成大業。」顏師古注：「縉紳，儒者之服也。」則謂陸賈諸人以儒者而從事辯説，這是戰國百家争鳴的流風餘韻，孟子自稱：「予豈好辯哉！」〔八〕史記鄒陽傳上書自明寫道：「夫以孔、墨之辯，不能自免於讒諛。」〔九〕又寫道：「挾伊、管之辯。」文選李蕭遠運命論寫道：「以仲尼之辯也，而言不行於定、哀。」然則所謂聖賢豪傑之士，也還是好辯嘛，辯那裏可以「少之」？何況辯也有所分辨呢！

漢書藝文志詩賦略著録：屈原賦之屬二十家三百六十一篇，陸賈賦之屬二十一家二百七十四篇，荀卿賦之屬二十五家百三十六篇，雜賦之屬十二家二百三十篇。陸賈賦之屬，著録陸賈賦三篇，若枚皋、朱建、莊怱奇、嚴助、朱買臣、劉辟彊〔一〇〕、司馬遷、嬰齊、臣説、臣吾、蘇季、蕭望之、徐明、李息、淮陽憲王、楊雄、馮商、杜參、張豐、朱宇之屬屬之，而以陸賈爲初祖。論衡書解篇寫道：「漢世文章之徒，陸賈、司馬遷、劉子政、楊子雲，其材能若奇，其稱不由己。」文心雕龍詮賦篇寫道：「秦世不文，頗有雜賦，漢初詞人，順流而作，陸賈扣其端，賈誼振其緒。」又才略篇寫道：「漢室陸賈，首發奇采，賦孟春而進新語〔一一〕，其辨之富矣。」蓋陸賈賦之屬，是以説辭爲宗，和縱横家言頗爲相似。漢書楊雄傳載雄解嘲寫道：「雄以爲賦者將以風也，必推類而言，極麗靡之辭，閎侈鉅衍，競於使人不能加也，既乃歸之於正，然覽者已過矣。」〔一二〕又司馬相如傳贊載楊雄之言有道：「靡麗之賦，勸百而風一，猶騁鄭、衛之聲，曲終而奏雅。」楊雄賦是列於陸賈賦之屬的，陸賈賦如今是見不到了，然而，從陸賈新語的習用儷詞韻語〔一三〕，以及楊雄之一再强調「麗靡」，結合起來看，則於陸賈賦之爲賦思過半矣。

班固答賓戲寫道：

近者，陸子優游，新語以興。董生下帷，發藻儒林。劉向司籍，辨章舊聞。楊雄覃思，法言太玄。皆及時君之門闈，究先聖之壼奥，婆娑乎術藝之場，休息乎篇籍之囿，以全其質而發其文，用納乎聖德，烈炳乎後人，斯非亞與！

班固言西漢學術，是把陸賈和董仲舒、劉向、楊雄相提並論的。王充論衡案書篇寫道：

新語陸賈所造，蓋董仲舒相被服焉，皆言君臣政治得失。言可采行，事美足觀，鴻知所言，參貳經傳，雖古聖之言，不能過增。陸生之言，未見遺闕；而仲舒之言雩祭可以應天，土龍可以致雨，頗難曉也。

王充者，「冠倫大才」〔一四〕，謝夷吾薦王充寫道：「充之天才，非學所加，雖前世孟軻、孫卿，近漢楊雄、劉向、司馬遷，不能過也。」〔一五〕作問孔、刺孟諸篇，歷詆古今，不稍假借，而獨於陸賈推許備至，至謂「雖古聖之言，不能過增」。今陸賈書不可得窺全豹矣，就是從現存的新語加以考察，而知王充之言，不是言過其實。新語道基篇寫道：「後世衰廢，於是後聖乃定五經，明六藝。」又寫道：「聖人防亂以經藝。」又術事篇寫道：「校修五經之本末。」又懷慮篇寫道：「世人不學詩、書，行仁義，尊聖人之道，極經義之深。」又本行篇寫道：「表定六藝，以重儒術。」他鼓吹儒家經藝，想以此潤色鴻業，但又不像董仲舒那樣，暖姝於一先生之言，定儒術於一尊，有礙百家爭鳴，有礙學術思想的正常發展。他在術事篇寫道：「書不必起仲尼之門。」陸賈其人，漢志入之儒家，而對於儒家的「尊師仲尼」〔一六〕，竟如此大放厥詞，肆言無忌。陸賈認爲制事之道，「因世而權行」〔一七〕，儒家也不過是九流之一家而已。王充指出董仲舒被服新語，謂「陸賈之言，未見遺闕，而仲舒之言雩祭可以應天，土龍可以致雨，頗難曉也」，於董仲舒頗有微辭，豈非以其把陰陽五行之説附會於儒家，如漢志所云「儒者之辟者，又隨時抑揚，違離道本」嗎？陸賈之學，蓋出於荀子。鹽鐵論毁學篇：「李斯與包邱子俱事荀卿。」漢書楚元王交傳：「交與申公受詩浮邱伯。伯者，孫卿門人也。」孫卿即荀卿，浮邱伯即包邱子。蓋荀卿適楚，因家蘭陵。陸賈，楚人也，與浮邱同時相善，因而聞風相悦，私淑〔一八〕相聞，這是意料中事。因之，陸賈在新語資質篇寫道："鮑丘之德行，非不高於李斯、趙高也，然伏隱於蒿廬之下，而不録於世，利口之臣害之也。"鮑丘即包邱子，蓋陸賈與鮑丘游，因以得聞荀子之説於鮑丘，故其書有不少可以印證荀子之處。術事篇寫道："善言古者合之於今，能述遠者考之於近。"此即本之荀子性惡篇："善言古者必有節於今。"節猶驗也，漢書董仲舒傳作"善言古者必有驗於今"。説本王引之。同篇又寫道："世俗以爲自古而傳之者爲重，以今之作者爲輕，淡於所見，甘於所聞。"此即荀子法後王之説也。荀子不苟篇寫道："百王之道，後王是也。君子審後王之道，而論於百王之前，若端拜而議。"又非相篇寫道："欲觀聖王之跡，則於其粲然者矣，後王是也。後王者，天下之君也，舍後王而道上古，譬之是猶舍己之君而事人之君也。"又儒效篇寫道："法後王，一制度，隆禮義而殺詩、書。"又王制篇寫道："王者之制，道不過三代，法不貳後王。道過三代謂之蕩，法貳後王謂之不雅。"法後王這一命題，實爲社會發展的真諦、文學遺産的精華。司馬遷於史記六國年表寫道："傳曰法後王，何也？以其近己，而俗變相類，議卑而易行也。學者牽於所聞，見秦在帝位者淺，不察其終始，因舉而笑之，不敢道，此與以耳食無異，悲夫！"陸生在明誡篇寫道："堯、舜不易日月而興，桀、紂不易星辰而亡，天道不改而人道易也。」此本之荀子天論，天論篇寫道：「天行有常，不爲堯存，不爲桀亡。」又寫道：「治亂天耶？曰：日月星辰瑞曆，是禹、桀之所同也。禹以治，桀以亂，治亂非時也。」這是偶合嗎？不是的，由於陸賈之於荀子，耳濡目染已久，從而借書於手，那就不啻若自其口出了。荀子還是穀梁先師，戴彥升陸子新語序寫道：

本書凡兩引穀梁傳，至德篇末「故春秋穀（下缺）」，似引傳說魯莊公事而缺其文。考漢書儒林傳：「申公，魯人也，少與楚元王交俱事齊人浮邱伯，受詩。」又云：「申公以詩、春秋授，而瑕邱江公盡能傳之。」又云：「瑕邱江公受穀梁春秋及詩于魯申公。」楚元王交傳：「少時，嘗與魯穆生、白生、申公同受詩于浮邱伯。伯者，孫卿門人也。」夫穀梁家始自江公，而江公受之申公，申公受之浮邱伯，浮邱伯爲孫卿門人，今荀子禮論、大略二篇具穀梁義，則荀卿穀梁之初祖也。荀卿晚廢居楚，陸生楚人，故聞穀梁義歟？鹽鐵論：「包邱子與李斯俱事荀卿。」本書資賢（一九）篇：「鮑邱之德行，非不高於李斯、趙高也，然伏隱於蒿廬之下，而不録於世。」鮑邱即包邱子，即浮邱伯也。楚元王傳注：「服虔曰：『浮邱伯，秦時儒生。』」陸生蓋嘗與浮邱伯游，故稱其德行，或即受其穀梁學歟？辨惑篇說夾谷之會事，與穀梁定十年傳大同。至德篇說齊桓公遣高子立僖公事，本穀梁閔二年傳。懷慮篇言魯莊公不能存立子糾，亦本穀梁莊九年傳。可徵陸生乃穀梁家矣。故所述楚漢春秋，向、歆入之春秋家。但輔政篇說鄭儋歸魯，至德篇說臧孫辰請糴，明誡篇說衛侯之弟鱄出奔晉，今穀梁傳無此義。道基篇所引傳曰：「仁者以治親，義者以利尊。」今穀梁傳亦無此二語。彦升案：穀梁之著竹帛，雖不知何時，而出自後師。陸生乃親受之浮邱伯者，實穀梁先師。古經師率皆口學，容有不同，如劉子政說穀梁義，亦有今傳所無者，可證也。或乃以穀梁傳爲賈所不及見，既昧乎授受之原，且亦不檢今傳文矣。本傳言「時時前說稱詩、書」，而本書多說春秋，穀梁微學，藉以存焉。論語、孝經亦頗見引，蓋所謂「游文六經之中，留意於仁義之際，祖述堯、舜，憲章文、武，宗師仲尼，以重其言」〔二〇〕者，生書有以當之。

今案：戴氏之言是也。其揭櫫陸氏爲穀梁學，尤徵至。現在還可以補二事，以證成其說。道基篇寫道：「伯姬以義建至貞。」又寫道：「美女以貞顯其行。」伯姬事見穀梁傳襄公三十年，傳曰：「伯姬之舍失火，左右曰：『夫人少辟火乎？』伯姬曰：『婦人之義，傅母不在，宵不下堂。』左右又曰：『夫人少辟火乎？』伯姬曰：『婦人之義，保母不在，宵不下堂。』遂逮火而死。婦人以貞爲行者也」云云。這是陸賈用穀梁義。又明誡篇寫道：「聖人察物，無所遺失，上及星辰日月，下至鳥獸草木昆蟲，□□鷁之退飛，治五石之所隕，所以不失纖微。」尋穀梁春秋僖公十六年：「六鷁退飛。」傳曰：「子曰：『石，無知之物，故日之。鷁，微有知之物，故月之。君子之於物，無所苟而已。石、鷁猶且盡其辭，而況於人乎？』」這也是用穀梁義。這些都足以證明穀梁未立學之前，民間早已傳授其書，而陸賈特其佼佼者耳。黃震道：「漢初諸儒，未有賈比。」〔二一〕當趙政焚書坑儒之餘，劉邦不重儒生溺儒冠之際，而陸賈進新語，每奏一篇，未嘗不稱善，左右呼萬歲；後來過魯，又以太牢祠孔子〔二二〕，以詩經爲訓以教的申公，「以弟子從師入見高祖於魯南宮」〔二三〕。漢高對儒家的態度，前後判若兩人，陸生時時前稱説詩、書，無疑會或多或少發生一些影響的。古文苑卷十載漢高祖手敕太子文寫道：「吾遭亂世，當秦禁學，自喜，謂讀書無益。洎踐祚以來，時方省書，使人知作者之意，追思昔所行，多不是。」漢高自道其昨非今是之所得，則陸賈啟沃之功，不啻若自其口出矣。黃震道：「賈庶幾以道事君者。」〔二四〕今從新語一書去考察，陸賈者，蓋兼儒、道二家，而爲漢代學術思想導乎先路者也。陸賈傳穀梁，私淑荀子，然於學術不專主孔氏，前舉「書不必起於仲尼之門」一語，即其明證。故其書於輔政之後，即進説無爲。他寫道：「無爲者乃有爲者也。」大倡清静無爲之治。其精義所在，就是要求：人君在上而無爲，百官在下而有爲。蓋爲政之要，人不侵官，官不離局，陳力就列，各守其職，自然家給人足，安居樂業，垂拱無爲而天下治矣。姜宸英黄老論寫道：

漢自曹參爲齊相，奉蓋公，治道貴清静而民自定，其後相漢，遂遵其術，以治天下，一時上下化之。及於再世，文帝爲天子，竇太后爲天下母，一切所以爲治，無不本於黄、老，故其效至於移風易俗，民氣素朴，海内刑措；而石奮、汲黯、直不疑、司馬談、田叔、王生、樂鉅公、劉辟彊父子之徒，所以修身齊家，治官蒞民者，非黄、老，無法也。〔二五〕

案：姜氏之言亦既有倫有脊矣，惜其不賅不備，僅及西京而止，不足以全面地考見黄、老之學在兩漢之影響於政治生活和人民願望各方面，今試爲充其類而言之。漢書藝文志諸子略道家有老成子十八篇，元和姓纂三十二皓：「老成子，賢人，裔孫老成方，仕宋爲大夫，著書十篇，言黄、老之道。」又云：「老城氏，或爲考城氏。考城子，古賢人也，著書述黄、老之道。」案：今本列子有考城子，幼學於尹先生。列子周穆王篇作老成子。史記孟子荀卿列傳：「慎到、田駢、接子、環淵，皆學黄、老道德之術。」荀子解蔽篇注：「慎子本黄、老，歸刑名，多明不尚賢不使能之道。」史記老子韓非列傳：「申子之學，本於黃、老，而主刑名。」又曰：「韓非者，韓之諸公子也，喜刑名法術之學，而其歸本於黃、老。」漢書藝文志諸子略名家：「尹文子十篇。」容齋續筆十四引劉歆曰：「其學本於黃、老。」又小説家：「宋子十八篇。」本注：「孫卿道宋子，其言黃、老意。」案：荀子正論篇引子宋子。太平御覽五一〇引嵇康高士傳：「河上公，不知何許人也，……安丘先生等從之，修其黃、老業。」漢書楚元王傳：「劉德修黃、老術。」史記田叔傳：「叔學黃、老術於樂巨公。」漢書田叔傳作樂鉅公，太平御覽五〇七引皇甫士安高士傳同。史記樂毅傳：「樂氏之族有樂臣公，善修黃帝、老子之言，顯聞於齊，稱賢師。」集解：「臣一作巨。」太平御覽五〇一引道學傳亦作樂臣公。作臣者，巨字形近而誤。史記曹相國世家：「聞膠西蓋公善治黃、老言，使人厚幣請之。」又見漢書曹參傳及前漢紀五。史記陳丞相世家贊：「平少時，本好黃帝、老子之術。」又見漢書陳平傳。前漢紀九：「直不疑，南陽人也，好黃、老術，隱名迹。」史記、漢書直不疑傳都作「學老子言」。史記、漢書鼂錯傳：「鄧先子章，以修黃、老言，顯於諸公間。」史記、漢書張釋之傳：「王生者，善爲黃、老言。」又見前漢紀八及太平御覽五〇七引皇甫士安高士傳。史記汲黯傳：「黯學黃、老言，治官理民好清靜。」漢書汲黯傳無「理」字。史記、漢書鄭當時傳：「當時好黃、老言。」史記太史公自序集解：「徐廣曰：『儒林傳曰：黃生好黃、老之術。』」今史、漢儒林傳俱無此文。漢書司馬遷傳：「司馬談習道論於黃子。」傳贊：「論大道則先黃、老而後六經。」後漢書班彪傳：「其略論曰：遷之所記，……其論術學，則崇黃、老而薄五經。」注：「遷叙傳曰：『道家使人精神專一，動合無形，贍足萬物。』此謂崇黃、老也。」漢書楊王孫傳：「楊王孫者，孝武時人也，學黃、老之術。」又見華陽國志十下漢中士女。史記日者列傳褚先生曰：「夫司馬季主者，楚賢大夫，游學長安，道易經，術黃帝、老子，博聞遠見。」太平御覽六六六引抱朴子：「安丘望之字仲都，京兆長陵人也，修尚黃、老，漢成帝重其道德，帝宗師之。」後漢書蔡邕傳：「六世祖勳，好黃、老，平帝時爲郿令，……不仕新室。」又桓帝紀：「祠黃、老於濯龍宫。」又襄楷傳：「又聞宫中立黃、老、浮屠之祠。」又循吏王渙傳：「延熹中，桓帝事黃、老道。」後漢紀一：「任光好黃、老，爲人純厚。」後漢書任隗傳：「隗少好黃、老，清靜寡欲。」又鄭均傳：「均少好黃、老。」又見東觀漢記十八。後漢書楊厚傳：「厚修黃、老，教授門生，上名録者三千餘人。」又樊準傳：「父端，好黃、老言，清潔少欲。」又光武十王傳：「楚王英晚節更喜黃、老學，爲浮屠齋戒祭祀。……詔報曰：『楚王誦黃、老微言，尚浮屠之仁祠。』」又皇甫嵩傳：「鉅鹿張角，自稱大賢良師，奉事黃、老道。」又劉表傳注引零陵先賢傳：「劉先字始宗，博學强記，尤好黃、老言。」又方術折像傳：「像好黃、老言。」又逸民矯慎傳：「慎少好黃、老。」又見皇甫謐高士傳下。通前後兩漢統計共得三十事，至文帝母子好黃、老之記載見於本紀、志、傳者，尤爲數見不鮮，不及一一列舉。而史僅載辟彊之子劉德修黃、老術，不言辟彊也修黃、老術，姜氏乃以父子相提並論，真可謂鹵莽滅裂了。論衡自然篇寫道：「問曰：『人生於天地，天地無爲；人稟天性者，亦當無爲；而有爲，何也？』曰：至德純渥之人，稟天氣多，故能則天，自然無爲；稟氣薄少，不遵道德，不似天地，故曰不肖。不肖者，不似也。不似天地，不類聖賢，故有爲也。天地爲鑪，造化爲工，稟氣不一，安能皆賢？賢之純者，黃、老是也。黃者，黃帝也；老者，老子也。黃、老之操，身中恬澹，其治無用；正身共己，而陰陽自和；無心於爲，而物自化；無意於生，而物自成。」又對作篇寫道：「衛驂乘者，越職而呼車，惻怛發心，恐上之危也〔二六〕。夫論説者，閔世憂俗，與衛驂乘者同一心矣。愁精神而幽魂魄，動胸中之静氣，賊年損壽，無益於性，禍重於顔回，違黃、老之教，非人所貪，不得已，故爲論衡，文露而旨直，辭姦而情實。」由此看來，則王充之被服黃、老，可謂至矣盡矣。在那時，稱黃、老之術爲黃、老道，稱其書爲黃老經〔二七〕，天下滔滔，一時風靡，因之，後來以「道濟天下之溺」自任的韓愈，一再驚歎

「黄、老於漢」〔二八〕。姜宸英之文於是論其所以又寫道：

蓋漢當秦焚書之後，詩、書放失，其一時之人，心志耳目，蕩焉無所寄，而黄、老之教，不言而躬行，縉紳先生之所以口傳而心授者，所在皆是，則乘其隙而用之，以施於極亂思治之後，故其致理之盛，幾及於古淳之風。

我認爲還可以作進一步的探索。蓋圓顱方趾之倫，林林總總，莫不以安居樂業爲蕲向，日出而作，日入而息，馴至老死不相往來，因而小國寡民的思想深中人心，這就是黄、老清静無爲之治之所以能在泱泱中華傳之歷世而不衰的要害所在。南史隱逸褚伯玉傳寫道：「孔、老教俗爲本。……道出於華，豈非華風本善耶？」從適合國情、深中人心的角度來看這個問題，所以能一針見血、一語道破了。蓋内聖外王〔二九〕之道，亦儒亦道之教，這是中國二千年來封建統治階級治國平天下之所倚爲左右手者也。陸賈既繼輔政之後，進説無爲，也就是開宗明義之旨，又於思務篇稱引老子，則陸賈於時代薰陶之中，師友哺育之下，他之受黄、老之道的影響，不是顯而易見的嗎？

史通雜説上寫道：

劉氏初興，書唯陸賈而已，子長述楚、漢之事，譬夫行不由徑，出不由户，未之聞也。

我在作楚漢春秋鉤沈過程中，認識到司馬遷之纂修太史公書〔三〇〕，實以此書爲第一手材料之一。文選劉子駿移書讓太常博士注：「楚漢春秋曰：『漢已定天下，論羣臣破敵禽將，活死不衰，絳灌、樊噲是也。功成名立，臣爲爪牙，世世相屬，百世無邪，絳侯周勃是也。』然〔三一〕絳灌自一人，非絳侯與灌嬰。」尋漢書禮樂志：「至文帝時，賈誼……迺草具其儀，天子説焉；而大臣絳灌之屬害之，故其議遂寢。」注：「師古曰：『舊説以爲絳謂絳侯周勃也，灌謂灌嬰也；而楚漢春秋高祖之臣，別有絳灌，疑昧之文，不可明也。』」又陳平傳「漢王聞之，愈益幸平，遂與東伐項王，至彭城，爲楚所敗，引師而還，收散兵，至滎陽，以平爲亞將，屬韓王信，軍廣武。絳灌等或讒平曰」云云，注：「師古曰：『舊説云：絳，絳侯周勃也；灌，灌嬰也。而楚漢春秋高祖之臣，別有絳灌，疑昧之文，不可據也。』」今案：周勃之封絳侯，是以「從高祖擊燕王臧荼，破之易下，所將卒當馳道爲多」〔三二〕，而絳灌讒平之日，周勃尚未封侯，則絳灌實別一人，何疑昧之有？況鑄一詞而一稱侯一稱姓，也未免太彆扭了。元和姓纂八四絳：「絳，絳縣老人之後。」絳縣老人見左傳襄公三十年。廣韻四絳：「絳，又姓。」則絳之爲姓，文獻足徵，惜姓纂、廣韻都没有引此爲證。而章定名賢氏族言行類稿四二乃云：「絳，晉人絳縣老氏之後。」竟以「絳縣老人」誤爲「絳縣老氏」，等之自鄶，可以無譏矣。由絳灌一事觀之，則楚漢春秋一書還可以訂正史、漢的缺誤。後漢書班彪傳寫道：「漢興，定天下，太中大夫陸賈記録時功，作楚漢春秋九篇。」尋史記項羽本紀：「漢遣陸賈説項王請太公，項王弗聽。漢王復使侯公往説項王，項王乃與漢約：中分天下，割鴻溝以西者爲漢，鴻溝而東者爲楚。項王許之，即歸漢王父母妻子。軍皆呼萬歲。漢王乃封侯公爲平國君。」正義：「楚漢春秋云：『上欲封之，乃肯見，曰：此天下之辯士，所居傾國，故號平國君。』按：説歸太公、吕后，能和平邦國。」説項王歸太公、吕后事，陸賈實在有辱君命。現在雖然僅見侯公説項王一節，必然是陸賈無功，才命侯公復往而踵成之。則陸賈之記此事，必然要詳其本末，可以想見，當其秉筆直書之時，必然不會爲己之失敗而掩飾，則其史德，亦足以風人矣。因之，我在校注新語之餘，又把楚漢春秋作爲附録，以爲尚論古人之一助。

本書以浮溪精舍刻宋翔鳳校本爲底本，校以明李廷梧刻本、子彙本、程榮刻漢魏叢書本、兩京遺編本、天一閣刻本、清王謨刻漢魏叢書本及唐晏注本、傅增湘校本，又明人選刻之諸子折衷、諸子彙函、諸子拔萃、漢魏別解、百子金丹等，亦頗采獲及之。

一九八三年八月十日江津王利器識於北京西便門小區争朝夕齋，時將有成都之行。

〔一〕純白齋稿卷十九古賢贊。
〔二〕又見文選卷四十五，「繇」作「游」，字同。
〔三〕文選卷四十一李少卿答蘇武書。
〔四〕史記項羽本紀。
〔五〕「執」，漢書高惠高后文功臣表作「摯」，古通。
〔六〕姑從兵權謀著録之孫子兵法之例名之。
〔七〕即劉敬。
〔八〕孟子滕文公下。
〔九〕又見文選卷三十九鄒陽於獄中上書自明。
〔一〇〕「疆」，當作「彊」。
〔一一〕「進新語」，原作「選典誥」，今從孫詒讓説校改。
〔一二〕文選解嘲文末不載此文。
〔一三〕如至德、資質等篇。

〔一四〕抱朴子喻蔽。

〔一五〕後漢書謝夷吾傳注引謝承書。

〔一六〕漢書藝文志語。

〔一七〕術事篇。

〔一八〕孟子離婁下。

〔一九〕「賢」，當作「質」。

〔二〇〕漢書藝文志諸子略儒家。

〔二一〕黄氏日抄卷四十六。

〔二二〕史記孔子世家、漢書高帝紀。

〔二三〕史記儒林傳。

〔二四〕黄氏日抄卷四十八。

〔二五〕湛園未定稿卷一。

〔二六〕詳説苑善説篇桓司馬條。

〔二七〕太平御覽卷六百六十八引黄老經。

〔二八〕韓愈讀荀子及原道皆有「黄、老於漢」語。

〔二九〕莊子天下篇。

〔三〇〕史記本名太史公書。
〔三一〕文選注率以「然」作「然則」用。
〔三二〕史記絳侯周勃世家。

新語校注卷上

江津王利器學

道基〔一〕第一

〔一〕黄震曰：「道基言天地既位，而列聖制作之功。」戴彦升曰：「道基篇原本天地，歷叙先聖，終論仁義。知伯杖威任力而亡，秦二世尚刑而亡，語在其中，蓋即面折高帝語，退而奏之，故爲第一篇也。」唐晏曰：「此篇歷叙前古帝王，而總之以仁義。」器案：本書慎微篇：「夫大道履之而行，則無不能，故謂之道。」論衡本性篇引陸賈曰：「天地生人也，以禮義之性；人能察己所以受命則順，順之謂道。」意謂順應自然之道也。此文言道基，義亦相會。

傳曰〔二〕：「天生萬物，以地養之，聖人成之。」〔三〕功德〔三〕參合〔四〕，而道術〔五〕生焉。

〔二〕器案：周禮夏官訓方氏職：「誦四方之傳道。」鄭玄注：「傳道，世世所傳説往古之事也。」莊子盜跖篇：「此上世之所傳，下世之所語也。」荀子非相篇：「而況於十世之傳也。」楊倞注：「傳，傳聞也。」凡古書言「傳曰」者有二端：一則傳其言，如此文所引「傳曰」云云是；一則傳其事，如史記伯夷列傳：「其傳曰：『伯夷、叔齊，孤竹君之二子也。』」索隱：「案其傳，蓋韓詩外傳及吕氏春秋也。」然則「傳曰」云云者，其文獻蓋太半俱足徵矣。

〔二〕器案：荀子富國篇：「故曰：『天地生之，聖人成之。』此之謂也。」楊倞注：「古者有此語，引以明之也。」荀子與陸賈俱引是文，蓋皆有所本也。

〔三〕功德，文選班孟堅西都賦：「功德著乎祖宗。」李善注：「漢書景帝詔曰：『歌者所以發德，舞者所以立功。』」功謂功業，德謂德化。

〔四〕參合，荀子天論篇：「天有其時，地有其財，人有其治，夫是之謂能參。」楊倞注：「人能治天時地財而用之，則是參乎天地。」此文參合，亦謂聖人之功德與天地參也。

〔五〕道術，莊子天下篇言「古之所謂道術」，「道術將爲天下裂」，吕氏春秋執一篇言田駢以道術説齊王，又誣徒篇言道術之大行，由於師之善教，道術之廢，由於師之不善處。高誘誣徒篇注云：「術，道也。」然則單舉之曰道，兼舉之則曰道術也。賈子新書有道術篇，其文有曰：「曰：數聞道之名矣，而未知其實也，請問道者何謂也？對曰：道者所從接物也，其本者謂之虚，其末者謂之術；虚者言其精微也，平素而無設施也；術也者，所從制物也，動静之數也；凡此皆道也。」諸言道術，各有所指，蓋諸子百家各思以其道易天下，其所謂道，皆道其所謂道也。

故曰〔一〕：張〔二〕日月，列星辰，序四時〔三〕，調陰陽，布氣〔四〕治性〔五〕，次置五行，春生夏長，秋收冬藏〔六〕，陽生〔七〕雷電，陰成霜雪，養育羣生〔八〕，一茂一亡〔九〕，潤之以風雨〔一〇〕，曝之以日光〔一一〕，温之以節氣，降之以殞霜〔一二〕，位之以衆星，制之以斗衡〔一三〕，苞之以六合，羅之以紀綱〔一四〕，改之以災變〔一五〕，告之以禎祥〔一六〕，動之以生殺，悟之以文章〔一七〕。

〔一〕故曰，史記天官書：「故曰：雖有明天子，必視熒惑所在。」索隱：「此據春秋緯文耀鉤，故言故曰。」又魏世家：「故曰：君終無適子，其國可破也。」索隱：「此蓋古人之言及俗語，故云故曰。」又蒙恬傳：「臣故曰：過可振而諫可覺也。」索隱：「此故曰者，必先志有此言，而蒙恬引之以成説也，今不知出何書耳。」又太史公自序：「故曰：聖人不朽，時變是守。」索隱：「故曰：聖人不朽，至因者君之綱，此出鬼谷子，遷引之以成其章，故稱故曰也。」尋吕氏春秋君守篇：「故曰：中欲不出謂之扃，外欲不入謂之閉。」淮南子主術篇、文子上仁篇均有其文，此司馬貞所謂「古人之言」是也。文選枚叔七發：「故曰：發蒙解惑，不足以言也。」李善注：「素問：黄帝曰：發蒙解惑，未足以論也。」又劉越石勸進表：「故曰：喪君有君，羣臣輯睦，好我者勸，惡我者懼。」注：「左傳僖十五年：喪君有君，羣臣輯睦，甲兵益多，好我者勸，惡我者懼，庶有益乎。」此又注家直舉古人之言以證成之者。本書諸言故曰者，太半當作如是解，然亦有就上文而推言之者，如此文是也。尋淮南子泰族篇：「天設日月，列星辰，調陰陽，張四時。」淮南與陸氏此文，當出一源，惜尚未能探明耳。

〔二〕張，張設，與陳列義近。千字文「辰宿列張」，本此。特此爲對文，彼則聯舉耳。

〔三〕序四時，謂春夏秋冬四時代序也。史記太史公自序：「序四時之大順。」

〔四〕易林一坤之乾：「谷風布氣，萬物出生。萌庶長養，華葉茂成。」文選陸士衡演連珠：「日薄星迴，穹天所以紀物；山盈川沖，方土所以播氣。」李善注：「鄭玄考工記注：播，散也。」播氣，即布氣也。

〔五〕治性，本書懷慮篇：「養氣治性。」文同而義别，彼謂人之性，此謂物之性也。治物之性者，順應萬物自然之性，即下文所謂「不奪物性」也。

〔六〕淮南本經篇：「四時者，春生夏長，秋收冬藏，取予有節，出入有量（從王念孫校），開闔張歙，不失其叙，喜怒剛柔，不離其理。」史記太史公自序：「夫春生夏長，秋收冬藏，此天道之大經也。」

〔七〕意林二引「生」作「出」。

〔八〕淮南子原道篇：「泰古二皇，得道之柄，立於中央，神與化游，以撫四方。……其德優天地而和陰陽，節四時而調五行，呴諭覆育，萬物羣生。」可與本文互參。高誘彼注云：「五行，金、木、水、火、土也。育，長也。」

〔九〕一茂一亡，文廷式曰：「『茂』當作『存』，草書『存』作『[illegible]』，故譌爲『茂』矣。」器案：「茂」疑當作「有」，穀梁傳昭公十六年：「一有一亡曰有。」有、茂音近之誤。

〔一〇〕易繫辭上："潤之以風雨。"尋禮記樂記："奮之以風雨。"正義："萬物得風雨奮迅而出也。"義與此相輔相成。

〔一一〕"曝"，唐本作"暴"，曝，俗別字。孟子滕文公上："秋陽以暴之。"趙岐注："秋陽，周之秋，夏之五六月，盛陽也。"淮南子泰族篇："日以暴之，夜以息之。"

〔一二〕殞霜，春秋僖公三十三年："隕霜不殺草。"穀梁傳同，公羊傳作"賈霜"，漢書五行志上："誅罰絶理，厥災水，其水也而殺人，以隕霜。"又云："隕霜殺穀。"又中之下："隕霜殺叔草。"隕、賈、殞音義俱同，然陸氏傳穀梁，則"殞"或當作"隕"也。

〔一三〕廣雅釋天："北斗七星……五爲衡。"

〔一四〕白虎通三綱六紀篇："三綱者，何謂也？謂君臣、父子、夫婦也。六紀者，謂諸父、兄弟、族人、諸舅、師長、朋友也。故含文嘉曰：『君爲臣綱，父爲子綱，夫爲妻綱。』又曰：『敬諸父兄，六紀道行，諸舅有義，族人有序，昆弟有親，師長有尊，朋友有舊。』何謂綱紀？綱者，張也；紀者，理也。大者爲綱，小者爲紀，所以張理上下，整齊人道也。人皆懷五常之性，有親愛之心，是以綱紀爲化，若羅網之有紀綱，而萬目張也。詩云：『亹亹文王，綱紀四方。』"

〔一五〕春秋繁露必仁且知篇："災者，天之譴也；異者，天之威也。譴之而不知，乃畏之以威。凡災異之本，盡生於國家之失，天出災異以譴告之，譴告之不知變，乃見怪異以驚駭之，尚不知畏恐，其殆咎乃至，以此見天意之仁而不欲害人也。"語又見漢書董仲舒傳。災異，即災變也。

白虎通災變篇：「天所以有災變何？所以譴告人君，覺悟其行，欲令悔過修德，深思慮也。」

〔一六〕禮記中庸：「國家將興，必有禎祥。」正義：「禎祥，吉之萌兆。祥，善也。言國家之將興，必先有嘉慶善祥也。文説禎祥者，言人有至誠，天地不能隱，如文王有至誠，招赤雀之瑞也。國本有今異曰禎，本無今有曰祥。何爲本有今異者？何胤云：『國本有雀，今有赤雀來，是禎也。國本無鳳，今有鳳來，是祥也。』」

〔一七〕太平御覽七八引禮含文嘉：「伏者，別也；犧者，獻也，法也。伏犧德洽上下，天應之以鳥獸文章，地應之以龜書，伏犧乃則象作易卦。」又引春秋内事：「伏犧氏以木德王天下。天下之人，未有室宅，未有水火之和，於是乃仰觀天文，俯察地理，始畫八卦，定天地之位，分陰陽之數，推列三光，建分八節，以爻應氣，凡二十四氣，消息禍福，以制吉凶。」據此，則所謂文章，謂天文也。

故在天者可見，在地者可量〔一〕，在物者可紀，在人者可相。

〔一〕易繫辭上：「在天成象，在地成形，變化見矣。」韓康伯注：「象況日月星辰，形況山川草木也。懸象運轉，以成昏明，山澤通氣，而雲行施，故變化見也。」

故地封五嶽〔一〕，畫四瀆〔二〕，規洿澤，通水泉，樹物養類，苞植〔三〕萬根，暴形養精，以立羣生，不違天時，不奪物性〔四〕，不藏其情，不匿其詐〔五〕。

〔一〕風俗通義山澤篇五嶽：「東方泰山，詩云：『泰山巖巖，魯邦所瞻。』尊曰岱宗，岱者，長也，萬物之始，陰陽交代，雲觸石而出，膚寸而合，不崇朝而徧雨天下，其惟泰山乎！故爲五嶽之長。王者受命易姓，改制應天，功成封禪，以告天地。孔子曰：『封泰山，禪梁父，可得而數，七十有二。』岱宗廟在博縣西北三十里，山虞長守之。十月曰合凍，臘月曰涸凍，正月曰解凍，皆太守自侍祠；若有穢疾，代行事。法七十萬五千三牲，燔柴，上福脯三十朐，縣次傳送京師。四嶽皆同王禮。南方衡山，一名霍山，霍者，萬物盛長，垂枝布葉，霍然而大。廟在廬江灊縣。西方崋山，崋者，華也，萬物滋熟，變華於西方也。廟在弘農崋陰縣。北方恒山，恒者，常也，萬物伏藏於北方有常也。廟在中山上曲陽縣。中央曰嵩高，嵩者，高也，詩云：『嵩高惟嶽，峻極于天。』廟在潁川陽城縣。」

〔二〕風俗通義山澤篇四瀆：「河出燉煌塞外崑崙山，發源注海。易：『河出圖，聖人則之。』禹貢：『九河既道。』詩曰：『河水洋洋。』廟在河南滎陽縣。河隄謁者掌四瀆，禮祠與五嶽同。江出蜀郡湔氏徼外崏山，入海。詩云：『江、漢陶陶。』禹貢：『江、漢朝宗于海。』廟在廣陵江都縣。淮出南陽平氏桐柏大復山東南，入海。禹貢：『海、岱及淮，淮、沂其乂。』詩云：『淮水湯湯。』廟在平氏縣。濟出常山房子贊皇山，東入泪。禹貢：『浮于汶，達于濟。』廟在東郡臨邑縣。」

〔三〕「植」，李本、子彙本、程本、兩京本、天一閣本作「殖」，古通。後不復出。

〔四〕不奪物性，周易乾卦文言：「乾元者，始而亨者也。利貞者，性情也。」王弼注：「不爲乾元，何能通物之性？不性其情，何能久行其正？是故始而亨者必乾元也，利而正者必性情也。」文選顔延年皇太子釋奠會作詩：「物性其情。」李善注引周易王弼注此文而譯之曰：「所言物性其情，各存其性。」即不奪物性之謂也。

〔五〕荀子修身篇：「匿行曰詐。」

故知天者仰觀天文，知地者俯察地理〔一〕。跂行〔二〕喘息〔三〕，蜎飛〔四〕蠕動〔五〕之類，水生陸行，根著葉長〔六〕之屬，爲寧其心而安其性，蓋天地相承，氣感〔七〕相應而成者也〔八〕。

〔一〕易繫辭上：「仰以觀於天文，俯以察於地理。」漢書郊祀志下：「祀天則天文從，祭地則地理從。三光，天文也。山川，地理也。」文選左太沖吳都賦：「夫上圖景宿，辨於天文者也。下料物土，析於地理者也。」李善注：「文子曰：『天道爲文，地道爲理。』」又潘安仁閑居賦注：「日月五星，天之文也。」又謝靈運會吟行：「列宿炳天文，負海横地理。」注：「宋衷易緯注曰：『天文謂三光，地理謂五土。』」

〔二〕史記匈奴傳：「跂行喙息蠕動之類。」索隱：「案跂音岐，又音企，言蟲豸之類，或企踵而行。」正義：「凡有足而行曰跂行。周書云：『麕鹿之類爲跂行，並以足跪不著地，如人企。』」按又音企。」漢書郊祀志郊祀歌青陽三：「跂行畢逮。」師古曰：「跂行，有足而行者也。」又匈奴傳：

「跂行喙息蠕動之類。」師古曰：「凡有足而行者也。」字又作「蚑」，淮南子原道篇：「蝡動蚑作。」高誘注：「蚑讀鳥蚑步之蚑也。」又脩務篇：「蚑行蟯動。」高誘注：「蚑讀車蚑之蚑。」（「車」疑「烏」之誤。）文選王子淵洞簫賦：「蚑行喙息。」注：「説文曰：『蚑，徐行。凡生類之行皆曰蚑。蚑音奇。』」又嵇叔夜琴賦：「況蚑行之衆類。」注：「説文：『蚑，行也。凡生之類，行皆曰蚑。』」案：説文虫部：「蚑，徐行也。凡生之類，行皆曰蚑。」（從段注本）

〔三〕宋翔鳳曰：「按：『喘』當作『喙』。」器案：文選王子淵洞簫賦：「蚑行喘息。」李善注：「周書曰：『跂行喘息。』説文曰：『喘，疾息也。』」尋一切經音義九引周書亦作「蚑行喘息」。廣雅釋詁：「喘，喙，息也。」王念孫疏證即引新語此文爲證。則漢人自有喘息之説，喘息雖與喙息義近，説詳上注，亦不必强爲改作。

〔四〕蜎飛，白虎通禮樂篇、文子上德、下德、鬼谷子揣篇俱有「蜎飛蠕動」語，論衡齊世篇作「蜎蜚」。尋説文虫部：「蜎，肙也。」（從段注本）肉部：「肙，小蟲也。」與蜚義不相屬。一切經音義九：「蜎蜚，一泉反。字林：『蟲貌也，動也。』」或作「蠉」，古文「翾」同，呼泉切，飛貌也。按：説文虫部：「蠉，蟲行也。」淮南子原道篇、本經篇俱作「蠉飛」。説文羽部：「翾，小飛也。」藝文類聚十一引淮南子本經篇作「翾飛」。廣雅釋詁：「翾，飛也。」又釋訓：「翾翾，飛也。」則字本作「翾」。韓詩外傳七：「蝖飛蠕動。」廣雅釋詁：「翧，飛也。」俱翾之異文也。

〔五〕蠕動，史記匈奴傳索隱、漢書匈奴傳顔師古注俱云：「蠕蠕，動貌。」説文虫部：「蝡，動也。」説文義證云：「『蝡』字或作『蠕』。」

〔六〕根著葉長，易緯乾鑿度上：「根著浮流。」鄭玄注：「根著者，草木也。浮流者，人兼鳥獸也。」文選王簡棲頭陀寺碑文李善注引春秋元命苞：「跂行喙息，蠕動蜎飛，根生浮著，含靈盛壯。」淮南子原道篇：「草木注根。」注根與根著，音義俱近。

〔七〕氣感，漢書藝文志方技略：「因氣感之宜。」謂氣類相感也。

〔八〕唐晏曰：「以上明人事之出於天道，即董子所謂『道之大原出於天，而周易之所以取象』。」

於是先聖〔一〕乃仰觀天文，俯察地理，圖畫〔二〕乾坤，以定人道〔三〕，民始開悟〔四〕，知有父子之親，君臣之義，夫婦之別〔五〕，長幼之序〔六〕。於是百官立，王道乃生。

〔一〕先聖，孟子離婁下：「先聖後聖，其揆一也。」彼文先聖指虞舜，後聖指周文王，非此文之義。漢書藝文志六藝略：「易曰：『宓犧氏仰觀象於天，俯觀法於地，觀鳥獸之文，與地之宜，近取諸身，遠取諸物；於是始作八卦，以通神明之德，以類萬物之情。』至於殷、周之際，紂在上位，逆天暴物。文王以諸侯順命而行道，天人之占，可得而效。於是重易六爻，作上下篇。孔氏爲之彖、象、繫辭、文言、序卦之屬十篇。故曰：易道深矣，人更三聖，世歷三古。」注：「韋昭曰：『伏羲、文王、孔子。』孟康曰：『易繫辭曰：易之興，其於中古乎。』然則伏羲爲上古，文王爲中古，孔子爲下古。」器案：三聖，即陸氏所謂先聖、中聖、後聖也。易繫辭下：「古者，包犧之王天下也，仰則觀象於天……以類萬物之情，（已見前引，故茲從略）作結繩而爲罔罟，以佃以漁。」此謂包犧始畫八卦也。淮南子要略篇：「今易之乾坤，足以窮道通意也，八卦可以識吉凶、知禍福矣；然而伏羲爲之六十四變，周室增以六爻，所以原測淑清之道，而攟逐萬物之祖也。」許慎注：「八八變爲六十四卦，伏羲示其象。周室謂文王也。」六十四卦，文王增以六爻，則六十四卦，每卦復各有六爻之變，則得三百八十四變爻矣。

〔二〕「畫」，兩京本誤作「書」。

〔三〕人道，禮記喪服小記：「親親，尊尊，長長，男女之有別，人道之大者也。」孔穎達正義：「人道之大者也，言此親親、尊尊、長長、男女有別，人間道理最大者。」

〔四〕史記商君傳：「吾說公以帝道，其志不開悟矣。」開悟，謂開通曉悟。

〔五〕宋翔鳳曰：「『別』，本作『道』，依子彙本改。」案：傅校本、唐本作「別」。

〔六〕管子君臣下：「古者，未知君臣上下之別，未有夫婦妃匹之合，獸處羣居，以力相征。」莊子盜跖篇：「神農之世，臥則居居，起則于于，知其母不知其父。」白虎通號篇：「古之時未有三綱六紀，民人但知其母，不知其父，能覆前而不能覆後，臥之詓詓，行之吁吁，飢即求食，飽即棄餘，茹毛飲血，而衣皮韋；於是伏羲仰觀象於天，俯察法於地，因夫婦，正五行，始定人道，畫八卦以治天（「天」字依惠定宇校本增，下同）下，天下伏而化之，故謂之伏羲也。」論衡齊世篇：「故夫宓犧之前，人民至質朴，臥者居居，坐者于于，羣居聚處，知其母不識其父。至宓犧時，人民頗文，智欲詐愚，勇欲恐怯，强欲凌弱，衆欲暴寡，故宓犧作八卦以治之。」

民人食肉飲血，衣皮毛；至於神農〔一〕，以爲行蟲〔二〕走獸，難以養民，乃求可食之物，嘗百草之實，察酸苦之味，教人〔三〕食五穀〔四〕。

〔一〕唐晏曰：「自此以下，至『避勞就逸』句，是隱括繫辭之文。」案：見繫辭下。

〔二〕行蟲，凡動物皆謂之蟲，此與走獸對言，則謂毛蟲而外之裸蟲、羽蟲、鱗蟲、介蟲四族也。

〔三〕「人」，子彙本、程本、兩京本、天一閣本、唐本作「民」。

〔四〕尸子君治篇：「神農理天下，欲雨則雨，五日爲行雨，旬日爲穀雨，旬五日爲時雨，正四時之制，萬物咸利，故謂之神。」淮南子脩務篇：「古者，民茹草飲水，采樹木之實，食蠃蛖之肉，時多疾病毒傷之害。於是神農乃始教民播種五穀，相土地宜，燥濕肥墝高下，嘗百草之滋味，水泉之甘苦，令民知所辟就。當此之時，一日而遇七十毒。」高誘注：「五穀：菽、麥、黍、稷、稻也。」白虎通號篇：「古之人皆食禽獸肉。至於神農，人民衆多，禽獸不足，於是神農因天之時，分地之利，制耒耜，教民農作，神而化之，使民宜之，故謂之神農也。」太平御覽七八引賈誼書曰：「神農以爲走禽難以久養民，乃求可食之物，嘗百草實，察鹹苦之味，教民食穀。」又引陸景典略：「神農嘗百草，嘗五穀，蒸民乃粒食。」

天下人民，野居穴處，未有室屋，則與禽獸同域〔一〕。於是黄帝乃伐木搆〔二〕材，築作宫室，上棟下宇，以避風雨〔三〕。

〔一〕「同域」，天一閣本作「司城」，不可從。史記禮書：「人域是域，士君子也。」索隱：「域，居也。」同域，謂人民與禽獸同居也。

〔二〕「搆」，子彙本、兩京本、天一閣本、唐本作「構」，古从扌从木之字多混。

〔三〕易繫辭下：「古者，穴居而野處，後世聖人易之以宫室，上棟下宇，以待風雨。」淮南子氾論篇：「古者，民澤處復穴，冬日則不勝霜雪霧露，夏日則不勝暑熱蟁蝱，聖人乃作，爲之築土構木，以爲宫室，上棟下宇，以蔽風雨，以避寒暑，而百姓安之。」高誘注：「處，居也。復穴，重窟也。一説，穴，毁隄防崖岸之中以爲窟室。構，架也，謂材木相乘架也。棟，屋檼也。宇，屋之垂。」太平御覽七九引春秋内事：「軒轅氏以土德王天下，始有堂室，高棟深宇，以避風雨。」五行大義五：「黄帝造屋宇。古者，巢居穴處，黄帝易之以上棟上宇，以蔽風雨。」

民知室居食穀，而未知功力〔一〕。於是后稷〔二〕乃列封疆〔三〕，畫畔界〔四〕，以分土地之所宜〔五〕；闢土殖〔六〕穀，以用養民〔七〕；種桑麻，致絲枲〔八〕，以蔽形體〔九〕。

〔一〕功力，猶今言加工。故唐律疏議卷二十盜賊四：「山野物已加功力。」疏議曰：「山野之物，謂草木藥石之類，有人已加功力。」功力字本此。

〔二〕史記周本紀：「周后稷名弃，弃爲兒時，仡如巨人之志，其游戲好種樹麻菽，麻菽美。及爲成人，遂好耕農，相土之宜，宜穀者稼穡焉。民皆法則之。」呂氏春秋君守篇：「后稷作稼。」高誘注：「后，君；稷，官也。烈山氏子曰柱，能植百穀蔬菜，以爲稷。」

〔三〕「疆」，李本、兩京本誤作「彊」。

〔四〕説文田部：「畔，田界也。」

〔五〕周禮夏官土方氏職：「以辨土宜、土化之灋，而授任地者。」注：「土宜，謂九穀稙穉所宜也。」左傳成公二年：「先王疆理天下，物土之宜，而布其利。」杜注：「疆，界也。物土之宜，播殖之物各從土宜。」

〔六〕「殖」，唐本作「植」。

〔七〕孟子滕文公上：「后稷教民稼穡，樹藝五穀，五穀熟而民人育。」趙岐注：「五穀所以養人也，故言民人育也。」

〔八〕尚書禹貢：「岱畎絲枲。」孔穎達正義：「枲，麻也。」

〔九〕禮記禮運：「昔者，先王未有宫室，冬則居營窟，夏則居橧巢；未有火化，食草木之實，鳥獸之肉，飲其血，茹其毛；未有麻絲，衣其羽皮。後聖有作，然後脩火之利，范金，合土，以爲臺榭宫室牖户。以炮，以燔，以亨，以炙，以爲醴酪。治其麻絲，以爲布帛，以養生送死，以事鬼神上帝，皆從其朔。」正義曰：「此一節論中古神農及五帝并三王之事，各隨文解之。」又案：淮南子氾論篇：「伯余之初作衣也，……而民得以揜形禦寒。」又齊俗篇：「明王制禮義，衣足以覆形。」文子十守篇：「衣足以蓋形禦寒。」春秋繁露度制篇：「凡衣裳之生也，爲蓋形煖身也。」韓詩外傳五：「内不足以充虚，外不足以蓋形。」鹽鐵論錯幣篇：「或無以充虚蔽形也。」抱朴子外篇詰鮑：「古之爲屋，足以蔽風雨，……爲衣，足以掩身形。」曰掩，曰揜，曰蔽，曰蓋，曰覆，其義一也。

當斯之時，四瀆未通，洪水〔一〕爲害，禹乃決江疏河〔二〕，通之四瀆，致之於海，大小相引〔三〕，高下相受，百川順流，各歸其所〔四〕，然後人民得去高險〔五〕，處平土〔六〕。

〔一〕孟子滕文公上：「當堯之時，天下猶未平，洪水横流，氾濫於天下。」

〔二〕孟子滕文公上：「禹疏九河，瀹濟、漯，而注諸海，決汝、漢，排淮、泗，而注之江，然後中國可得而食也。」趙岐注：「疏，通也。」淮南子脩務篇：「禹沐浴霪雨，櫛扶風，決江疏河。」高誘注：「決巫山，令江水得東過，故言決。疏道東注于海，故言疏。」

〔三〕詩小雅沔水：「朝宗於海。」鄭玄箋：「興者，水流而入海，小就大也。喻諸侯朝天子，亦猶是也。」尚書禹貢：「江、漢朝宗於海。」正義：「朝宗是人事之名，水無性識，非有此義，以海水大而江、漢小，以小就大，似諸侯歸於天子，假人事而言之也。」案：正義此文，即本鄭箋爲説。所云以小就大者，猶此之言大小相引也。

〔四〕文選吴都賦李善注引尚書大傳：「百川趨于海。」淮南氾論篇：「百川異源而皆歸于海。」高誘注：「以海爲宗。」

〔五〕「險」，兩京本誤作「嶮」。

〔六〕孟子滕文公下：「當堯之時，水逆行，氾濫於中國，龍蛇居之，民無所定，下者爲巢，上者爲營窟。書曰：『洚水警余。』洚水者，洪水也。使禹治之。禹乃掘地而注之海，驅蛇龍而放之菹，水由地中行，江、淮、河、漢是也。險阻既遠，鳥獸之害人者消，然後人得平土而居之。」趙岐注：「民人下高就平土，故遠險阻也。」文選司馬相如難蜀父老：「昔者，洪水沸出，氾濫衍溢，民人升降移徙，崎嶇而不安；夏后氏慼之，乃堙洪塞源，決江疏河，灑沈澹災，東歸之於海，而天下永寧。」注：「張揖曰：『疏，通也。』」

川谷交錯〔一〕，風化〔二〕未通，九州絶隔，未有舟車之用，以濟深致遠；於是奚仲〔三〕乃橈〔四〕曲爲輪，因直爲轅，駕馬〔五〕服牛〔六〕，浮舟杖檝〔七〕，以代人力。

〔一〕詩小雅楚茨毛傳：「東西爲交，邪行爲錯。」文選司馬長卿子虚賦：「雲夢者，方九百里，其中有山焉，其山則盤紆岪鬱，隆崇崒崒，岑崟參差，日月蔽虧，交錯糾紛，上干青雲。」

〔二〕風化，猶言教化。詩豳風七月序：「陳后稷先公風化之所由。」疏以「后稷之教」爲言也。

〔三〕吕氏春秋君守篇：「奚仲作車。」高誘注：「奚仲，黄帝之後，任姓也。傳曰：『爲夏車正，封於薛。』」淮南子脩務篇：「奚仲爲車。」高誘注：「傳曰：『奚仲爲夏車正，封於薛。』」案：左傳定公元年：「薛之皇祖奚仲居薛，以爲夏車正。」世本作篇、荀子解蔽篇、文選演連珠注引尸子，俱謂奚仲作車。山海經海内經：「番禺生奚仲，奚仲生吉光，吉光是始以木爲車。」郭注：「世本云：『奚仲作車。』此言吉光，明其父子共創作意，是以互稱之。」沈約宋書禮志：「系本云：『奚仲始作車。』案：庖犧畫八卦而爲大輿，服牛乘馬，以利天下；奚仲乃夏之車正，安得始造乎？系本之言非也。車服以庸，著在唐典，夏建旌旗，以表貴賤，周有六職，百工居其一焉，一器而羣工致其巧，車最居多，蓋奚仲以擅技巧爲夏車正，前世制作之美歸之耳。」

〔四〕「橈」，子彙本作「撓」。

〔五〕駕馬，荀子解蔽篇：「奚仲作車，乘杜作乘馬。」楊倞注：「奚仲，夏禹時車正。黄帝時已有車服，故謂之軒轅，此云奚仲者，亦改制耳。世本云：『相土作乘馬。』『杜』與『土』同。乘馬，駟馬也。四馬駕車，起於相土，故曰作乘馬；以其作乘馬之法，故謂之乘杜。乘並音剩。相土，契孫也。」案：太平御覽七七三引古史考異：「黄帝作車，少皞時略加牛，禹時奚仲駕馬，仲又造車，更廣其制度也。」云奚仲駕馬，與此同也。

〔六〕服牛，猶言駕用牛。易繫辭下：「服牛乘馬，引重致遠，以利天下。」正義：「今服用其牛，乘駕其馬。服牛以引重，乘馬以致遠，是以人之所用，各得其宜。」案：説文牛部犕下引易作「犕牛乘馬」，段注：「以車駕牛馬之字當作『犕』，作『服』者假借耳。」詩鄭風叔于田：「叔適野，巷無服馬。」鄭箋：「服馬，猶乘馬也。」正義：「易稱『服牛乘馬』，俱是駕用之義，故云服馬猶乘馬。」尚書武成：「歸馬於華山之陽，放牛於桃林之野，示天下弗服。」孔氏傳：「示天下不復乘用。」淮南子氾論篇：「古者，大川名谷，衝絶道路，不通往來也，乃爲窬木方版，以爲舟航；故地勢有無，得相委輸，乃爲靻蹻而超千里，肩荷負儋之勤也，而作爲之楺輪建輿，駕馬服牛，民以致遠而不勞。」

〔七〕易繫辭下：「刳木爲舟，剡木爲楫，舟楫之利，以濟不通，致遠以利天下。」正義：「舟必用大木刳鑿其中，故云刳木也。剡木爲楫者，楫必須纖長，理當剡削，故曰剡木也。」

鑠金〔一〕鏤木，分苞燒殖〔二〕，以備器械〔三〕，於是民知輕重，好利惡難，避勞就逸；於是皋陶〔四〕乃立獄制罪〔五〕，縣〔六〕賞設罰，異是非，明好惡，檢奸〔七〕邪，消佚亂。

〔一〕國語周語下：「諺曰：『衆心成城，衆口鑠金。』」韋昭注：「賈逵曰：『鑠，消也，衆口所惡，金爲之消亡。』」楚辭屈原九章惜誦：「故衆口其鑠金兮。」王逸注：「鑠，銷也。言衆口所論，乃人所言，金性堅剛强，尚爲銷鑠。」風俗通義佚文：「衆口鑠金。俗說：有美金於此，衆人咸共詆訾，言其不純，賣金者欲其必售，固取鍛燒以見真。此爲衆口鑠金。」（詳器撰風俗通義校注頁六〇七）

〔二〕孫詒讓曰：「案：『苞』與『匏』通，（太玄經達次三云：「厥美可以達於瓜苞。」論衡無形篇云：

「更以苞瓜喻之。」「苞」並「匏」之借字。）分匏，謂爲蠡瓢之屬。儀禮士昏禮鄭注云：『合巹破瓠也。』莊子逍遥遊篇説大瓠云：『剖之以爲瓢。』分與破、剖義同。『殖』當讀爲考工記『摶埴』之『埴』，燒埴，謂陶旊之事也。」唐晏曰：「『殖』，疑作『埴』。」

〔三〕禮記大傳：「異器械。」鄭注：「器械，禮樂之器及兵甲也。」正義：「器爲楬豆房俎，禮樂之器也；械謂戎車革路，兵甲之屬也。」

〔四〕尚書大禹謨：「帝曰：『皋陶，惟茲臣庶，罔或于予正。汝作士，明于五刑，以弼五教，期于予治。刑期于無刑，民協于中，時乃功，懋哉！』皋陶曰：『帝德罔愆，臨下以簡，御衆以寬，罰弗及嗣，賞延于世，宥過無大，刑故無小，罪疑惟輕，功疑惟重，與其殺不辜，寧失不經，好生之德，洽于民心，茲用不犯于有司。』帝曰：『俾予從欲以治，四方風動，惟乃之休。』」吕氏春秋君守篇：「皋陶作刑。」高誘注：「虞書曰：『皋陶，蠻、夷猾夏，寇賊姦宄，女作士師（今書無「師」字，此用今文），五刑有服。』」

〔五〕「罪」，唐本作「辠」，古文也。後不復出。

〔六〕「縣」，子彙本、程本、兩京本、天一閣本、唐本作「懸」，「懸」爲「縣」或字。後不復出。

〔七〕「奸」，唐本作「姦」，二字俗不分。後不復出。

民知畏法，而無禮義；於是中聖〔一〕乃設辟雍〔二〕庠序〔三〕之教，以正上下之儀，明父子之禮，君臣之義，使强〔四〕不凌弱，衆不暴寡，弃〔五〕貪鄙之心，興清潔之行。

〔一〕易繫辭下：「易之興也，其於中古乎！作易者，其有憂患乎！」正義：「其於中古乎者，謂易之爻卦之辭，起於中古。若易之爻卦之象，則在上古伏犧之時。但其時，理尚質素，聖道凝寂，直觀其象，足以垂教矣。但中古之時，事漸澆浮；非象可以爲教，又須繫以文辭，示其變動吉凶，故爻卦之辭，起於中古，則連山起於神農，歸藏起於黄帝，周易起於文王及周公也。」以文王、周公當中古，則中聖謂文王、周公也。所謂「設辟雍庠序之教」者，辟雍、上庠、東序，俱周大學之名也，然則陸賈此言中聖，亦謂文王、周公也。

〔二〕白虎通辟雍篇：「天子立辟雍何？辟雍所以行禮樂、宣德化也。辟者，璧也，象璧圓以法天也。雍者，壅之以水，象教化流行也。辟之言積也，積天下之道德；雍之爲言壅也，天下之儀則；故謂之辟雍也。」

〔三〕白虎通辟雍篇：「鄉曰庠，里曰序。庠者，庠禮義；序者，序長幼也。禮五帝記曰：『帝庠序之學，則父子有親，長幼有序，善如爾舍，明令必須外，然後前民者也，未見於仁，故立庠序以導之也。』」（盧文弨曰：「以上文有譌。」）

〔四〕「强」，子彙本作「彊」。後不復出。

〔五〕「弃」，天一閣本作「棄」，弃，古文棄。後不復出。

禮義不〔一〕行，綱紀不立，後世衰廢；於是後聖〔二〕乃定五經〔三〕，明六藝〔四〕，承天統地〔五〕，窮事察〔六〕微，原情立本，以緒人倫〔七〕，宗諸天地，纂〔八〕脩篇章，垂諸來世，被諸鳥獸〔九〕，以匡衰亂，天人合策〔一〇〕，原道〔一一〕悉備，智者達其心，百工窮其巧，乃調之以管弦〔一二〕絲竹之音，設鐘〔一三〕鼓歌舞之樂，以節奢侈，正風俗〔一四〕，通文雅〔一五〕。

〔一〕「不」，原作「獨」，今從子彙本、唐本校改。

〔二〕後聖，指孔子，詳上文「先聖」注。

〔三〕五經，孔子而後，稱説五經者，當以陸氏此文爲最先。其後，漢武帝建元五年春，初置五經博士，漢章帝時，會諸儒於白虎觀，講議五經同異，班固譔集其文，作白虎通德論，其五經篇云：「孔子所以定五經者何？以爲孔子居周之末世，王道陵遲，禮樂廢壞，强陵弱，衆暴寡，天子不敢誅，方伯不敢伐，閔道德之不行，故周流應聘，冀行其道德，自衛反魯，自知不用，故追定五經，以行其道。」後之言五經者，如困學紀聞八經説僅舉五經博士及白虎通五經篇爲言，尚未得其朔也。

〔四〕史記太史公自序：「夫儒者以六藝爲法。六藝經傳以千萬數，累世不能通其學，當年不能究其禮。」正義：「六藝，謂五禮、六樂、五射御、六書、九數也。」案：史文明言「六藝經傳」，正義以周官地官保氏職之禮樂射御書數爲六藝解之，非是。史記滑稽傳云：「六藝於治，一也：禮以節人，樂以發和，書以道事，詩以達意，易以神化，春秋以道義。」漢書藝文志六藝略：「六藝之文：樂以和神，仁之表也；詩以正言，義之用也；禮以明體，明者著見，故無訓也；書以廣聽，知之術也；春秋以斷事，信之符也。」史記孔子世家：「孔子之時，周室微，而禮、樂廢，詩、書缺，追迹三代之禮，序書傳，上紀唐、虞之際，下至秦繆，编次其事，曰：『夏禮吾能言之，杞不足徵也。殷禮吾能言之，宋不足徵也。足則吾能徵之矣。』觀殷、夏所損益，曰：『後雖百世可知也。』以一文一質。『周監二代，郁郁乎文哉！吾從周。』故書傳、禮記自孔氏。孔子語魯大師：『樂其可知也，始作翕如，皦如，縱之純如，繹如也，以成。吾自衛反魯，然後樂正，雅、頌各得其所。』古者，詩三千餘篇，及至孔子，去其重，取可施於禮義，上采契、后稷，中述殷、周之盛，至幽、厲之缺，始於衽席，故曰：關雎之亂，以爲風始，鹿鳴爲小雅始，文王爲大雅始，清廟爲頌始。三百五篇，孔子皆弦歌之，以求合韶、武、雅、頌之音，禮、樂自此可得而述，以備王道，成六藝。……孔子以詩、書、禮、樂教，弟子蓋三千焉，身通六藝者七十有二人。」是六藝即六經也。自秦火後，樂失其傳，故六藝遂爲五經，此六經衍變之迹之可得而言者。而白虎通五經篇乃曰：「經所以有五何？經，常也，有五常之道，故曰五經。樂，仁；書，義；禮，禮；易，智；詩，信也。人情有五性，懷五常，不能自成，是以聖人象天五常之道而明之，以教人成其德也。」以五常說五經，且五經有樂而無春秋，此則漢人之經說耳。

〔五〕承天統地，即承天統物也，詳下文「統物」注。

〔六〕「察微」，「察」字原缺，今據子彙本、傅校本、唐本訂補。宋翔鳳云：「別本作『及微』。」

〔七〕人倫，詩周南關雎序：「先王以是經夫婦，成孝敬，厚人倫，美教化，移風俗。」正義：「厚人倫者，倫，理也，君臣父子之義，朋友之交，男女之別，皆是人之常理。父子不親，君臣不敬，朋友道絶，男女多違，是人理薄也，故教民使厚此人倫也。」此文言緒人倫，義亦相近，緒人倫者，謂人倫之道得其緒也。

〔八〕「纂」字原缺，宋翔鳳引別本作「纂」，今據訂補。

〔九〕案：尚書舜典：「帝曰：『疇若予上下草木鳥獸？』……夔曰：『於，予擊石拊石，百獸率舞。』」又益稷：「夔曰：『笙鏞以閒，鳥獸蹌蹌。簫韶九成，鳳皇來儀。』夔曰：『於，予擊石拊石，百獸率舞，庶尹允諧。』」即此「被諸鳥獸」之謂也。白虎通禮樂篇：「八音者何謂也？樂記曰：『土曰塤，竹曰管，皮曰鼓，匏曰笙，絲曰弦，石曰磬，金曰鐘，木曰柷敔。』此謂八音也，法易八卦也，萬物之數也。八音，萬物之聲也。天子所以用八音何？天子承繼萬物，當知其數，既得其數，當知其聲，即思其形，如此，蜎飛蠕動，無不樂其音者，至德之道也。天子樂之，故樂用八音。」其闡明以音樂被諸鳥獸之理尤徵至。

〔一〇〕天人合策，案：此即後來董仲舒天人相感説之濫觴。漢書董仲舒傳載其對策之言曰：「臣謹案：春秋之中，視前世已行之事，以視天人相與之際，甚可畏也。」又曰：「天人之徵，古今之道也。孔子作春秋，上揆之天道，下質諸人情，鑒之於古，考之於今。」舉此一隅，無勞九變。尋荀子天論言：「故明於天人之分，則可謂至矣。」此又陸氏天人説之所本矣。蓋自董仲舒揭櫱此義，於是司馬相如封禪文言「天人之際已交」，王褒四子講德論言「天人並應」，班固西都賦言「天人合應」，皆承其説而爲此紛紛也。文選阮嗣宗爲鄭沖勸晉王牋，張銑注：「天人，謂天意人事也。」

〔一一〕淮南子原道篇高誘注：「原，本也，本道根真，包裹天地，以歷萬物，故曰原道。」

〔一二〕「弦」，李本、子彙本、程本、兩京本、天一閣本作「絃」，俗別字，後不復出。

〔一三〕「鐘」，程本、兩京本、天一閣本、唐本作「鍾」，古通，後不復出。

〔一四〕漢書地理志下：「凡民函五常之性，而其剛柔緩急，音聲不同，繫水土之風氣，故謂之風。好惡取舍，動静無常，隨君上之情欲，故謂之俗。」風俗通義序：「風者，天氣有寒煖，地形有險易，水泉有美惡，草木有剛柔也。俗者，含血之類，像之而生，故言語歌謳異聲，鼓舞動作殊形，或直或邪，或善或淫也。」劉晝新論風俗章：「風者，氣也。俗者，習也。土地水泉，氣有緩急，聲有高下，謂之風焉。人居此地，習以成性，謂之俗焉。」

〔一五〕文雅，文采典雅。漢書敘傳：「文雅自贊。」文選劉公幹贈五官中郎將：「文雅縱横飛。」李善注：「大戴禮曰：『天子不知文雅之辭，少師之任。』」又潘安仁夏侯常侍誄：「人惡其異，俗疵文雅。」注同。荀子脩身篇：「容貌態度，進退趨行，由禮則雅，不由禮則夷固辟違，庸衆而野。」新書道術篇：「辭令就得謂之雅，反雅爲陋。」

後世淫邪，增之以鄭、衞之音〔一〕，民弃本趨末〔二〕，技巧横出，用意各殊，則加雕文刻鏤〔三〕，傳致〔四〕膠漆〔五〕丹青、玄黄〔六〕琦瑋〔七〕之色，以窮耳目之好，極工匠之巧〔八〕。

〔一〕史記樂書：「紂爲朝歌北鄙之音，身死國亡。……夫『朝歌』者，不時也。北者，敗也；鄙者，陋也；紂樂好之，與萬國殊心，諸侯不附，百姓不親，天下畔之，故身死國亡。而衞靈公之時，將之晉，至於濮水之上舍，夜半時聞鼓琴聲，問左右，皆對曰：『不聞。』乃召師涓曰：『吾聞鼓琴音，問左右皆不聞，其狀似鬼神，爲我聽而寫之。』師涓曰：『諾。』因端坐援琴，聽而寫之。明日曰：『臣得之矣，然未習也，請宿習之。』靈公曰：『可。』因復宿，明日報曰：『習矣。』即去之晉，見晉平公，平公置酒於施惠之臺，酒酣，靈公曰：『今者來聞新聲，請奏之。』平公曰：『可。』即令師涓坐師曠旁，援琴鼓之，未終，師曠撫而止之曰：『此亡國之聲也，不可遂。』平公曰：『何道出？』師曠曰：『師延所作也，與紂爲靡靡之樂，武王伐紂，師延東走，自投濮水之中，故聞此聲必於濮水之上。先聞此聲者國削。』平公曰：『寡人所好者音也，願遂聞之。』師涓鼓而終之。」禮記樂記：「鄭、衞之音，亂世之音也，比於慢矣。桑間、濮上之音，亡國之音也。」鄭注：「濮水之上，地有桑間者，亡國之音於此之水出也。昔殷紂使師延作靡靡之樂，已而自沈於濮水，後師涓過焉，夜聞而寫之，爲晉平公鼓之，是之謂也。」呂氏春秋本生篇：「鄭、衞之音，務以自樂，命之曰伐性之斧。」高誘注：「鄭國淫辟，男女私會於溱、洧之上，有絢盱之樂，芍藥之和。昔者，殷紂使樂師作朝歌北鄙靡靡之樂，以爲淫亂。武王伐紂，樂師抱其樂器自投濮水之中。暨衛靈公北朝於晉，宿於濮上，夜聞水中有琴瑟之音，乃使師涓以琴寫其音。靈公至晉國，晉平公作樂，公曰：『寡人得新聲，請以樂君。』遂使師涓作之，平公大悦。師曠止之曰：『此亡國之音也。紂之太師以此音自投於濮水，得此聲必於濮水之上。』地在衛，因曰鄭、衛之音。」

〔二〕史記孝文本紀：「上曰：『農，天下之本，務莫大焉。……是爲本末者無以異。』」集解：「李奇曰：『本，農也。末，賈也。』」漢書孝成本紀：「陽朔四年詔：『閒者，民彌惰怠，鄉本者少，趨末者衆。』」又食貨志上：「今背本而趨末，食者甚衆，是天下之大殘也。」師古曰：「本，農業也；末，工商也；言人已棄農而務工商矣。」

〔三〕漢書孝景本紀：「後二年夏四月詔曰：『雕文刻鏤，傷農事者也。』」賈誼新書瑰瑋篇：「夫雕文刻鏤，害（原誤作「周」）用之物繁多。」

〔四〕漢書文三王傳：「傅致難明之事。」師古曰：「傅讀曰附。」案：此文傅致義同，謂以膠漆附益於所髹飾之物也。

〔五〕禮記月令：「季春之月，令百工審五庫之量，……脂膠丹漆，毋或不良。」正義：「脂膠丹漆爲一庫。」又：「季秋之月，是月也，霜露降，則百工休。」注：「寒而膠漆之作，不堅好也。」戰國策趙策：「膠漆至韌也。」膠漆，工匠以爲膠合髹漆之用也。

〔六〕「玄」，宋翔鳳本避清諱作「元」，今改，後不復出。本書無爲篇：「繕雕琢刻畫之好，博玄黃琦瑋之色，以亂制度。」義與此同。文選張平子思玄賦：「由厥好以玄黃。」舊注：「玄黃，玉石之色也。」説苑權謀篇：「鼇王變文、武之制，而作玄黃宫室，輿馬奢侈，不可振也。」家語六本篇載其事作「作玄黃華麗之飾，宫室崇峻，輿馬奢侈」。此言玄黃之色者，蓋謂以玉石爲飾，其色玄黃也。

〔七〕案：琦瑋之色，他無所聞，疑當作「奇偉」，蓋「奇」、「琦」古通，「瑋」則涉上偏旁而誤也。荀子非十二子篇：「治怪説，玩琦辭。」注：「『琦』讀爲『奇異』之『奇』。」尋荀子解蔽篇作「治怪説，玩奇辭」，即其證也。

〔八〕荀子儒效篇：「積斵削而爲工匠。」文選何平叔景福殿賦：「惟工匠之多端，固萬變之不窮。」唐晏曰：「此節由刑法敍及詩、書，由詩、書敍及禮、樂，由禮、樂之盛敍及禮、樂之衰，所謂周末文弊也。」

夫驢騾〔一〕駱駞，犀象瑇瑁，琥珀珊瑚，翠羽珠玉，山生水藏，擇地而居，潔清明朗，潤澤而濡〔二〕，磨而不磷，涅而不淄〔三〕，天氣所生，神靈〔四〕所治，幽閒清淨，與神浮沈〔五〕，莫不〔六〕効〔七〕力爲用，盡情爲器。故曰：聖人成之〔八〕。所以能統物〔九〕通變〔一〇〕，治情性，顯仁義也〔一一〕。

〔一〕「騾」，唐本作「驘」。「騾」，俗字。

〔二〕詩鄭風羔裘：「羔裘如濡。」毛傳：「如濡，潤澤也。」

〔三〕論語陽貨：「不曰堅乎？磨而不磷。不曰白乎？涅而不緇。」集解：「孔曰：『磷，薄也。涅可以染皂。言至堅者磨之而不薄，至白者染之于涅而不黑。』」案：沈約高士贊：「猶玉在泥，涅而不緇。」梁簡文帝君子行：「君子懷琬琰，不使涅塵緇。」劉孝威堂上行辛苦篇：「黄金坐銷鑠，白玉遂緇磷。」緇、淄古通。

〔四〕列子湯問篇：「神靈所生，其物異形。」鬼谷子本經陰符：「物之所造，天之所生，包宏無形，化氣先天地而成，莫見其形，莫知其名，謂之神靈。」

〔五〕史記游俠列傳：「與世浮沈。」文選司馬子長報任少卿書：「故且從俗浮沈，與時俯仰。」又阮嗣宗詠懷詩：「俯仰乍浮沈。」李善注：「輕薄之輩，隨俗浮沈。」

〔六〕「莫不」，原作「莫之」，俞樾曰：「謹按：『莫之』當作『莫不』，蓋言驢騾駱駞、犀象瑇瑁、琥珀珊瑚、翠羽珠玉之類，莫不爲我用也。下文『故曰：聖人成之。所以能統物通變，治情性，顯仁義也』，即承此而言。今作『莫之』，則與下意不貫矣。」案：俞説是，今從之。

〔七〕「効」，天一閣本作「效」，「效」俗别字。後不復出。

〔八〕案：此就篇首所引傳曰之文，而爲之衍繹其義，故以「故曰」結之。

〔九〕文選嵇叔夜琴賦：「揔中和以統物。」又陸士衡答賈長淵詩注引禮記明堂陰陽録：「王者承天統物也。」承天統物，猶上文之言承天統地也。

〔一〇〕易繫辭上：「通變之謂事。」韓康伯注：「物窮則變，變而通之，事之所由生也。」又曰：「通其變，遂成天下之文。」又繫辭下：「通其變，使民不倦。」韓注：「通物之變，故樂其器用，不能倦也。」陸氏所言通變，即本易義。

〔一一〕唐晏曰：「由此以上，皆釋『聖人成之』之義也。」

夫人者，寬博浩大，恢廓〔一〕密微，附遠寧近，懷來〔二〕萬邦〔三〕。故聖人懷仁仗義，分明纖微，忖度〔四〕天地，危而不傾，佚而不亂者，仁義之所治也〔五〕。行之於親近而疏遠悅，脩〔六〕之於閨門〔七〕之內而名譽〔八〕馳於外。故仁無隱而不著，無幽而不彰者。虞舜蒸蒸於父母〔九〕，光耀於天地〔一〇〕；伯夷、叔齊餓於首陽，功美垂於萬代〔一一〕；太公自布衣〔一二〕昇三公之位〔一三〕，累世享千乘之爵〔一四〕；知伯〔一五〕仗威任力，兼三晉〔一六〕而亡〔一七〕。

〔一〕文選鄒陽獄中上書自明：「天下恢廓之士。」恢廓，謂恢弘廓大也。

〔二〕文選司馬長卿難蜀父老：「於是諸大夫茫然喪其所懷來，失厥所以道。」案：禮記中庸：「凡爲天下國家有九經，曰：……來百工，……懷諸侯也。」正義：「來百工者，謂招來百工也。……懷，安撫也，君若安撫懷之，則諸侯服從。」

〔三〕文廷式曰：「按：漢高帝諱邦，陸生奏書，必不公犯其諱，『邦』字當爲『國』也。」

〔四〕詩小雅巧言：「他人有心，予忖度之。」

〔五〕唐晏曰：「陸生之學出孔門，故語必首仁義。」

〔六〕「脩」，天一閣本、唐本作「修」，古通用。後不復出。

〔七〕禮記樂記：「樂在閨門之內，父子兄弟同聽之，則莫不和親。」又仲尼燕居：「以之閨門之內有禮，則三族和也。」閨門之內，猶今言家中也。

〔八〕文選上林賦：「揚名發譽。」法言學行篇：「名譽以崇之。」

〔九〕尚書堯典：「曰：『明明揚側陋。』師錫帝曰：『有鰥在下，曰虞舜。』帝曰：『俞，予聞，如何？』岳曰：『瞽子，父頑，母嚚，象傲，克諧以孝，烝烝乂，不格姦。』帝曰：『我其試哉！』」孔氏傳：「烝，進也。」史記五帝本紀作「能和以孝，烝烝治，不至姦」。烝、蒸古通。

〔一〇〕唐晏曰：「按：此櫽括堯典『以孝蒸蒸乂不格姦』之文。『光耀天地』者，當是古訓也。」器案：「光耀於天地」，即堯典「光被四表」之義。

〔一一〕唐晏曰：「此櫽括論語文。」案：論語季氏：「伯夷、叔齊餓於首陽之下，民到於今稱之。」集解：「馬曰：『首陽山在河東蒲坂縣，華山之北，河曲之中。』」邢昺疏：「夷、齊，孤竹君之二子，讓位適周，遇武王伐紂，諫之不入，及武王既誅紂，義不食周粟，故於河東郡蒲坂縣首陽山下，采薇而食，終餓死。」此本史記伯夷列傳爲說。皇侃疏則云：「夷、齊，是孤竹君之二子也，兄弟讓國，遂入隱於首陽之山。武王伐紂，夷、齊扣武王馬諫曰：『爲臣伐君，豈得忠乎？横尸不葬，豈得孝乎？』武王左右欲殺之。太公曰：『此孤竹君之子，兄弟讓國，大王不能制也。隱於首陽山，合方立義，不可殺，是賢人。』即止也。夷、齊反首陽山，責身不食周粟，唯食草木而已。後遼西令支縣祐家白張石虎，往蒲坂採材，謂夷、齊曰：『汝不食周粟，何食周草木？』夷、齊聞言，即遂不食，七日餓死。」此則六朝人別説也。

〔一二〕鹽鐵論散不足篇：「古者，庶人耋老而後衣絲，其餘則麻枲而已，故命曰布衣。」

〔一三〕漢書董仲舒傳：「太公起海濱而即三公。」

〔一四〕千乘之爵，謂爵爲諸侯也。文選李少卿答蘇武書：「受千乘之賞。」李善注：「兵車千乘，諸侯之大者。」又陸士衡五等論注引楚漢春秋：「下蔡亭長詈淮南王曰：『封汝爵爲千乘，東南盡日所出，尚未足黔徒羣盜所邪？而反，何也？』」案：漢書刑法志：「一封三百一十六里，提封十萬井，定出賦六萬四千井，戎馬四千匹，兵車千乘，此諸侯之大者也，是謂千乘之國。」衛宏漢舊儀下：「九夫爲井，四井爲邑，四邑爲丘，四丘爲乘，乘則具車一乘四馬，步卒三十六人。千乘之國，馬四千匹，步卒三萬六千人爲三軍，大國也。次國二軍，小國一軍。」

〔一五〕「知伯」，天一閣本作「智伯」，「知」、「智」古通。後不復出。

〔一六〕春秋時，晉之六卿智氏、范氏、中行氏、韓氏、魏氏、趙氏分晉，時稱爲六晉，戰國策秦策下：「昔者，六晉之時，智氏最强，破滅范、中行，又帥韓、魏以圖趙襄子於晉陽。」是役也，韓、魏、趙合謀，滅智氏，遂稱韓、魏、趙爲三晉，戰國策趙策上所謂「三晉分智氏」是也。

〔一七〕唐晏曰：「按：戰國之世，言盛則齊桓，言滅則智伯，若太公則尤盛矣。」

是以君子〔一〕握道而治，據〔二〕德而行，席仁而坐，杖義而彊，虛無寂寞，通動〔三〕無量。故制事因短，而動益長，以圓制規，以矩立方〔四〕。聖人王世，賢者建功〔五〕，湯舉伊尹〔六〕，周任呂望〔七〕，行合天地，德配陰陽〔八〕，承天誅惡，克〔九〕暴除殃，將氣養物〔一〇〕，明□〔一一〕設光，耳聽八極〔一二〕，目覩四方，忠進讒退，直立邪亡，道行姦止〔一三〕，不得兩張，□□〔一四〕本理，杜漸消萌。

〔一〕禮記曲禮上：「博聞强識而讓，敦善行而不怠，謂之君子。」王安石君子齋記：「天子諸侯謂之君，卿大夫謂之子，古之爲此名也，所以命天下之有德，故天下有德通謂之君子。」

〔二〕「據」字原缺，今據子彙本、傅校本、唐本訂補。論語述而：「據於德。」

〔三〕淮南子俶真篇：「若夫神無所掩，心無所載，通洞條達，恬漠無事，無所凝滯，虛寂以待，勢利不能誘也。」又見文子十守篇。呂氏春秋精通篇高誘注：「其精誠能通洞於民。」通洞，即通動也。

〔四〕墨子法儀篇：「百工之爲方以矩，爲圓以規，直以繩，正以懸。」唐晏曰：「案：於文當作『以規制圓』，然考規矩之初，方生於圓，由圓既立而始有規之名，故曰『以圓制規』也。」

〔五〕文廷式曰：「此以功字與行、彊、量、長、方、望、陽、殃、光爲韻，已讀功如釭矣。」

〔六〕論語顔淵：「湯有天下，選於衆，舉伊尹，不仁者遠矣。」

〔七〕史記齊太公世家：「太公望吕尚者，東海上人。其先祖嘗爲四嶽，佐禹平水土，甚有功，虞、夏之際，封於吕，或封於申，姓姜氏，夏、商之時，申、吕或封枝庶，子孫或爲庶人，尚其後苗裔也，本姓姜氏，從其封姓，故曰吕尚。吕尚蓋嘗窮困，年老矣，以漁釣奸周西伯。西伯將出獵，卜之，曰：『所獲非龍非彲，非虎非羆，所獲霸王之輔。』於是周西伯獵，果遇太公於渭之陽，與語大説，曰：『自吾先君太公曰：當有聖人適周，周以興。子真是邪！吾太公望子久矣。』故號之曰太公望，載與俱歸，立爲師。」

〔八〕白虎通聖人篇：「聖人者何？……與天地合德，日月合明，四時合序，鬼神合吉凶。」

〔九〕「克」，子彙本、程本、兩京本、天一閣本作「剋」，俗別字。後不復出。

〔一〇〕俞樾曰：「謹案：將亦養也。詩桑柔篇：『天不我將。』箋云：『將，猶養也。』氣言將，物言養，文異而義同。」

〔一一〕各本俱缺一字。

〔一二〕淮南子原道篇：「廓四方，柝八極。」高誘注：「八極，八方之極也。」

〔一三〕「止」，原作「正」，李本作「止」，今據改正。俞樾曰：「謹按：『正』乃『止』字之誤，道行，姦止，相對成文。」案：俞說是，李本正作「正」。

〔一四〕李本、程本、兩京本缺一字。

夫謀事不竝仁義者後必敗〔一〕，殖不固本而立高基者後必崩。故聖人防亂以經藝〔二〕，工正曲以準繩〔三〕。德盛者威廣，力盛者驕衆。齊桓公尚德以霸，秦二世尚刑而亡〔四〕。

〔一〕俞樾曰：「謹按：『竝』當讀爲『傍』，列子黃帝篇：『竝流而承之。』釋文曰：『史記、漢書傍河傍海皆作竝。』是古『竝』、『傍』字通用。不竝仁義者，不傍仁義也。謀事不依傍仁義，故後必敗。」器案：俞說是。史記秦始皇本紀：「北據河爲塞，竝陰山至遼東。」正義：「從河傍陰山，東至遼東，築長城爲北界。」又：「自榆中竝河，以東屬之陰山。」集解：「服虔曰：『竝，音傍，傍，依也。』」又大宛傳：「竝南山。」正義：「竝，白浪反。」皆讀「竝」爲「傍」之證。

〔二〕經藝，即上文所謂五經、六藝也。史記儒林傳：「故漢興然後諸儒始得脩其經藝。」漢書郊祀志下：「於是（匡）衡（張）譚奏議曰：『八人不案經藝，考古制。』」

〔三〕孟子離婁上：「聖人既竭目力焉，繼之以規矩準繩，以爲方員平直，不可勝用也。」朱熹集注：「準所以爲平，繩所以爲直。」

〔四〕唐晏曰：「按史記陸生本傳云：『其對高帝也，曰：昔者，吳王夫差、智伯極武而亡，秦任刑法不變，卒滅趙氏。』此篇所言智伯、二世語相合。」器案：秦、漢間人言刑德者各執一端，儒家言尚德，法家言尚刑，陸氏固儒家言也。

故虐行則怨積，德布則功興，百姓以德附〔一〕，骨肉〔二〕以仁親，夫婦以義合，朋友以義信，君臣以義序，百官以義承，曾、閔〔三〕以仁成大孝，伯姬以義建至貞〔四〕，守國者以仁堅固，佐君者以義不傾，君以仁治，臣以義平，鄉黨〔五〕以仁恂恂，朝廷以義便便〔六〕，美女以貞顯其行，烈士以義彰〔七〕其名，陽氣以仁生，陰節以義降〔八〕，鹿鳴以仁求其羣〔九〕，關雎以義鳴其雄〔一〇〕，春秋以仁義貶絕〔一一〕，詩以仁義存亡，乾、坤以仁和合，八卦以義相承〔一二〕，書以仁敍九族〔一三〕，君臣以義制忠〔一四〕，禮以仁盡節，樂以禮升降〔一五〕。

〔一〕「附」，唐本作「坿」，古通。後不復出。

〔二〕呂氏春秋精通篇：「故父母之於子也，子之於父母也，一體而兩分，同氣而異息，若草莽之有華實也，若樹木之有根心也，雖異處而相通，隱志相及，痛疾相救，憂思相感，生則相歡，死則相哀，此之謂骨肉之親。」

〔三〕荀子性惡篇：「然而曾、騫、孝己，獨厚於孝之實，而全於孝之名者，何也？以其綦於禮義故也。」後漢書明帝紀：「永平十二年五月詔曰：『昔曾、閔奉親，竭歡致養。』」注：「曾參，字子輿，閔損，字子騫，並孔子弟子，皆有孝行也。」

〔四〕唐晏曰：「按穀梁傳曰：『婦人以貞爲行者也，伯姬之婦道盡矣。』陸生書引春秋，多本穀梁。」案：春秋襄公三十年：「五月，甲午，宋災，伯姬卒。」穀梁傳：「取卒之日加之災上者，見以災卒也。其見以災卒奈何？伯姬之舍失火，左右曰：『夫人少辟火乎！』伯姬曰：『婦人之義，傅母不在，宵不下堂。』左右又曰：『夫人少辟火乎！』伯姬曰：『婦人之義，保母不在，宵不下堂。』遂逮乎火而死。婦人以貞爲行者也，伯姬之婦道盡矣。詳其事，賢伯姬也。」

〔五〕論語雍也：「以與爾鄰里鄉黨乎？」集解：「鄭曰：『五家爲鄰，五鄰爲里，萬二千五百家爲鄉，五百家爲黨。』」

〔六〕文廷式曰：「此用論語鄉黨篇。案鄭注：『恂恂，恭慎貌。便便，辨也。』各家皆就字義爲解，陸生仁義之説，尤爲心知其意。」唐晏曰：「按此以恂恂、便便分仁義，當是古論語説。『恂恂』，史記作『逡逡』。『便便』，爾雅云：『辯也。』」

〔七〕「彰」字原缺，宋翔鳳本據子彙本、抄本訂補。今案：李本、兩京本、天一閣本、傅校本、唐本俱有「彰」字。

〔八〕唐晏曰：「案：此以仁義分陰陽，與周禮大宗伯以『天産作陰德，以中禮防之，以地産作陽德，以樂和防之』之説合。蓋中禮屬仁，樂和屬義，防者猶調劑之義也，陰德之過，以陽劑之，陽德之過，以陰劑之，陸生之説，必有所受之。」器案：此文「降」字叶韻，當音户江反。詩召南草蟲：「我心則降。」以降與蟲、螽、忡爲韻，釋文：「降，户江反。」又小雅鹿鳴出車：「我心則降。」以降與蟲、螽、忡、戎爲韻，釋文：「降，户江反。」俱其證也。

〔九〕淮南子泰族篇：「鹿鳴興於獸，君子大之，取其見食而相呼也。」家語好生篇：「鹿鳴興於獸，而君子大之，取其得食而相呼。」案：詩小雅鹿鳴：「呦呦鹿鳴，食野之苹。」毛傳：「興也。苹，蓱也。鹿得蓱，呦呦然鳴而相呼，懇誠發乎中，以興嘉樂賓客，當有懇誠相招呼以成禮也。」陸氏以仁求羣之説，亦漢人古詩説也。

〔一〇〕詩周南關雎：「關關雎鳩，在河之洲。」毛傳：「興也。雎鳩，王雎也，鳥摯而有別。」鄭箋：「摯之言至也，謂王雎之鳥，雌雄情意，至然而有別。」淮南子泰族篇：「關雎興於鳥，而君子美之，爲其雌雄之不乘（「乘」原作「乖」，從王念孫説校改）居也。」家語好生篇：「關雎興於鳥，而君子美之，取其雌雄之有別。」孫星衍曰：「此摯而有別之義。摯當爲猛摯，不當如鄭説。」易順鼎經義莛撞三：「陸賈新語道基篇云：『關雎以義鳴其雄。』按此魯詩説也。漢書杜欽傳：『佩玉晏鳴，關雎歎之。』李奇曰：『后夫人鷄鳴佩玉去君所，周康王后不然，故詩人歎而傷之。』臣瓚曰：『此魯詩也。』是魯詩以關雎爲刺周康王后作。蓋后夫人佩玉晏，鷄鳴不能爲脱簪待罪之舉，故借關雎能以義鳴其雄，喻康王后不能以義警其君。魯詩蓋解關雎爲鳴聲相警之意，故新語謂以義鳴，與毛詩以關關爲和聲者不同。然毛謂摯而有別，則亦有義意矣。知陸賈所述爲魯詩者，新語資執篇云：『鮑丘之德，非不高於李斯、趙高也，然伏隱於蒿廬之下，而不録於世，利口之臣害之也。』鮑丘即浮丘伯，申公所從受詩者。鹽鐵論毀學篇：『李斯與包丘子俱事荀卿，李斯入秦取三公，包丘子不免於甕牖蒿廬。』正本新語之文，或作『浮』，或作『包』作『鮑』，古字相通。據此，疑賈本浮丘門人，新語所稱詩，必皆魯義，近人輯魯詩，未見及此也。」唐晏曰：「按從鹿鳴、關雎分仁義，此亦古經説之僅存者。」器案：史記十二諸侯年表序：「周道缺，詩人本之衽席，關雎作，仁義陵遲，鹿鳴刺焉。」法言孝至篇：「周康之時，頌聲作乎下，關雎作乎上，習治也。……故習治則傷始亂也。」列女傳仁智傳魏曲沃婦：「周之康王，夫人晏出朝，關雎起興，思得淑女，以配君子。」論衡謝短篇：「周衰而詩作，蓋康王時也，康王德缺於房，大臣刺晏，故詩作。」後漢紀靈帝紀：「昔周康王承文王之盛，一朝晏起，夫人不鳴璜，宮門不擊柝，關雎之人，見幾而作。」（又見後漢書楊賜傳）文選任彦昇齊竟陵王行狀李善注引風俗通：「昔周康王一旦晏起，詩人以爲深刺。」古文苑張超誚青衣賦：「周漸將衰，康王晏起，畢公喟然，深思古道，感彼關雎，性不雙侣，願得周公，配以窈窕，防微消漸，諷諭君父，孔氏大之，列冠篇首。」此皆魯詩説也，且以關雎之作者爲畢公也。

〔一一〕公羊傳昭公元年：「春秋不待貶絶而罪惡見者，不貶絶以見罪惡也。貶絶然後罪惡見者，貶絶以見罪惡也。」

〔一二〕俞樾曰：「『乾、坤』、『八卦』互言之，古人屬文，自有此體，劉琨答盧諶詩：『宣尼悲獲麟，西狩涕孔丘。」謝惠連秋懷詩：「雖好相如達，不同長卿嫚。」六朝時人猶識斯意也。」

〔一三〕唐晏曰：「案以『乾、坤』爲仁，『八卦』爲義，又『九族』爲仁，疑皆古經義。」書堯典：「克明俊德，以親九族。」孔氏傳：「能明俊德之士，以睦高祖、玄孫之親。」釋文：「九族，上自高祖，下至玄孫，凡九族。馬、鄭同。」

〔一四〕俞樾曰：「樾謹按：書之所陳，非止敍九族而已，乃云『書以仁敍九族』，義不可通。忠者，臣之所以事君也，故論語稱：『君使臣以禮，臣事君以忠。』乃云『君臣以義制忠』，義亦不可通。疑此文本作『九族以仁敍，君臣以義制』，淺人見上文言春秋，言詩，而乾、坤、八卦，又易之事也，乃竄入『書』字，以配上文，遂作『書以仁敍九族』，而下句又妄增『忠』字，使句法相稱耳，非陸氏之舊。」

〔一五〕俞樾曰：「樾謹案：上下文皆以仁義對言，此亦當同，乃云『以禮升降』，何歟？疑此文本作『樂以仁盡節，禮以義升降』。禮記樂記云：『仁近於樂，義近於禮。』故樂應言仁，禮應言義。淺人不達此理，以禮樂恒言，皆先禮後樂，乃改上句作『禮以仁盡節』，則下句宜作『樂以義升降』，今乃作『樂以禮升降』者，蓋既以『樂』字易『禮』字，又誤以『禮』字易『義』字，此竄改之迹之未泯者也。」

仁者道之紀，義者聖之學。學之者明，失之者昏，背之者亡。陳力就列〔一〕，以義建功，師旅行陣〔二〕，德仁爲固〔三〕，仗義而彊，調氣養性〔四〕，仁者壽長〔五〕，美才次德〔六〕，義者〔七〕行方〔八〕。君子以義相褒，小人以利相欺〔九〕，愚者以力相亂，賢者以義相治。穀梁傳曰：「仁者以治親，義者以利尊。萬世不亂，仁義之所治也。」〔一〇〕

〔一〕論語季氏：「周任有言曰：『陳力就列，不能者止。』」集解：「馬融曰：『言當陳其才力，度己所任，以就其位，不能則止。』」

〔二〕「陣」，唐本作「陳」。「陣」，後起字。後不復出。

〔三〕俞樾曰：「樾謹案：『德』當讀爲『得』，古字通用。『爲固』當作『而固』。」

〔四〕荀子修身篇：「治氣養心之術：血氣剛彊，則柔之以調和；智慮漸深，則一之以易良；勇膽猛戾，則輔之以道順；齊給便利，則節之以動止；狹隘褊小，則廓之以廣大；卑濕重遲貪利，則抗之以高志；怠慢僄弃，則炤之以禍災；愚款端愨，則合之以禮樂，通之以思索。凡治氣養心之術，莫徑由禮，莫要得師，莫神一好。夫是之謂治氣養心之術也。」案：此文又見韓詩外傳二，荀子所言治氣養心之術，即陸氏此文之所謂調氣養性也，以其言之未詳，輒最録於此云耳。

〔五〕論語雍也：「仁者壽。」集解：「包曰：『性靜者多壽考。』」邢疏：「言仁者少思寡欲，性常安靜，故多壽考也。」

〔六〕孫詒讓曰：「案：『美』疑『差』之誤，差與次義同，謂差次才之高下也。」器案：次德，即荀子君道篇「論德而定次」之意，謂論其德之大小而定其位次也。

〔七〕「義者」，天一閣本、唐引一本作「以義」。

〔八〕行方，謂行爲方正。淮南主術篇：「凡人之論，……智欲員而行欲方，……行欲方者，直立而不撓，素白而不污，窮不易操，通不肆志。……故智員者無不知也，行方者有不爲也。」高誘注：「非正道不爲也。」

〔九〕論語里仁篇：「君子喻于義，小人喻于利。」義利之辨，即君子小人之分也。

〔一〇〕戴彦升曰：「或以道基篇末引穀梁傳，非賈所及見，疑出依託。彦升案：本書凡兩引穀梁傳，至德篇末『故春秋穀（下缺）』，似引傳説魯莊公事，而缺其文。考漢書儒林傳：『申公，魯人也，少與楚元王交俱事齊人浮邱伯，受詩。』又云：『瑕邱江公受穀梁春秋及詩于魯申公。』楚元王交傳：『少時，嘗與魯穆生、白生、申公同受詩于浮邱伯。伯者，孫卿門人也。』夫穀梁家始自江公，而江公受之申公，申公受之浮邱伯，浮邱伯爲孫卿門人。今荀子禮論、大略二篇，具穀梁義，則荀卿穀梁之初祖也。荀卿晚廢居楚，陸生楚人，故聞穀梁義歟！鹽鐵論：『包邱子與李斯俱事荀卿。』本書資賢篇：『鮑邱之德行，非不高於李斯、趙高也，然伏隱於蒿廬之下，而不録於世。』鮑邱即包邱子，即浮邱伯也。楚元王傳注：『服虔曰：浮邱伯，秦時儒生。』陸生蓋嘗與浮邱伯游，故稱其德行，或即受其穀梁學歟！辨惑篇説夾谷之會事，與穀梁定十年傳大同。至德篇説齊桓公遺高子立僖公事，本穀梁閔二年傳。懷慮篇言魯莊公不能存立子糾，亦本穀梁莊九年傳，可徵陸生乃穀梁家矣。故所述楚漢春秋，向、歆人之春秋家。但輔政篇説鄭儋歸魯，至德篇説臧孫辰請糴，明誡篇説衞侯之弟鱄出奔晉，今穀梁傳無此義。道基篇所引傳曰『仁者以治親，義者以利尊』，今穀梁傳亦無此二語。彦升案：穀梁之著竹帛，雖不知何時，而出自後師。陸生乃親受之浮邱伯者，實穀梁先師。古經師率皆口學，容有不同，如劉子政説穀梁義，亦有今傳所無者，可證也。或乃以穀梁傳爲賈所不及見，既昧乎授受之原，且亦不檢今傳文矣。」唐晏曰：「今穀梁傳不見此文，漢志別有穀梁大義，或出其中。陸生治穀梁，故首篇即引之，正所謂『言必稱先師』也。」

術事〔一〕第二

〔一〕黄震曰：「術事言帝王之功，當思之於身，舜棄黄金，禹捐珠玉，道取其至要。」錢鶴灘曰：「陸賈所論，多崇儉尚静，似有啟文、景、蕭、曹之治者。」戴彦升曰：「術事篇謂『言古者必合之今，述遠者必考之近』，故云：『書不必起仲尼之門，藥不必出扁鵲之方』，以『因世而權行』故也。吴傳執其單詞而議之，則以辭害志矣（語見漢志攷證）。」唐晏曰：「此篇主於行遠自邇，登高自卑，乃仁義之基也。」器案：術事，即本文「説事」之義，古「術」、「述」字通，述事即説事也。禮記祭義：「結諸心，形諸色，而術省之。」鄭注：「『術』當爲『述』，聲之誤也。」釋文：「『術』義作『述』。」儀禮士喪禮：「不述命。」鄭注：「古文『述』皆作『術』。」

善言古者合之於今，能述〔二〕遠者考之於近〔三〕。故説事者上陳五帝之功，而思之於身，下列桀、紂之敗，而戒之於己，則德可以配日月，行可以合神靈，登高及遠，達幽洞冥〔三〕，聽之無聲，視之無形〔四〕，世人莫覩其兆〔五〕，莫知其情，校修〔六〕五經之本末，道德〔七〕之真僞，既□〔八〕其意，而不見其人。

〔一〕「述」，子彙本、程本、兩京本、天一閣本、唐本作「術」。

〔二〕王鳳洲曰：「首句一篇命脉。」唐晏曰：「按荀子：『善言古者必有節於今，善言天者必有徵於人。』陸生學出於荀子，可證也。」器案：荀子性惡篇：「故善言古者必有節於今，善言天者必有徵於人。」漢書董仲舒傳：「善言天者必有徵於人，善言古者必有驗於今。」鹽鐵論論菑篇：「夫道古者稽之今，言遠者合之近。」又詔聖篇：「善言天者合之人，善言古者考之今。」黄帝内經素問：「善言古者合於今，善言天者合於人。」

〔三〕文選陸士衡漢高祖功臣頌：「通幽洞冥。」本此。

〔四〕淮南子原道篇：「所謂一者，無匹合於天下者也，卓然獨立，塊然獨處，上通九天，下貫九野，員不中規，方不中矩，大渾而爲一，葉累而無根，懷囊天地，爲道關門，穆忞隱閔，純德獨存，布施而不既，用之而不勤。是故視之不見其形，聽之不聞其聲，循之不得其身；無形而有形生焉，無聲而五音鳴焉，無味而五味形焉，無色而五色成焉。」

〔五〕文選左太沖魏都賦：「兆朕振古。」李善注：「兆猶機事之先見者也。」又孫興公遊天台山賦注引賈逵國語注：「兆，形也。」

〔六〕校修，謂飾修也。校有修飾整比之義。文選顔延年赭白馬賦：「賨校星纏。」注：「校，裝飾也。」古書常以「校飾」連文，史記司馬相如傳封禪文：「校飾厥文。」潛夫論浮侈篇：「校飾車馬。」「校飾，猶校修也。

〔七〕禮記曲禮上：「道德仁義，非禮不成。」正義：「道者，通物之名；德者，得理之稱。……理物由於開通，其德從道生，故道在德上。此經道謂才藝，德謂善行，故鄭注周禮云『道多才藝，德能躬行』，非是老子之道德也。熊氏云：『此是老子「失道而後德，失德而後仁，失仁而後義」。今謂道德，大而言之，則包羅萬事，小而言之，則人之才藝善行，無問大小，皆須禮以行之，是禮爲道德之具，故云非禮不成。然人之才藝善行，得爲道德者，以身有才藝，事得開通，身有美善，於理爲德，故稱道德也。』」案荀子勸學篇亦言：「禮者，法之大分，羣類之綱紀也，故學至乎禮而止矣，夫是之謂道德之極。」此儒家之道德說也，與老氏之言，區以別矣。

〔八〕各本俱缺一字。

世俗〔一〕以爲自古而傳之者〔二〕爲重，以今之作者爲輕〔三〕，淡〔四〕於所見，甘於所聞，惑於外貌，失〔五〕於中情。聖人不貴寡〔六〕，而世人賤衆，五穀養性〔七〕，而棄之於地，珠玉無用，而寶之於身。聖人不用珠玉而寶其身〔八〕，故舜棄〔九〕黄金於嶄巖〔一〇〕之山，捐珠玉於五湖之淵〔一一〕，將以杜〔一二〕淫邪之欲，絶琦瑋之情〔一三〕。

〔一〕陸氏以異己之學，目爲世俗之說，辭而闢之，此亦承襲荀卿而來者。荀子以「假令之世，飾邪說，文姦言，以梟亂天下，矞宇嵬瑣，使天下混然不知是非治亂之所存者有人矣」，於是作非十二子以非之；又以說之未盡也，於是列舉世俗之爲說者，論其乖謬，作正論以正之。於此，又有以知陸氏之學之出於荀矣。

〔二〕彙函、品節脱「者」字。

〔三〕彙函引穆少春曰：「言觀遠者不若求之近，慕古者不若反之身，荀卿『法後王』是也。」案：品節亦載此眉批，不言出穆少春。唐晏曰：「此論與荀卿『法後王』之説合，見陸生學出於荀也。」

〔四〕「淡」，唐本作「澹」，古通，後不復出也。

〔五〕「失」，兩京本、天一閣本作「朱」，未可從。

〔六〕「聖人不貴寡」，原作「聖人貴寬」，俞樾曰：「謹按『寬』字無義，疑『實』字之誤，隸書『實』字或作『寬』，見孫叔敖碑，形與『寬』似，因誤爲『寬』矣。下文『舜棄黄金於嶄巖之山，禹捐珠玉於五湖之淵』，皆聖人貴實之事。」孫詒讓曰：「案『貴寬』無義，疑當作『聖人不貴寡』，『寡』與『寬』形近而誤，（干禄字書：『「寬」俗作「寛」。』「寡」通作「寘」，二形相似。）上又挩『不』字。『貴寡』與『賤衆』，文正相對。後慎微篇：『分財取寡』，『寡』亦譌作『寬』（見俞氏讀書餘録）可證，俞校謂『寬』疑『實』字之誤，未塙。」案孫説是，今據校改。

〔七〕養性，器案：「性」讀爲「生」。周禮地官大司徒職：「辨五地之物生。」杜子春讀「生」爲「性」，是二字古通讀之證。

〔八〕聖人不用珠玉而寶其身，此一句十二字原無，考後漢書班固傳注引曰：「聖人不用珠玉而寶其身，故舜棄黄金於嶄巖之山，捐珠玉於五湖之川，以杜淫邪之欲也。」（此事宋翔鳳所舉）太平御覽八〇二又八〇三引云：「聖人不用珠玉而寶其身。」今據訂補。

〔九〕「棄」，宋翔鳳云：「御覽八十一引作『藏』。」器案：後漢書班固傳注、太平御覽八一一引亦作「藏」。「棄」當作「弆」，「棄」古文作「弃」，與「弆」形近而誤。集韻：「弆，藏也，或作『去』。」尋左傳昭公十九年：「紡焉以度而去之。」注：「以度城而藏之。」釋文：「去，起呂反。」裴松之注魏志云：『古人謂藏爲去。』案今關中猶有此音。」正義：「此婦人以麻纑度城高下，令長與城等而去藏之。去即藏也。字書以『去』作『弆』，羌莒反，謂掌物也。今關西仍呼爲弆，東人輕言爲去，音呂。」漢書蘇武傳：「去屮實而食之。」師古曰：「去謂藏之也，音丘呂反。」又陳遵傳：「性善書，與人尺牘，主皆藏去以爲榮。」師古曰：「去亦藏也。音丘呂反，又音舉。」此皆以「去」爲「弆」之證，作「藏」者，以同義字易之耳。

〔一〇〕「巖」，李本、子彙本、程本、兩京本、天一閣本、彙函、品節、別解作「嵓」，古通。

〔一一〕此句「捐」上原有「禹」字，後漢書班固傳注、太平御覽八一又八一一引俱無「禹」字，今據刪削。淮南子泰族篇：「故舜深藏黃金於嶄巖之山，所以塞貪鄙之心也。」又原道篇：「藏金於山，藏珠於淵。」高誘注：「舜藏金于嶄巖之山，藏珠于五湖之淵，以塞貪淫之欲也。」即本此爲說，正無「禹」字。鹽鐵論本議篇：「舜藏黃金，……所以遏貪鄙之俗而醇至誠之風也。」抱朴子安貧篇：「上智不貴難得之財，故唐、虞捐金而抵璧。」俱不言禹有藏珠事。若莊子天地篇言「藏金於山，藏珠於淵」，並不言爲舜、禹事也。後漢書班固傳注引「淵」作「川」，則唐人避李淵諱改字耳。唐晏曰：「淮南子作『舜深藏黄金於嶄巖之山，所以塞貪鄙之心也』，無『禹捐珠』句。」
〔一二〕「杜」，宋翔鳳曰：「御覽作『塞』。」器案：太平御覽八一一仍作「杜」。
〔一三〕「絶琦瑋之情」，太平御覽八一一引作「絶覬娟之情也」。

道近不必出於久遠，取其致〔一〕要而有成。春秋上不及五帝〔二〕，下不至三王〔三〕，述齊桓、晉文之小善，魯之十二公〔四〕，至今之爲政，足以知成敗之效〔五〕，何必於三王？故古人之所行者，亦與今世同。立事者不離道德，調弦者不失宫商〔六〕，天道調四時，人道治五常〔七〕，周公與堯、舜合符瑞〔八〕，二世與桀、紂同禍殃〔九〕。

〔一〕「致」，崇文本同，餘本俱作「至」，題解引黄震亦作「至」，作「至」義較勝。
〔二〕風俗通義皇霸篇：「五帝：易傳、禮記、春秋國語、太史公記：黄帝、顓頊、帝嚳、帝堯、帝舜是五帝也。」
〔三〕風俗通義皇霸篇：「三王：禮號謚記説：『夏禹、殷湯、周武王是三王也。』尚書説：『文王作罰，刑兹無赦。』詩説：『有命自天，命此文王。』『文王受命，有此武功。』『儀刑文王，萬國作孚。』春秋説：『王者孰謂？謂文王也。』」
〔四〕吕氏春秋求人篇：「觀於春秋，自魯隱公以至於哀公，十有二世，其所以得之，所以失之，其術一也。」十有二世，即謂自魯隱公、桓公、莊公、閔公、僖公、文公、宣公、成公、襄公、昭公、定公以至哀公十二公也。史記十二諸侯年表：「孔子明王道，干七十餘君莫能用。故西觀周室，論史記舊聞，興於魯而次春秋，上記隱，下至哀之獲麟，約其辭文，去其煩重，以制義法。王道備，人事浹。」

〔五〕俞樾曰：「謹按：『魯』下衍『之』字，『至今』二字當在『政』字下，本作『述齊桓、晉文之小善，魯十二公之爲政，至今足以知成敗之效』。」器案：春秋繁露精華篇：「吾按春秋而觀成敗，乃切悁悁於前世之興亡也。」

〔六〕宮商，謂音調。詩周南關雎序：「聲成文者謂之音。」鄭箋：「聲成文者，宮商上下相應。」正義以爲「宮商之調」也。

〔七〕尚書舜典：「愼徽五典。」孔氏傳：「五典，五常之教：父義，母慈，兄友，弟恭，子孝。」正義曰：「五者皆可常行。」

〔八〕符瑞，符命瑞應。文選司馬長卿封禪文：「符瑞臻茲。」西京雜記三：「樊將軍噲問於陸賈曰：『自古人君皆云受命於天，云有瑞應，豈有是乎？』陸賈應之曰：『有。夫目瞤得酒食，燈火花得錢財，乾鵲噪而行人至，蜘蛛集而百事喜，小既有徵，大亦宜然。故目瞤則咒之，燈火花則拜之，乾鵲噪則餧之，蜘蛛集則放之；況天下大寶，人君重位，非天命何以得之哉？瑞者，寶也，信也。天以寶爲信，應人之德，故曰瑞應。無天命，無寶信，不可以力取也。』」

〔九〕「禍」，唐本作「旤」，古文，後不復出。唐晏曰：「此即所謂著秦之所以亡。」

文王生於東夷〔一〕，大禹出於西羌〔二〕，世殊而地絕，法合而度同。故聖賢與道合，愚者與禍同〔三〕，懷德者應以福，挾惡者報以凶，德薄者位危，去道者身亡，萬世不易法，古今同紀綱。

〔一〕唐晏曰：「按文王生東夷，亦異聞。」器案：孟子離婁下：「舜生於諸馮，遷於負夏，卒於鳴條，東夷之人也。」此文「文王」疑當作「大舜」，傳鈔者涉孟子下文而誤「大舜」爲「文王」耳。且「文王」亦不當列於「大禹」之前也，則其爲「大舜」之誤必矣。

〔二〕太平御覽八二引尚書帝命驗：「禹白帝精，以星感。脩苑山行，見流星，意感栗然，生姒戎文禹。」注：「姒，禹氏，禹生戎地。一名政命。」史記夏本紀正義引帝王紀：「公鯀妻脩己，見流星貫昴，夢接意感，又吞神珠薏苡，胸坼而生禹，名文命，字高密（「高」字據御覽八二引補），身九尺二寸長，本西夷人也。」

〔三〕唐晏曰：「即孟子舜東夷之人章義。」器案：孟子離婁下：「舜生於諸馮，遷於負夏，卒於鳴條，東夷之人也。文王生於岐周，卒於畢郢，西夷之人也。地之相去也，千有餘里，世之相後也，千有餘歲，得志行乎中國，若合符節，先聖後聖，其揆一也。」「地之相去，千有餘里」，即此文之所謂「地絕」也。地絕猶揚子方言言「絕國」之絕也。淮南脩務篇：「絕國殊俗。」以「絕」「殊」對文，與此正同。

故良馬非獨騏驥〔一〕，利劍非惟〔二〕干將〔三〕，美女非獨西施〔四〕，忠臣〔五〕非獨呂望。今有馬而無王良〔六〕之御，有劍而無砥礪〔七〕之功，有女而無芳澤〔八〕之飾，有士而不遭文王，道術蓄積而不舒，美玉韞匵而深藏〔九〕。故懷道〔一〇〕者須世，抱樸〔一一〕者待工，道爲智者設〔一二〕，馬爲御者良〔一三〕，賢爲聖者用，辯〔一四〕爲智者通，書爲曉者傳〔一五〕，事爲見者明。故制事者因其則，服藥者因其良〔一六〕。書不必起仲尼之門〔一七〕，藥不必出扁鵲〔一八〕之方，合之者善，可以爲法，因世而權行〔一九〕。

〔一〕呂氏春秋察今篇：「良劍期乎斷，不期乎鏌鋣；良馬期乎千里，不期乎驥驁。」淮南子脩務篇：「服劍者期於恬利，而不期於墨陽、莫邪；乘馬者期於千里，而不期於驊騮、緑耳。」義與此同。

〔二〕「惟」，天一閣本、唐本作「獨」。

〔三〕荀子性惡篇：「闔閭之干將、莫邪、鉅闕、辟閭，此皆古之良劍也。」

〔四〕淮南脩務篇：「美人者非必西施之種。」

〔五〕説苑臣術篇：「卑身賤體，夙興夜寐，進賢不解，數稱於往古之行（「行」上原有「德」字，今據羣書治要删）事，以厲主意，庶幾有益，以安國家社稷宗廟，如此者，忠臣也。」

〔六〕左傳哀公二年：「郵無恤御簡子。」杜注：「郵無恤，王良也。」孟子滕文公下：「昔者，趙簡子使王良與嬖奚乘。」趙注：「趙簡子，晉卿也。王良，善御者也。」吕氏春秋審分篇：「王良之所以使馬者約，審之以控其轡，而四馬莫敢不盡力。」高誘注：「王良，晉大夫孫無正郵良也，以善御之功，死託精於星，天文『王良策駟』是也。」淮南子覽冥篇：「王良、造父之御也。」高誘注（楚辭東方朔七諫洪興祖補注引以爲許慎注）曰：「晉大夫郵無恤子良也，所謂郵良也。（「郵良」原誤作「御良」，惠棟據左傳校作「郵良」，今從之。）一名孫無政，爲趙簡子御，死而託精于天駟星，天文有王良星是也。」尋史記天官書：「漢中四星曰天駟，旁一星曰王良。王良策馬，車騎滿野。」文選思玄賦注引春秋元命苞：「漢中四星，天騎一曰天駟，旁一星王良，主天馬也。」漢書王褒傳：「王良執靶。」注：「張晏曰：『王良，郵無恤，字伯樂。』師古曰：『參驗左氏傳及國語、孟子，郵無恤、郵良、劉無止（當作「郵無正」）、王良，總一人也。楚辭云：驥躊躇於敝輦，遇孫陽而得代。王逸云：孫陽，伯樂姓名也。列子云：伯樂，秦穆公時人。考其年代不相當，張説云良字伯樂，斯失之矣。』」今案：國語晉語九：「郵無正進。」韋昭注：「無正，晉大夫郵良伯樂也。」則郵良字伯樂，匪獨張晏云然也。師古亦嘗參驗國語也，乃于韋注竟熟視無覩耶？可謂魯莽滅裂也。蓋秦穆公時之伯樂以善相馬名，趙簡子時之伯樂以善御馬名，二人者操藝各異，而古人之名字相同者又豈獨一伯樂耶？若顔氏者，誠如其所言，「斯失之矣」。

〔七〕尸子勸學篇：「夫昆吾之金，而銖父之鐵，使於越之工鑄之以爲劍，而弗加砥礪，則以刺不入，以擊不斷，磨之以礱礪，加之以黄砥，則其刺也無前，其擊也無下。」淮南子脩務篇：「夫純鈎、魚腸之始下型，擊則不能斷，刺則不能入，及加之砥礪，摩其鋒鄂，則水斷龍舟，陸剸犀甲。」山海經西山經：「西南三百六十里曰崦嵫之山，……其中多砥礪。」郭注：「磨石也，精爲砥，麄爲礪也。」

〔八〕楚辭大招：「粉白黛黑，施芳澤只。」王逸注：「言美女又工粧飾。」淮南子脩務篇：「曼頰皓齒，形夸（姱）骨佳，不待脂粉芳澤而性可説者，西施、陽文也。」又曰：「美不及西施，惡不若嫫母，此教訓之所諭也，而芳澤之所施。」釋名釋首飾：「芳澤者，人髮恒枯悴，以此濡澤之也。」

〔九〕「匵」，宋翔鳳云：「别本作『櫝』。」案：别解誤作「匱」。論語子罕：「有美玉於斯，韞匵而藏諸？求善價而沽諸？」集解：「馬曰：『韞，藏也。匵，匱也。謂藏諸匱中。』」釋文：「『匵』，本又作『櫝』，二字音義皆同。」

〔一〇〕文選范蔚宗後漢書二十八將傳論：「其懷道無聞，委身草莽者，何可勝言。」李善注：「論語：『陽貨謂孔子曰：懷其寶而迷其邦。』淮南子曰：『今至人生於亂世，含德懷道而死者衆，天下莫知，貴其不言也。』」今案：論語陽貨篇邢昺疏：「寶以喻道德，言孔子不仕，是懷藏其道德也。」

〔一一〕「樸」，子彙本、天一閣本、彙函、品節、唐本作「璞」。老子十九章：「見素抱樸，少私寡欲。」

〔一二〕宋翔鳳云：「子彙本『設』作『説』，姜思復本、抄本『設』作『讒』，誤，意林作『設』，與此同。」器案：品節、唐本誤作「説」，李本、兩京本、天一閣本誤作「讒」，别解作「設」。太平御覽四〇三引公孫尼子：「道爲智者設，賢爲聖者用。」即此文所本，字正作「設」。

〔一三〕楚辭宋玉九辯：「却騏驥而不乘兮，策駑駘而取路。當世豈無騏驥兮，誠莫之能善御。見執轡者非其人兮，故駶跳而遠去。」又東方朔七諫：「却騏驥而不乘兮，策駑駘而取路。當世豈無騏驥兮，誠無王良之善馭。見執轡者非其人兮，故駒跳而遠去。」兩文則言馬爲御者非其人而不良也。

〔一四〕「辯」，意林、唐本作「辨」，古通。後不復出。

〔一五〕抱朴子喻蔽篇：「書爲識者傳。」本此。

〔一六〕吕氏春秋有貴因篇，其説曰：「三代所寶莫如因，因則無敵。」漢初之相業，蕭規而曹隨，亦因是已。

〔一七〕吴儔曰：「輔政篇曰：『書不必起於仲尼之門。』夫黜仲尼之書，則道不尊矣，烏能使高帝行儒術哉？」（見王應麟漢藝文志攷證五引，「輔政」當作「術事」）文廷式曰：「尊孔子，黜百家，自董仲舒起。陸生在漢初，宜有是言。」器案：淮南子脩務篇：「誦詩、書者期於通道略物，而不期於洪範、商頌。」又曰：「通士者不必孔、墨之類。」意亦猶此。

〔一八〕史記扁鵲列傳：「扁鵲者，勃海郡鄚人也（「鄚」原作「鄭」，今從集解、索隱説校改），姓秦氏，名越人。」又太史公自序：「扁鵲言醫，爲方者宗，守數精明，後世修序，弗能易也。」

〔一九〕「世」，別解作「此」。俞樾曰：「案：『之者』字、『可』字並衍文，本作『合善以爲法，因世而權行』，兩句相對成文，而義則相因。蓋言合古人之善以爲法式，又因當世所宜而權度其行也。」

故性藏於人，則氣達於天，纖微浩大，下學上達〔一〕，事以類相從〔二〕，聲以音相應〔三〕，道唱而德和，仁立而義興，王者行之於朝廷，疋〔四〕夫行之於田，治末者調其本〔五〕，端其影者正其形〔六〕，養其根者則枝葉茂，志氣調者即〔七〕道沖〔八〕。故求遠者不可失於近，治影者不可忘其容，上明而下清，君聖而臣忠。或圖遠而失近，或道塞〔九〕而路窮。季孫貪顓臾之地，而變起〔一〇〕蕭牆之內〔一一〕。夫進取〔一二〕者不可不顧難，謀事者不可不盡忠；故刑〔一三〕立則德散，佞用則忠亡。詩云：「式〔一四〕訛爾心，以蓄萬邦〔一五〕。」言一心化天下，而□□〔一六〕國治，此之謂也〔一七〕。

〔一〕論語憲問：「下學而上達。」集解：「孔曰：『下學人事，上知天命。』」

〔二〕易繫辭上：「方以類聚，物以羣分。」

〔三〕唐晏曰：「易曰：『同聲相應，同氣相求。』孟子曰：『養而無害，則塞乎天地之間。』陸生博學甄微，自屬聖門適派也。」案：禮記樂記：「凡音之起，由人心生也。人心之動，物使之然也，感於物而動，故形於聲。聲相應，故生變，變成萬物謂之音。」注：「宮商角徵羽雜比曰音，單出曰聲。」

〔四〕「疋」，天一閣本、傅校本、唐本作「匹」，古通。後不復出。

〔五〕「調」，子彙本、彙函、品節作「求」。案：文選藉田賦注：「陸賈新語注（當衍）曰：『治末者調其本。』李奇漢書注曰：『本，農也。末，賈也。』」

〔六〕唐晏曰：「按：古無『影』字，當作『景』，此後人改。」器案：荀子君道篇：「譬之是猶立直木而恐其景之枉也，惑莫大焉。」又王霸篇：「主道治近不治遠，治明不治幽，治一不治二。主能治近則遠者理，主能治明則幽者化，主能當一則百事正。夫兼聽天下，日有餘而治不足者，如此也，是治之極也。既能治近，又務治遠，既能治明，又務見幽，既能當一，又務正百，是過者也，過猶不及也。辟之是猶立直木而求其影之枉也。不能治近，又務治遠，不能察明，又務見幽，不能當一，又務正百，是悖者也。辟之是猶立枉木而求其影之直也。」立論取譬，此文與之從同，亦有以見荀、陸二家之關係也。

〔七〕「即」亦「則」也，對文則異，故分别爲之耳。

〔八〕老子第四章：「道沖而用之。」河上公注：「沖，中也。」

〔九〕「塞」，李本、兩京本、天一閣本誤作「寒」。

〔一〇〕李本、别解「起」下有「於」字。

〔一一〕論語季氏：「季氏將伐顓臾，冉有、季路見於孔子曰：『季氏將有事於顓臾。』……孔子曰：『今由與求也，相夫子，遠人不服，而不能來也；邦分崩離析，而不能守也；而謀動干戈於邦內。吾恐季孫之憂，不在顓臾，而在蕭牆之內也。』」集解：「孔曰：『顓臾，伏羲之後，風姓之國，本魯之附庸也。牆謂屏也。君臣相見之禮，至屏而加肅敬焉，是以謂之蕭牆。後季氏家臣陽虎果囚季桓子。』」

〔一二〕文選任彥昇奏彈曹景宗：「更謀進取。」注：「漢書：『諸將曰：楚數進取。』如淳曰：『數進取，多所攻也。』」案：引漢書，見高帝紀。

〔一三〕「刑」原誤「形」，今改。「刑」與「德」對言，與下句以「忠」、「佞」對言用法正同。

〔一四〕「式」，程本、兩京本、天一閣本、別解作「或」，誤。

〔一五〕詩小雅節南山文也。鄭箋云：「訛，化；畜，養也。」

〔一六〕各本俱缺二字，崇文本「而」下云：「缺二字。」傅校本删去此三字。別解只作一□，未可從。

〔一七〕黄東發曰：「世俗慕古卑今，溺於聞見，讀此覺而易行，令人遠慕之心，灑然易轍。而轉換多，關鑽嚴，意決永，似散漫而不散漫，似整齊而不整齊，古來有數文字。」陳明卿曰：「爲馬上公發藥。」唐晏曰：「案小雅節南山之卒章，毛傳：『訛，化也。』陸生此訓與毛同。」

輔政〔一〕第三

夫居高者自處不可以不安，履危者〔二〕任杖不可以不固〔三〕。自處不安則墜，任杖不固則仆〔三〕。是以聖人居高處上，則以仁義爲巢，乘危履傾，則以聖賢〔四〕爲杖〔五〕，故高而不墜，危而不仆〔六〕。

〔一〕黄震曰：「輔政言用賢。」戴彦升曰：「輔政篇言所任之必得其材。秦用刑罰以任李斯、趙高，而推其原于讒夫似賢，美言似信。」唐晏曰：「此篇義主爲政在人，乃行仁義之輔也。」器案：荀子君道篇：「卿相輔佐，人主之基杖也。」即此篇立論之旨。

〔二〕大戴禮記曾子本孝篇：「孝子不登高，不履危。」

〔三〕楊升庵曰：「發端數語，是大議論，中有攻擊之體，後來言惡之所感則災異見，善之所召則歸慕遠。又引周公爲善之感，殷紂爲惡之鑒，句法矯健，氣槩閒適。」唐晏曰：「案：『杖』當依古作『仗』。」

〔三〕「仆」，太平御覽七一〇引作「顛」。賈誼新書春秋篇：「人主之爲人主也，舉錯而不僨者杖賢也。今背其所主，而棄其所杖，其僨仆也，不亦宜乎！」

〔四〕「聖賢」，彙函、金丹、折衷、唐本作「賢聖」。

〔五〕文鏡秘府論北卷帝德録：「杖賢」，「翼義杖賢」，「聖賢爲杖」，「崇聖賢之杖」，文俱本此。太平御覽七一〇引句末有「也」字。

〔六〕趙懿典曰：「借巢杖二字，形容居高履危，道理卓見。」

昔者〔一〕，堯以仁義爲巢，舜以稷、契爲杖〔二〕，故高而益安，動而益固。處宴安之臺，承克讓之塗〔三〕，德配天地，光被八極〔四〕，功垂於無窮，名傳於不朽〔五〕，蓋自處得其巢，任杖得其人也〔六〕。秦以刑罰爲巢，故有覆巢破卵之患〔七〕，以李斯、趙高〔八〕爲杖，故有頓仆〔九〕跌傷〔一〇〕之禍，何者〔一一〕？所任〔一二〕者〔一三〕非也。故杖聖者帝，杖賢者王，杖仁者霸，杖義者强〔一四〕，杖讒者滅，杖賊者亡。

〔一〕宋翔鳳曰：「本無『昔』字，依羣書治要增。」今案：傅校本、折衷均作一「昔」字，則諸本作「者」字者，皆「昔」字形近之誤也。

〔二〕「稷」上原有「禹」字，宋翔鳳曰：「治要無『禹』字。」器案：太平御覽九一八引此句作「舜以稷、离爲杖」，离即契也，亦無「禹」字，今據删削。

〔三〕宋翔鳳曰：「本作『然處高之安，承克讓之敬』，依治要改。」今案：各本「承」皆作「乘」。

〔四〕「八極」，宋翔鳳曰：「本作『四表』，依治要改。」金丹曰：「堯典言：『光被四表，格于上下。』言堯之功大而無所不至。」唐晏曰：「按：此用古文尚書文，則『高安』者，『安安』也。今文作『晏晏』，改于西漢儒者，陸生不必見之。」

〔五〕宋翔鳳曰：「治要校語：『朽』舊作『廢』。」

〔六〕宋翔鳳曰：「『人』本作『材』，依治要改。」

〔七〕尸子明堂篇：「覆巢破卵，則鳳皇不至焉。」案：世説新語言語篇：「孔融被收，中外惶怖。時融兒大者九歲，小者八歲；二兒故琢釘戲，了無遽容。融謂使者曰：『冀罪止於身。二兒可得全不？』兒徐進曰：『大人豈見覆巢之下復有完卵乎？』尋亦收至。」語即本此。

〔八〕宋翔鳳曰：「本作『趙高、李斯』，依治要改。」案：唐本亦作「李斯、趙高」。

〔九〕宋翔鳳曰：「『頓』本作『傾』，依治要改。」

〔一〇〕宋翔鳳曰：「『跌傷』，子彙本作『缺覆』，抄本作『缺復』，治要亦作『跌傷』。」今案：兩京本、程本、天一閣本、金丹作「缺復」，唐本、彙函、品節、折衷作「缺覆」。

〔一一〕宋翔鳳曰：「治要作『者』，本作『哉』。」

〔一二〕「任」原作「仕」，各本俱作「任」，今據改正。

〔一三〕宋翔鳳曰：「本無『者』字，依治要增。」

〔一四〕宋翔鳳曰：「治要『義』作『智』。」

故懷剛者久而缺，持柔者久而長〔一〕，躁疾者爲厥速，遲重者爲常存〔二〕，尚勇者爲悔近，温厚者行寬舒〔三〕，懷急促〔四〕者必有所虧，柔懦者制剛强〔五〕，小慧〔六〕者不可以禦大，小辨者〔七〕不可以説衆，商賈巧爲販賣之利，而屈爲貞良〔八〕，邪臣好爲詐僞，自媚飾非〔九〕，而不能爲公方〔一〇〕，藏其端巧，逃其事功。

〔一〕文選崔子玉座右銘：「柔弱生之徒，老氏誡剛强。」李善注：「老子曰：『人生也柔弱，其死也堅强。萬物草木，生也柔脆，其死也枯槁。故堅强者死之徒，柔弱者生之徒也。』又曰：『柔弱勝剛强。』河上公曰：『柔弱者久長，剛强者先亡也。』」

〔二〕俞樾曰：「謹按：『厥速』當作『速厥』，『厥』與『蹶』通。言躁疾者必速顛蹶也。」

〔三〕品節脱「舒」字，非是。無爲篇亦云：「君子尚寬舒以苞身。」

〔四〕「急促」，李本、子彙本、程本、唐本、彙函、品節作「促急」。

〔五〕俞樾曰：「謹按：『柔懦』者一句，當在『尚勇者』一句之下，『尚勇』與『柔懦』相對，『温厚』與『急促』相對，傳寫亂之，則語意不倫矣。惟此四句，尚有衍字，無可訂正。」

〔六〕論語衛靈公篇：「好行小慧。」集解：「鄭曰：『小慧，謂小小之才。』」

〔七〕文選左太沖魏都賦：「安得齊給守其小辯也哉？」注：「家語：『孔子曰：小辯害義，小言破道。』」

〔八〕宋翔鳳曰：「按『屈』字當是『不可』二字之誤。」俞樾曰：「謹案：『屈』當讀爲『拙』，『拙』與『巧』正相對成文。釋名釋言語曰：『拙，屈也，使物否屈，不爲用也。』是拙、屈聲近義通。宋氏翔鳳疑『屈』是『不可』二字之誤，非也。」

〔九〕莊子盜跖篇：「辯足以飾非。」

〔一〇〕文選爲范尚書讓吏部封侯第一表：「在魏則毛玠公方。」注引先賢行狀：「玠雅量公正。」

故智者之所短，不如愚者之所長。文公種米，曾子駕羊〔一〕。相士不熟，信邪失方。察察〔二〕者有所不見，恢恢〔三〕者何所不容。朴質者近忠〔四〕，便巧〔五〕者近亡。

〔一〕宋翔鳳曰：「意林引作『文公種米，曾子枷羊，智者所短，不如愚者所長』。按淮南泰族：『文公樹米，曾子架羊，猶之爲知也。』注云：『文公，晉文公也。樹米而欲生之也。架，連架，所以備知也。』『架』即『枷』字，是意林本是也。說苑雜言亦有『文公種米，曾子駕羊』之語，當是借『駕』爲『連枷』之『枷』。」唐晏曰：「按：『駕』，意林作『枷』，是也。馬融廣成頌：『枷天狗。』枷是牽狗者，若以之牽羊，則誤矣。然二事皆無所攷。」今案：馬驌繹史五一曰：「事無所考，大約謂務大者不知小也。」周廣業意林注曰：「『枷』原作『駕』，舊訛『牧』。淮南子注：『連枷，所以備之。』俗本淮南作『架』，今從藝文類聚。」尋世說新語尤悔篇注：「文公種米，曾子架羊。」類說三一引世說作「文公種菜，曾子枷羊」。「菜」是誤字，而「架」又作「枷」。劉子新論觀量篇：「晉文種米，曾子植羊。」袁孝政注：「晉文學外國種米，種雖不生，言其志大也。『曾子』原誤作『曾國』，曾參學外國人剉羊皮用土種之，雖不生，其志大也。」器案：淮南注「備」疑「犕」之誤。米不可殖生，羊不能犕駕，而晉文種之，曾子枷之，是亦知其不可爲而爲之者也。劉晝、袁孝政不得其解，遂改「駕羊」爲「植羊」，而以外國事説之，是亦郢書而燕説耳。

〔二〕荀子榮辱篇：「察察而殘者忮也。」楊倞注：「至明察而見傷殘者，由於有忮富之心也。」此文察察亦明察意。

〔三〕老子第七十三章：「天網恢恢。」河上公注：「天所網羅，恢恢甚大。」荀子解蔽篇：「恢恢廣廣，孰知其極。」

〔四〕宋翔鳳曰：「『朴』下本有『直』字，子彙本無。」唐晏曰：「按（朴直質）三字，必有一衍。」

〔五〕論語季氏：「友便佞。」集解：「鄭曰：『便，辯也，謂佞而辯也。』」皇侃疏曰：「便佞，謂辯而巧也。」

君子遠熒熒之色〔一〕，放錚錚之聲〔二〕，絶恬〔三〕美之味，疏嗌嘔〔四〕之情。天道以大制小，以重顛〔五〕輕。以小治大，亂度干〔六〕貞。讒夫〔七〕似賢，美言似信〔八〕，聽之者惑，觀之者冥。故蘇秦尊於諸侯〔九〕，商鞅顯於西秦〔一〇〕。世無賢智之君，孰能別其形。故堯放驩兜〔一一〕，仲尼誅少正卯〔一二〕；甘言〔一三〕之所嘉，靡〔一四〕不爲之傾，惟堯知其實；

仲尼見其情〔一五〕。故干〔一六〕聖王者誅，遏賢君者刑，遭凡王者貴，觸〔一七〕亂世者榮。鄭儋亡齊而歸魯〔一八〕，齊有九合〔一九〕之名，而魯有乾時之恥〔二〇〕。夫據千乘之國，而信讒佞之計，未有不亡者也。故詩云：「讒人罔極，交亂四國〔二一〕。」衆邪合心，以傾一君，國危民失〔二二〕，不亦宜乎〔二三〕！

〔一〕史記趙世家：「美人熒熒兮，顏若苕之榮。」熒熒，形容美人容顏光華貌。

〔二〕論語衛靈公：「放鄭聲。」邢昺疏：「放棄鄭、衛之聲。」後漢書劉盆子傳：「鐵中錚錚。」說文金部：「錚，金聲也。」

〔三〕唐晏曰：「『恬』疑作『甜』。」

〔四〕唐晏曰：「按：『嗌嘔』，即荀子之『俔嘔』，楚辭作『嗌喔』，注云：『容媚之聲。』」案：楚辭見九思。

〔五〕焦循易餘籥録四曰：「新語輔政篇：『天道以大制小，以重顛輕。』此『顛』字乃『鎮』字之假借，如說文：『天，顛也。』白虎通云：『天之爲言鎮也。』『顛』與『鎮』通。」俞樾曰：「謹按：當讀爲『誅不填服』之『填』。隱五年穀梁傳：『誅不填服。』注曰：『來服者不服，填厭之。』此云『以重顛輕』，謂以重者填厭輕者也。穀梁釋文曰：『填音田。』故與『顛』聲近而得假用。」唐晏曰：「按『顛』當假爲『鎮』，壓也。」

〔六〕「干」，李本、程本、兩京本、天一閣本誤作「千」。

〔七〕說苑臣術篇：「人臣之行，有六正、六邪。……何謂六正、六邪？……六邪者，……四曰：智足以飾非，辯足以行説，反言易辭，而成文章，内離骨肉之親，外垢亂朝廷，如此者，讒臣也。」

〔八〕家語屈節篇：「美言傷信。」

〔九〕蘇秦，史記有傳。

〔一〇〕商鞅，史記有商君傳。

〔一一〕唐晏曰：「與大戴五帝德説同。」器案：尚書舜典：「放驩兜於崇山，……四罪而天下咸服。」孔氏傳：「黨於共工，罪惡同。崇山，南裔。」又曰：「皆服舜用刑當其罪。」孟子萬章上：「舜流共工于幽州，放驩兜于崇山。」俱以爲舜事。

〔一二〕荀子宥坐篇：「孔子爲魯攝相，朝七日而誅少正卯。門人進問曰：『夫少正卯，魯之聞人也，夫子爲政，而始誅之，得無失乎？』孔子曰：『居，吾語汝其故。人有惡者五，而盜竊不與焉：一曰，心達而險；二曰，行辟而堅；三曰，言僞而辯；四曰，記醜而博；五曰，順非而澤。此五者有一於人，則不得免於君子之誅，而少正卯則兼有之。故居處足以聚徒成羣，言談足以飾邪營衆，彊足以反是獨立，此小人之桀雄也，不可不誅也。是以湯誅尹諧，文王誅潘止，周公誅管叔，太公誅華仕，管仲誅付里乙，子產誅鄧析、史付，此七子者，皆異世同心，不可不誅也。詩曰：「憂心悄悄，愠于羣小。」小人成羣，斯足憂矣。』」案：孔子誅少正卯事，始詳於此，而尹文子大道下、説苑指武篇、家語始誅篇俱本之爲説，淮南子氾論篇：「孔子誅少正卯而魯國之邪塞。」史記孔子世家：「定公十四年，孔子年五十六，由大司寇行攝相事，……於是誅魯大夫亂政者少正卯。」高誘淮南子注云：「少正，官名，卯，其名也，魯之諂人。」尋周書嘗麥篇有大正之官，則少正官名之説有本矣，或則通謂之魯大夫耳。

〔一三〕國語晉語一：「又有甘言焉。」韋昭注：「申生將去，父又以美言撫慰之。」戰國策韓策：「諸侯不料兵之弱，食之寡，而聽從人之甘言好辭，比周以相飾也。」

〔一四〕「靡」字原缺，宋翔鳳曰：「子彙作『靡不爲之傾』，不缺。」案：唐本亦不缺，今據補正。

〔一五〕情，情實。周禮天官小宰職：「以官府之六敍正羣吏。……六曰，以敍聽其情。」正義曰：「情謂情實。」

〔一六〕「干」，李本、兩京本誤「于」，宋翔鳳本誤作「千」。

〔一七〕觸，值也。論衡氣壽篇：「凡人稟命有二品：一曰所當觸值之命，二曰彊弱壽夭之命。所當觸值，謂兵、燒、壓、溺也。」

〔一八〕公羊傳莊公：「十有七年，春，齊人執鄭瞻。鄭瞻者何？鄭之微者也。此鄭之微者，何言乎齊人執之？書甚佞也。秋，鄭瞻自齊逃來，何以書？書甚佞也。曰：佞人來矣！佞人來矣！」「瞻」，左氏、穀梁作「詹」，此文又作「儋」也。唐晏曰：「案穀梁傳莊十七年：『春，齊人執鄭詹。鄭詹，鄭之佞人也。秋，鄭詹自齊逃來。逃義曰逃。』按乾時之敗，在莊九年，此蓋譏魯之因循不振耳，非必因詹致敗也。」

〔一九〕論語憲問篇：「齊桓公九合諸侯。」穀梁傳莊公二十七年：「衣裳之會十有一。」范寧注：「十三年會北杏，十四年會鄄，十五年又會鄄，十六年會幽，二十七年又會幽，僖元年會檉，二年會貫，三年會陽穀，五年會首戴，七年會寧毋，九年會葵丘。」凡十一會。史記齊太公世家：「桓公曰：『寡人兵車之會三，乘車之會六，九合諸侯，一匡天下。』」正義敍兵車之會三云：「左傳云：『魯莊公十三年，會北杏以平宋亂。僖四年，侵蔡，遂伐楚。六年，伐鄭，圍新城也。』」又釋乘車之會六云：「左傳云：『魯莊公十四年，會于鄄。十五年，又會鄄。十六年，同盟于幽。僖五年，會首止。八年，盟于洮。九年，會葵丘。』是也。」所述頗有出入。實則齊桓公之會諸侯，不止于九，説詳梁玉繩史記志疑卷十六。尋古書言數，以一爲單數，二爲雙數，三爲多數。因之，凡三之倍數，俱代表多數，如六也，九也，十二也，二十四也，三十六也，七十二也，一百八也，俱言其多耳，不必一一落實也。古書言齊桓公合諸侯、古帝王封泰山、禪梁父及孔子弟子之類，異説紛紜，莫衷一是，皆不得其本柢，遂斷斷而如算博士之所爲也。而古書又有作「糾合諸侯」者，庶幾心知其意矣。

〔二〇〕春秋：「莊公九年八月庚申，及齊師戰于乾時，我師敗績。」杜注：「乾時，齊地。」

〔二一〕詩小雅青蠅文也。鄭箋：「極猶已也。」正義：「構之不已，至交亂四國，先多而後少，（謂構我二人）故先四國也。」

〔二二〕宋翔鳳曰：「本作『衆邪合黨，以回人君，邦危民亡』，兹依治要改。」

〔二三〕唐晏曰：「説詩不同於毛，當是魯詩説。」

無爲〔一〕第四

〔一〕黃震曰：「無爲言舜、周。」戴彥升曰：「無爲篇言始皇暴兵極刑驕奢之患，而折以虞舜、周公之治。此二篇（案包舉前輔政篇）著秦所以失也。」唐晏曰：「此篇義在身修而後國治，乃仁義之所主也。」器案：論語衞靈公篇：「子曰：『無爲而治者，其舜也與！夫何爲哉？恭己正南面而已矣。』」集解：「言任官得其人，故無爲而治。」邢疏曰：「帝王之道，貴在無爲清靜，而民化之。然後之王者，以罕能及，故孔子曰：『無爲而治者，其舜也與！』所以無爲者，以其任官得人。夫舜何必有爲哉？但恭敬己身，正南面嚮明而已。」此篇即闡發無爲而不爲之旨，漢初清静無爲之治，蓋陸氏爲之導夫先路矣。

道莫大於無爲〔一〕，行莫大於謹敬〔二〕。何以言之？昔舜治天下也〔三〕，彈五弦之琴，歌南風之詩〔四〕，寂若無治國之意，漠若無憂天下之心〔五〕，然而天下大治〔六〕。周公制作禮樂〔七〕，郊天地〔八〕，望山川〔九〕，師旅〔一〇〕不設，刑格〔一一〕法懸，而四海之内，奉供來臻，越裳之君，重譯來朝〔一二〕。故無爲者乃有爲也〔一三〕。

〔一〕宋翔鳳曰：「『道』上本有『夫』字，依治要删。」

〔二〕丘瓊山曰：「二句一篇冒頭。」李爲霖雲翔曰：「『無爲』『謹敬』二句，是一篇根本，以虞舜、周公、秦始皇設出有爲無爲榜樣耳。」

〔三〕宋翔鳳曰：「『舜』上本有『虞』字，又無『也』字，依治要改。」

〔四〕禮記樂記：「昔者，舜作五弦之琴以歌南風。」鄭注：「南風，長養之風也，以言父母之長養己，其辭未聞也。」正義：「案：聖證論引尸子及家語難鄭玄云：『昔者，舜彈五弦之琴，其辭曰：南風之薰兮，可以解吾民之愠兮。南風之時兮，可以阜吾民之財兮。鄭云其辭未聞，失其義也。』今案：馬昭云：『家語，王肅所增加，非鄭所見；又尸子雜説，不可取證正經，故言未聞也。』」器案：韓詩外傳四、樂府詩集五七引楊雄琴清音、風俗通義聲音篇引尚書，俱言舜彈五弦之琴，以歌南風之詩，而天下治，與陸氏之説合。尸子文見治要引綽子篇。

〔五〕宋翔鳳曰：「本作『憂民之心』，依治要改。」器案：此蓋避唐諱改。唐晏曰：「按此引舜彈五弦之琴，歌南風之詩，而云『漠若無憂民之心』，則又與家語、尸子所載『解愠』『阜財』者不同。家語、尸子本不可據，可據者惟此與樂記耳。」

〔六〕宋翔鳳曰：「『而』字『大』字，依治要增。」

〔七〕禮記明堂位：「周公踐天子之位，以治天下，六年，朝諸侯於明堂，制禮作樂。」正義：「書傳云：『周公將制禮作樂，優游三年而不能作。將大作，恐天下莫我知也；將小作，則爲人子不能揚父之功烈德澤。然後營洛邑以期天下之心，於是四方民大和會。周公曰：示之以力役，且猶至，而況導之以禮樂乎！』」

〔八〕詩魯頌閟宮：「皇皇后帝，皇祖后稷。」鄭箋：「『皇皇后帝』，謂天也。成王以周公功大，命魯郊天，亦配之以君祖后稷。」

〔九〕書舜典：「望于山川。」孔氏傳：「九州名山大川，五岳、四瀆之屬，皆一時望祭之。」史記五帝本紀用尚書文，正義：「望者，遥望而祭山川也。」

〔一〇〕詩小雅黍苗：「我師我旅。」鄭箋：「五百人爲旅，五旅爲師。」正義：「五百人爲旅，五旅爲師，夏官序文。」

〔一一〕格，猶今言閣置。史記梁孝王世家：「太后議格。」索隱：「服虔曰：『格謂格閣不行。』」

〔一二〕張玄起曰：「看此，舜與周公微有優劣。」唐晏曰：「按越裳之重譯來朝，首見此書，史記、韓詩、説苑在此後。」器案：後漢書南蠻傳：「交趾之南有越裳國。周公居攝六年，制禮作樂，天下和平。越裳氏以三象重譯而獻白雉，曰：『道路悠遠，山川阻深，音使不通，故重譯而朝。』成王以歸周公，公曰：『德不加焉，則君子不饗其質；政不施焉，則君子不臣其人。吾何以獲此賜也？』其使請曰：『吾受命吾國之黄耇，曰：久矣，天之無烈風雷雨，意者，中國有聖人乎？有則盍往朝之。』周公乃歸之於王。」注云：「事見尚書大傳。」案：文選應吉甫晉武帝華林園集詩：「越裳重譯。」注：「尚書大傳曰：『成王之時，越裳重譯而來朝，曰：道路悠遠，山川阻深，恐使之不通，故重三譯而朝也。』鄭玄曰：『欲其轉相曉也。』」尋韓詩外傳五、白虎通封禪篇、説苑辨物篇俱載此事，蓋皆本尚書大傳爲説也。

〔一三〕宋翔鳳曰：「本作『故無爲也乃無爲也』，下有校語曰：『有誤。』兹依治要改。」今案：别解作「故無爲也，乃有爲也」。唐晏曰：「按此以舜與周公並稱無爲，足以解論語『無爲』之義。蓋無爲者治定功成，不擾民之謂也。」器案：史記太史公自序：「道家無爲，又曰無不爲。其實易行，其辭難知，其術以虚無爲本，以因循爲用。」正義曰：「各守其分，故易行也。」（又見漢書司馬遷傳）尋老子三十七章：「道常無爲，而無不爲。」又四十八章：「無爲而無不爲。」然則儒道兩家俱主張無爲而治也。漢書藝文志諸子略小説家：「宋子十八篇。」本注：「孫卿道宋子，其言黄老意。」尋荀子正論篇稱子宋子，則荀卿與黄老學者有所接觸，而陸賈亦傳荀子之學者，則其主張無爲而治，其淵源固有自也。

秦始皇〔一〕設刑罰〔二〕，爲車裂〔三〕之誅，以歛姦邪〔四〕，築長城於戎境〔五〕，以備胡、越〔六〕，征大吞小，威震天下，將帥〔七〕横行，以服外國〔八〕，蒙恬〔九〕討亂於外，李斯〔一〇〕治法於内，事逾煩天下逾亂，法逾滋而天下逾熾〔一一〕，兵馬益設而敵人逾多〔一二〕。秦非不欲治也〔一三〕，然失之者，乃舉措太衆、刑罰太極故也〔一四〕。

〔一〕宋翔鳳曰：「本有『帝』字，依治要删。」

〔二〕宋翔鳳曰：「『刑罰』二字，依治要增。」

〔三〕器案：墨子親士篇：「吴起之裂，其事也。」淮南子繆稱篇：「吴起刻削而車裂。」韓非子和氏篇：「商君車裂於秦。」史記商君傳：「秦惠王車裂商君以徇曰：『莫如商君反者。』」則車裂之刑不始於始皇，且不限於秦也。

〔四〕宋翔鳳曰：「四字治要無。」

〔五〕宋翔鳳曰：「『於戎境』三字治要無。」

〔六〕淮南子人間篇：「秦皇挾録圖，見其傳曰：『亡秦者胡也。』因發卒五十萬，使蒙公、楊翁子將築修城，西屬流沙，北擊遼水，東結朝鮮，中國内郡輓車而餉之。又利越之犀角象齒、翡翠珠璣，乃使尉屠睢發卒五十萬爲五軍：一軍塞鐔城之嶺，一軍守九疑之塞，一軍處番禺之都，一軍守南野之界，一軍結餘干之水。三年不解甲弛弩，使監禄無以轉餉，又以卒鑿渠而通糧道，以與越人戰，殺西嘔君譯吁宋；而越人皆入叢薄中，與禽獸處，莫肯爲秦虜，相置桀駿以爲將，而夜攻秦人，大破之，殺尉屠睢，伏屍流血數十萬，乃發適戍以備之。」漢書鼂錯傳：「錯復言守邊備塞、勸農力本、當世急務二事曰：『臣聞秦時，北攻胡貉，築塞河上，南攻揚、越，置戍卒焉。其起兵而攻胡、粤者，非以衛邊地而救民死也，貪戾而欲廣大也，故功未立而天下亂。』」説秦備胡、越事，以淮南子爲最詳，然備越不言築長城。竊疑秦統一天下後，即修楚之方城以備越，一如修築燕、齊、魏、韓、趙、中山之長城以備胡也。方城一名長城。漢書地理志八上：「葉，楚葉公邑，有長城，號曰方城。」水經潕水注引荆州記：「葉東界有故城，始犨縣，至溉水，達比陽界，南北聯聯數百里，號爲方城，一謂之長城。」史記越王句踐世家：「越王曰：『所求於晉者，不至頓刃接兵，而況于攻城圍邑乎？願魏以聚大梁之下，願齊之試兵南陽、莒地，以聚常、郯之境，則方城之外不南，淮、泗之間不東，商、於、析、酈、宗胡之地，夏路以左，不足以備秦，江南、泗上，不足以待越矣。』」正義：「括地志云：『故長城，在鄧州内鄉縣東七十五里，南入穰縣，北連翼望山，無土之處，累石爲固。楚襄王控霸南土，争强中國，多築列城於北方，以適華夏，號爲方城。』」此俱楚之方城一名長城之證。水經汝水注所謂「楚盛周衰，控霸南土，欲争强中國，多築列城於北方，以逼華夏，故號此城爲萬城」是也。蓋方城者，要害之地，昔者强楚之所以備秦者，亦猶全秦之所以待越也。世之言長城者，多未及陸氏、淮南之文，時因此而申言之。

〔七〕「帥」，唐本作「師」，云：「一本作『帥』。」

〔八〕宋翔鳳曰：「十六字治要無。」

〔九〕蒙恬，史記有傳。

〔一〇〕李斯，史記有傳。

〔一一〕宋翔鳳曰：「治要作『事愈煩，下愈亂，法愈衆，姦愈縱』。按説文無『愈』字，此本作『逾』爲正。又『天』字當是『而』字之誤。」陳金生曰：「李本作『事逾煩天下逾亂，法逾滋而姦逾熾』，上句『天』爲『而』字之誤，但下句不誤。」

〔一二〕宋翔鳳曰：「九字治要無。」

〔一三〕宋翔鳳曰：「本作『不欲爲治』，依治要改。」

〔一四〕宋翔鳳曰：「本作『乃舉措暴衆，而用刑太極故也』，依治要改。」茅鹿門曰：「鋪敍秦事，痛快。」唐晏曰：「按：此所謂『著秦之所以亡』也。」

是以君子尚寬舒以褒其身，行身中和〔一〕以致疏遠〔二〕；民畏其威而從其化，懷其德而歸其境，美其治而不敢違其政。民不罰而畏〔三〕，不賞而勸〔四〕，漸漬〔五〕於道德，而被服〔六〕於中和之所致也〔七〕。

〔一〕禮記中庸：「喜怒哀樂之未發謂之中，發而皆中節謂之和。中也者，天下之大本也；和也者，天下之達道也。致中和，天地位焉，萬物育焉。」

〔二〕宋翔鳳曰：「本作『尚寬舒以苞身，行中和以統遠』，依治要改。」吳鼎漢曰：「以下就君身上說，規諷當時，語温而意懇。」

〔三〕宋翔鳳曰：「（『畏』下）本有『罪』字，依治要改。」

〔四〕宋翔鳳曰：「（『勸』）本作『歡悦』二字。」案：天一閣本作「勸悦」，「勸」字不誤。

〔五〕史記禮書：「漸漬於失教，被服於成俗。」荀子勸學篇楊注：「漸，漬也，染也。」

〔六〕宋翔鳳據治要删「服」字，今所不從。上注引禮書文，以「漸漬」、「被服」對文，用法與陸氏同。

淮南子要略篇：「被服法則而與之終身。」史記五宗世家：「被服造次必於儒者。」集解：「漢名臣奏，杜業奏曰：『被服造次，必於仁義。』」索隱：「被服造次，按小顏云：『被服言常居處於其中也。造次謂所向所行皆法於儒者。』」案：索隱所引師古之說，見漢書河間獻王傳注，通鑑胡三省注云：「顏注非也。被服者，言以儒術衣被其身。」三國志魏書文紀注：「含氣有生之類，靡不被服清風，沐浴玄德。」

〔七〕宋翔鳳曰：「本作『被服於中和之所致也』，無『而』字，並依治要改。」唐晏曰：「此即所謂『著漢之所以得』。」

夫法令所以誅暴也〔一〕，故曾、閔之孝，夷、齊之廉〔二〕，此寧畏法教而爲之者哉〔三〕？故〔四〕堯、舜之民，可比屋而封，桀、紂之民，可比屋而誅〔五〕，何者〔六〕？化使其然也〔七〕。故近河之地溼〔八〕，而近山之木長者〔九〕，以類相及也。高山出雲〔一〇〕，丘阜生氣〔一一〕，四瀆東流，百川無西行者，小象大而少從多也〔一二〕。

〔一〕宋翔鳳曰：「本作『夫法令者，所以誅惡，非所以勸善』，依治要改。」案：品節「夫」誤「大」。蘇紫溪曰：「法令不如教化，韓非未有。」案：鹽鐵論刑德篇：「令者所以教民也，法者所以督姦也。令嚴而民慎，法設而姦禁。」

〔二〕孟子萬章下：「孟子曰：『伯夷目不視惡色，耳不聽惡聲，非其君不事，非其民不使，治則進，亂則退，橫政之所出，橫民之所止，不忍居也；思與鄉人處，如以朝衣朝冠，坐於塗炭也。當紂之時，居北海之濱，以待天下之清也。故聞伯夷之風者，頑夫廉，懦夫有立志。」戰國策秦策下：「君何不以此時歸相印，讓賢者授之，必有伯夷之廉，長爲應侯，世世稱孤。」

〔三〕宋翔鳳曰：「本作『豈畏死而爲之哉？教化之所致也』，依治要改。」唐晏曰：「按曾、閔之孝，夷、齊之廉，蓋出於性，而以爲教化之所致，正荀卿化性起僞之說。」

〔四〕宋翔鳳曰：「『故』下本有『曰』字。」

〔五〕論衡率性篇：「傳曰：『堯、舜之民，可比屋而封，桀、紂之民，可比屋而誅。』」蓋即本此。漢書王莽傳上：「莽乃上奏曰：『明聖之世，國多賢人，故唐、虞之時，比屋可封。』」太平御覽七七引袁子正論：「堯、舜之人，比屋可封，非盡善也，猶在防之水，非不流也。」尋文選王子淵四子講德論：「比屋可封。」注：尚書大傳曰：「周民比屋可封。」則又以爲周之民也。

〔六〕宋翔鳳曰：「本無『何』字，依治要校。」

〔七〕宋翔鳳曰：「本作『教化使然也』，並依治要校。」

〔八〕「涇」，李本、程本、兩京本、天一閣本、意林、彙函、品節、拔萃作「濕」，古通，後不復出。

〔九〕宋翔鳳曰：「本作『近山之土燥』，無『而』字，依治要校。」案：意林作「近山之木長」。

〔一〇〕宋翔鳳曰：「本作『故山川出雲雨』，依治要改。」唐晏曰：「意林無『川』、『雨』二字。」案：周易繫辭上：「變化見矣。」韓康伯注：「山澤通氣，而雲行雨施，故變化見矣。」禮記孔子閒居：

「山川出雲。」正義曰：「此譬其事，由如天將降時雨，山川先爲之出雲。」

〔一一〕宋翔鳳曰：「『氣』上本缺一字，治要不缺。」唐晏曰：「意林『丘』上有『而』。」

〔一二〕宋翔鳳曰：「本作『百川無不從，小者從大，少者從多』，依治要改。」又按：意林引此云：『近河之地溼，近山之木長，山出雲而丘阜生氣，四瀆東流，而百川無西。』文與治要大同，知治要可據也。」唐晏曰：「『無不從』，意林作『無西』。」

夫王者之都〔一〕，南面之君，乃百〔二〕姓之所取法則者也〔三〕，舉措〔四〕動作，不可以失法度〔五〕。昔者，周襄王不能事後母，出居於鄭〔六〕，而下多叛其親。秦始皇〔七〕驕奢靡麗，好作高臺榭，廣宮室〔八〕，則天下豪富制屋宅者，莫不倣之，設〔九〕房闥，備廐庫，繕雕琢刻畫之好，博玄黄琦瑋之色，以亂制度〔一〇〕。齊桓公好婦人之色，妻姑姊妹，而國中多淫於骨肉〔一一〕。楚平王奢侈縱恣〔一二〕，不能制下，檢〔一三〕民以德，增駕百馬而行，欲令天下人饒〔一四〕財富利，明不可及，於是楚國逾奢，君臣無別〔一五〕。故上之化下，猶風之靡草也〔一六〕。王者尚武於朝，則農夫繕甲兵〔一七〕於田〔一八〕。故君子之御下也〔一九〕，民奢應之以儉〔二〇〕，驕淫者統之以理〔二一〕；未有上仁而下賊〔二二〕、讓行而争路者也〔二三〕。故孔子曰〔二四〕：「移風易俗〔二五〕。」豈家令人視之哉〔二六〕？亦取之於身而已矣〔二七〕。

〔一〕宋翔鳳曰：「治要無此四字。」

〔二〕「乃」，各本無。「百」，李本、子彙本、兩京本、天一閣本、唐本、彙函、品節、拔萃作「臣」。

〔三〕宋翔鳳曰：「本無『乃』字，無『則者也』三字，『法』下缺二字，依治要校。別本『法』下有『是以』二字，不缺。」

〔四〕「舉措」上，彙函、拔萃、別解有「雖一」二字。

〔五〕宋翔鳳曰：「本作『不可失法則也』，依治要改。」王鳳洲曰：「此言舜與周公無爲而天下治，秦人法煩而天下亂；總論爲治當尚寬舒，以舜與周公爲法，以秦爲鑒耳。」李爲霖曰：「寬舒是帝王御民根本，中和是聖人極詣，爲帝王者必臻此方稱明聖，雲陽不啻三致意焉，得王道之精者也。至『漸漬於道德』一句，又授之以方耳。」

〔六〕公羊傳僖公二十四年：「冬，天王出居于鄭。王者無外，此其言出，何？不能乎母也。」何休注：「不能事母，罪莫大於不孝，故絶之言出也。下無廢上之義，得絶之者，明母得廢之，臣下得從母命。」徐彦疏：「正以襄王之母，於今仍在，亦非繼母，與左氏異也。鄭氏發墨守云：『聖人制法，必因其事，非虚之。孟子曰：夫人必自侮而後人侮之，家必自毁而後人毁之，國必自伐而後人伐之。今襄王實不能孝道，稱惠后之心，今其寵專於子，失教而亂作，出居于鄭，自絶於周，故孔子因其自絶而書之。公羊以母得廢之，則左氏已死矣是也。襄王正是惠后所生，非繼母。』又云：『失教而亂作，自絶於周，從左氏。』鄭氏雜用三家，不苟從一。」

〔七〕「皇」，李本、程本、兩京本、天一閣本作「王」。

〔八〕宋翔鳳本「宫」誤「言」。史記秦始皇本紀：「於是始皇以爲『咸陽人多，先王之宫廷小，吾聞周文王都豐，武王都鎬，豐、鎬之閒，帝王之都也』。乃營作朝宫渭南上林苑中，先作前殿阿房，東西五百步，南北五十丈，上可以坐萬人，下可以建五丈旗，周馳爲閣道，自殿下直抵南山，表南山之顛以爲闕。爲複道，自阿房渡渭，屬之咸陽，以象天極閣道絶漢抵營室也。阿房宫未成，成，欲更擇令名名之。作宫阿房，故天下謂之阿房宫。隱宫徒刑者七十餘萬人，乃分作阿房宫，或作麗山，發北山石椁，乃寫蜀、荆地材，皆至。關中計宫三百，關外四百餘。」

〔九〕「設」，天一閣本、唐本作「諟」，未可從。

〔一〇〕黄澍曰：「漢高帝使賈著秦所以失天下，吾所以得之者，故篇中於始皇事痛切及之，以諷漢也。」唐晏曰：「周襄王出居于鄭，下多叛其親，此亦春秋舊説，而今不可考。若始皇之作高臺榭，而天下倣之，此則陸生所目覩。」

〔一一〕唐晏曰：「馬氏驌云：『齊桓公中主也，妻姑姊妹，亂倫之大者，何至爲之？漢書云：襄公淫亂，姑姊妹不嫁，於是民閒長女不嫁，名爲巫兒，爲家主祠。然則是襄公事耳。』」器案：漢書地理志下：「始桓公兄襄公淫亂，姑姊妹不嫁，於是令國中民家長女不得嫁，名曰巫兒，爲家主祠，嫁者不利其家。民至今以爲俗。」繹史引其文不具，故詳録之。然古書亦有以此事屬之桓公者。管子小匡篇：「桓公謂管仲曰：『寡人有汙行，不幸好色，姑姊妹有未嫁者。』」荀子仲尼篇：「齊桓，五伯之盛者也，……內行則姑姊妹之不嫁者七人。」論衡書虛篇：「傳書言：『齊桓公妻姑姊妹七人。』」公羊傳莊公二十年何休注：「齊侯亦淫諸姑姊妹，不嫁者七人。」徐彥疏云：「晏子春秋文。案彼齊景公問於晏子曰：『吾先君桓公淫，女公子不嫁者九人，而得爲賢君何？』」既管子等書有此事，而齊桓又有好內之名（見史記齊太公世家），陸生乃傳荀子之學者，其沿用此說，何足怪者。

〔一二〕繹史卷一三六引此作楚襄王事，此馬氏肊改，不可從。

〔一三〕後漢書周黃徐姜申屠傳序：「驃騎執法以檢下。」注：「檢猶察也。」

〔一四〕宋翔鳳曰：「『饒』，抄本、子彙本並作『餒』。」案：李本、兩京本、天一閣本亦作「餒」。

〔一五〕唐晏曰：「按：楚平王駕百馬，不見他書；或者即子南、觀起事也。」器案：文選西京賦：「百馬同轡，騁足並馳。」李善注引陸賈新語曰：「楚平王增駕，百馬同行。」則張平子賦即據新語爲言也。陳金生曰：「子南、觀起事見左傳襄公二十二年，當楚康王之九年，非楚平王時事，唐說非是。」

〔一六〕史記淮陰侯傳：「發使使燕，燕從風而靡。」楚辭東方朔七諫：「世從俗而變化兮，隨風靡而成行。」後漢書馮異傳：「百姓風靡。」案：風靡，猶言風偃也。文選任彥昇天監三年策秀才文：「上之化下，風偃草從。」注：「論語曰：『子曰：君子之德風，小人之德草，草上之風必偃。』」

注引論語者，顔淵篇文也。

〔一七〕左傳隱公元年：「繕甲兵。」繕謂繕治，詩鄭風叔于田序：「繕甲治兵。」

〔一八〕宋翔鳳曰：「『農』上本缺一字，治要作『則』，子彙本同。又『兵』字亦依治要增。」案：唐本有「則」字。

〔一九〕宋翔鳳曰：「『子』字『也』字，依治要增。」

〔二〇〕宋翔鳳曰：「本作『民奢侈者則應之以儉』，依治要改。」

〔二一〕宋翔鳳曰：「『者』下，本有『則』字，依治要删。」

〔二二〕禮記大學：「未有上好仁而下不好義者也，未有好義，其事不終者也。」

〔二三〕宋翔鳳曰：「本作『未有上仁而下殘，上義而下争者也』。」

〔二四〕宋翔鳳曰：「本無『故』字。」

〔二五〕唐晏曰：「按：『移風易俗』句，出孝經而不明言之。」今案：孝經廣要道章文也，禮記樂記亦有其文。

〔二六〕宋翔鳳曰：「本作『豈家至之哉』。」

〔二七〕宋翔鳳曰：「『亦取』二字，本作『先』字，並依治要改。」

辨惑〔一〕第五

〔一〕黃震曰：「辨惑言不苟合。」戴彥升曰：「辨惑篇道正言之忤耳，傷流言之害聖，而深惡縱横家之阿從意旨，規則乎孔門也。」唐晏曰：「此篇義主遠佞人，去其害仁義者也。」

夫舉事者或爲善而不稱善，或不善而稱善者，何？視之者謬而論之者誤也。故行或合於世，言或順於耳〔二〕，斯乃阿〔三〕上之意，從上之旨，操直而乖方，懷曲而合邪，因〔三〕其剛柔之勢，爲作縱横之術〔四〕，故無忤逆之言，無不合之義者〔五〕。

〔一〕「言」字原無，今據孫詒讓說訂補。孫詒讓曰：「案：行不可言順於耳，此篇多以言行對舉，此亦當作『言或順於耳』，今本誤挩一『言』字。」今案：論語爲政：「六十而耳順。」邢昺疏曰：「耳順者，順不逆也。」

〔二〕吕氏春秋長見篇：「阿鄭君之心。」高誘注：「阿，從也。」

〔三〕「因」，天一閣本誤「囚」。

〔四〕史記平津侯主父列傳：「學長短縱横之術。」案：史記蘇秦傳：「太史公曰：『其術長於權變。』」張儀傳：「太史公曰：『三晉多權變之士，夫言從横彊秦者，大抵皆三晉之人也。』」則縱橫有權變之意也。

〔五〕唐晏曰：「按：此即孟子『以順爲正者，妾婦之道』之謂。」

昔哀公問於有若曰：「年饑〔一〕，用不足，如之何？」有若對曰「盍徹乎？」〔二〕蓋損上而歸之於下，則忤於耳而不合於意，遂逆而不用也。此所謂正其行而不苟合〔三〕於世也。有若豈不知阿哀公之意，爲益國〔四〕之義哉？夫君子直道而行〔五〕，知必屈辱而不避也〔六〕。故行不敢苟合，言不爲苟容〔七〕，雖無功於世，而名足稱也；雖言不用於國家，而舉措之言可法也〔八〕。

〔一〕宋翔鳳曰：「子彙本『饑』作『飢』。」案：李本、兩京本亦作「飢」，二字古混用，後不復出。

〔二〕案：見論語顏淵篇。集解引鄭玄曰：「盍，何不也。周法什一而稅謂之徹。徹，通也，爲天下之通法。」邢昺疏曰：「魯君哀公問於孔子弟子有若曰：『年穀不熟，國用不足，如之何使國用得足也？』有若對曰：『盍徹乎』者，盍猶何不也。周法什一而稅謂之徹，徹，通也，爲天下之通法。有若意譏哀公重斂，故對曰：『既國用不足，何不依通法而稅取乎？』」

〔三〕史記孟子荀卿列傳：「故武王以仁義代紂而王，伯夷餓不食周粟；衛靈公問陳，而孔子不答；梁惠王謀欲攻趙，孟軻稱大王去邠；此豈有意阿世俗苟合而已哉？持方枘欲內圜鑿，其能入乎？」

〔四〕器案：「益」讀如「附益」之「益」。論語先進：「季氏富於周公，而求也爲之聚斂而附益之。」集解：「孔曰：『冉求爲季氏宰，爲之急賦税。』」邢疏曰：「時冉求爲季氏家宰，又爲之急賦税，聚斂財物，而陪附益助季氏也。」

〔五〕論語衞靈公：「斯民也，三代之所以直道而行也。」集解：「馬曰：『無所阿私，所以云直道而行。』」

〔六〕王守溪曰：「先把有若作個君子直道而行，見此等人不肯阿意狥人，後方説到邪佞易惑上，血脉相關，精神聯貫。」唐晏曰：「按此陸生論語説也。」

〔七〕戰國策秦策下：「言不取苟合，行不取苟容。」語又見史記蔡澤傳。疑此文「敢」字亦「取」之誤也。

〔八〕李爲霖曰：「惟名足稱，言可法，故君子所以疾末世而戒慎於獨也。」

故殊於世俗，則身孤於士衆。夫邪曲之相銜，枉橈之相錯〔一〕，正直故不得容其間〔二〕。諂佞之相扶，讒口之相譽，無高而不可上，無深而不可往者何？以黨輩衆多〔三〕，而辭語諧合。

〔一〕宋翔鳳曰：「抄本、子彙本「錯」作「措」。」案：兩京本作「措」，李本、天一閣本、唐本、彙函、品節、金丹、拔萃作「借」。

〔二〕「正」字原缺，子彙本、唐本有，今據訂補。

〔三〕宋翔鳳曰：「『黨輩』，本作『當背』，依子彙本改。」案：後漢書桓譚傳：「黨輩連結，歲月不解。」黨輩，猶資質篇之言「黨友」也。文選張平子西京賦：「結黨連羣。」左太沖蜀都賦：「結儔附黨。」曹子建七啓：「交黨結倫。」黨羣、黨儔、黨倫，其義亦同。

夫衆口毀譽〔一〕，浮石沈木〔二〕。羣邪相抑〔三〕，以直爲曲〔四〕。視之不察〔五〕，以白爲黑〔六〕。夫曲直之異形〔七〕，白黑之殊色〔八〕，乃天下之易見也，然而目繆心惑者，衆邪誤之〔九〕。

〔一〕宋翔鳳曰：「『口』下本有『之』字，依治要刪。」器案：太平御覽三六七引此句作「衆口所毀」，義較勝。

〔二〕金丹云：「變輕重之常。」周廣業意林附注曰：「變亂物性。」

〔三〕宋翔鳳曰：「『相』本作『所』，依治要改。意林引云『衆口毀譽，浮石沈木，羣邪相抑，以直爲曲』，與治要同。」器案：御覽引亦作「相」。

〔四〕「以直爲曲」，御覽引作「以曲爲直」。金丹曰：「變曲直之常。」

〔五〕宋翔鳳曰：「四字治要無。」

〔六〕金丹曰：「變黑白之常。」器案：詩經小雅青蠅鄭玄箋云：「蠅之爲蟲，汙白使黑，汙黑使白，喻佞人變亂善惡也。」

〔七〕宋翔鳳曰：「治要無『夫』字。」

〔八〕宋翔鳳曰：「『殊』本作『異』，依治要改。」王鳳洲曰：「轉折有情，文更纖巧。」

〔九〕宋翔鳳曰：「本作『然自謬也，或不能分明其是非者，衆邪誤之矣』，依治要改。」唐晏曰：「〔「然自謬也」〕此句上有奪文誤字。」

秦二世之時〔一〕，趙高駕鹿而從行，王曰：「丞相何爲駕鹿？」高曰：「馬也。」王曰：「丞相誤邪〔二〕，以鹿爲馬也〔三〕。」高曰：「乃馬也〔四〕。陛下以臣之言爲不然〔五〕，願問羣臣〔六〕。」於是乃問羣臣，羣〔七〕臣半言馬半言鹿〔八〕。當此之時，秦王不能自信其直目〔九〕，而從邪臣之言〔一〇〕。鹿與馬之異形，乃衆人之所知也〔一一〕，然不能別其是非〔一二〕，況於闇昧之事乎〔一三〕？易曰：「二人同心，其義斷金〔一四〕。」羣黨合意，以傾一君，孰不移哉！

〔一〕宋翔鳳曰：「此句上本有『至如』二字，依治要刪。」器案：太平御覽四九四引亦無「至如」二字。楊升庵曰：「敍極嚴整。」

〔二〕宋翔鳳曰：「『邪』本作『也』，依御覽四百九十四校。」

〔三〕宋翔鳳曰：「『也』字依御覽增。」

〔四〕宋翔鳳曰：「(『乃馬也』)三字依御覽增。」案：宋本御覽「馬」誤「焉」。

〔五〕宋翔鳳曰：「『之』字『爲』字依御覽增。」

〔六〕宋翔鳳曰：「治要無『王曰丞相誤邪』以下廿九字，御覽有之。」

〔七〕宋翔鳳曰：「七字依治要、御覽增。」唐晏曰：「疑當有『羣』字。」

〔八〕宋翔鳳曰：「本作『半言鹿，半言馬』，依治要、御覽校。」唐晏曰：「按事亦見史記，作『高持鹿獻於二世，曰：馬也。二世笑曰：丞相誤耶？謂鹿爲馬。問左右，或默，或言馬』。此事或陸生親見之，所説當確於史公。」器案：文選潘岳西征賦：「野蒲變而爲脯，苑鹿化以爲馬。」李善注引風俗通曰：「秦相趙高，指鹿爲馬，束蒲爲脯，二世不覺。」張銑注：「趙高欲爲亂，恐羣臣不聽，乃先設驗，以蒲爲脯，以鹿爲馬，獻于二世。羣臣言鹿言脯者皆誅之。」北堂書鈔一四五引古今注：「秦二世時，丞相趙高用事，乃先獻蒲脯、鹿馬，以驗羣臣也。」金樓子箴戒篇：「秦二世即位，自幽深宮，以鹿爲馬，以蒲爲脯。」尋禮記禮器鄭注：「秦二世時，趙高欲作亂，或以青爲黑，黑爲黄。」然則趙高之混淆黑白，誠所謂「迴黄轉緑無定期」者也，豈止鹿馬一事而已哉！

〔九〕宋翔鳳曰：「『直』字依治要增，御覽作『不敢信其目』。」

〔一〇〕宋翔鳳曰：「『言』本作『説』，依治要、御覽校。」

〔一一〕宋翔鳳曰：「本作『夫馬鹿之異形，衆人所知也』，依治要、御覽校。」案：荀子儒效篇：「衆人者，工農商賈也。」

〔一二〕宋翔鳳曰：「本作『分別是非也』，依御覽校，治要無『其』字。」

〔一三〕金丹曰：「馬且不能辯，而況他事乎？」

〔一四〕唐晏曰：「『義』，今易作『利』。」器案：引易者，繫辭上文也。正義曰：「二人若同齊其心，其纖（盧文弨曰：「當作『鐵』。」）利能斷截於金。金是堅剛之物，能斷而截之，盛言利之甚也。此謂二人心行同也。」

人有與曾子同姓名者殺人〔一〕，有人告曾子母曰：「參乃殺人。」〔二〕母方織，如故〔三〕，有頃復告云〔四〕，若是者三〔五〕，曾子母投杼踰垣而去〔六〕。曾子之母非不知子不殺人也，言之者衆〔七〕。夫流言〔八〕之並至，衆人之所是非〔九〕，雖賢智不敢自畢〔一〇〕，況凡人乎〔一一〕？

〔一〕宋翔鳳曰：「本作『昔人有與曾子同姓亦名參』，依治要改。」莊定山曰：「上段言奸黨蔽君，此言正直難信。」器案：戰國策秦策上以與曾參同姓名者爲費人，新序雜事二作鄭，史記樗里子傳則又作魯人也。

〔二〕宋翔鳳曰：「本作『有人告其母參殺人』，依治要校。」

〔三〕宋翔鳳曰：「本無『方』字。」

〔四〕器案：云，猶然也，説詳經傳釋詞。凡「云」字在句尾不作「曰」字解者，皆爲「然」義也。

〔五〕宋翔鳳曰：「本作『人復來告，如是者三』。」

〔六〕宋翔鳳曰：「『母』下本有『乃』字，並依治要校。」

〔七〕宋翔鳳曰：「十六字治要無。」

〔八〕詩大雅蕩：「流言以對。」朱熹集傳：「流言，浮浪不根之言也。」

〔九〕宋翔鳳曰：「本無此句。」

〔一〇〕宋翔鳳曰：「本作『雖聖賢不敢自安』，並依治要校。治要舊校：『畢』作『安』，恐『必』。」

〔一一〕焦弱侯曰：「奸黨成羣，賢士擯斥，可爲寒心。」

魯定公之時〔一〕，與齊侯〔二〕會於夾谷〔三〕，孔子行相事〔四〕。兩君升壇〔五〕，兩相處下，兩相欲揖〔六〕，君臣之禮，濟濟〔七〕備焉。齊人鼓譟而起〔八〕，欲執魯公。孔子歷階〔九〕而上，不盡一等而立，謂齊侯曰：「兩君合好，以禮相率，以樂相化。臣聞嘉樂不野合，犧〔一〇〕象之薦不下堂〔一一〕。夷、狄之民何求爲〔一二〕？」命司馬請止之〔一三〕。定公曰：「諾。」齊侯逡巡〔一四〕而避席〔一五〕曰：「寡人之過。」退而自責大夫。罷會。齊人使優旃儛於魯公之幕下〔一六〕，傲戲，欲候魯君之隙，以執定公。孔子歎曰：「君辱臣當死〔一七〕。」使司馬行法斬焉，首足異門而出〔一八〕。於是齊人懼然而恐〔一九〕，君臣易操，不安其〔二〇〕故行，乃歸魯四邑之侵地〔二一〕，終無乘魯〔二二〕之心，鄰□〔二三〕振動，人懷向魯〔二四〕之意，强國驕君，莫不恐懼，邪臣佞人，變行易慮，天下之政，□□而折中〔二五〕；而定公拘於三家〔二六〕，陷於衆口〔二七〕，不能卒用孔子者，内無獨見〔二八〕之明，外惑邪臣之黨，以弱其國而亡〔二九〕其身，權歸於三家，邑土單〔三〇〕於强齊〔三一〕。夫用人若彼，失人若此；然定公不覺悟，信季孫之計，背貞臣〔三二〕之策，以獲拘弱〔三三〕之名，而喪丘山之功〔三四〕，不亦惑乎！

〔一〕案：見定公十年。

〔二〕齊侯，景公也。

〔三〕左傳定公十年：「夏，公會齊侯于祝其，實夾谷。」公羊、穀梁作「頰谷」。

〔四〕左傳云：「孔丘相。」杜注：「相會儀也。」

〔五〕史記孔子世家：「爲壇位，土階三等。」穀梁傳釋文：「封土曰壇。」

〔六〕宋翔鳳曰：「子彙本、鈔本無『欲』字，『兩』作『而』。」案：兩京本、天一閣本、傅校本俱作「而」。唐晏曰：「穀梁傳作『相揖』。」案范注：「將欲行盟會之禮。」

〔七〕禮記玉藻：「朝廷濟濟翔翔。」注：「濟濟，莊敬貌也。」正義：「濟濟，有威儀矜莊也。」

〔八〕宋翔鳳曰：「『躁』本作『噪』，依子彙校。」器案：史記孔子世家作「鼓噪」，家語相魯篇作「鼓譟」，穀梁范注曰：「羣呼曰譟。」左傳成公五年：「華元享之，請鼓譟以出，鼓譟以入。」杜注：「出入輒擊鼓。」

〔九〕穀梁范甯注：「階，會壇之階。」器案：孔子世家索隱：「謂歷階級也。故王肅云：『歷階，登階不聚足。』」禮記曲禮上：「拾級聚足。」注：「『拾』當爲『涉』，聲之誤也。級，等也。涉等聚足，謂前足躡一等，後足從之併。」正義：「拾級聚足者，此上階法也。拾，涉也。級，等也。聚足，謂前足躡一等，後足從而併之也。」

〔一〇〕「犧」，唐本作「羲」。

〔一一〕左傳作「犧象不出門，嘉樂不野合」。杜注：「犧象，酒器犧尊象尊也。嘉樂，鐘磬也。」正義：「此言不出門不野合者，謂享燕正禮，當設於宮内，不得違禮而行，妄作於野耳，非謂祭祀之大禮也。諸侯相見之禮，享在廟，燕在寢，不得行於野。僖二十八年，晉侯朝王于踐土，王享醴，命之宥。襄十年，宋公享晉侯於楚丘，請以桑林。十九年，公享晉六卿于蒲圃。二十七年，鄭伯享趙孟于垂隴。如此之類，春秋多矣，或特賞殊功，或畏敬大國，皆權時之事，非正禮也。此時，齊、魯敵國，釋怨和平，未有殊異之歡，無假非常之事，孔子知齊懷詐，慮其掩襲，託正禮以拒之，故言不野合。」

〔一二〕宋翔鳳曰：「『求』當依穀梁作『來』。」唐晏曰：「穀梁作『來』。」案：范甯注云：「兩君合會，以結親好，而齊人欲執魯君，此爲無禮之甚，故謂夷、狄之民。」唐本「狄」誤「秋」。

〔一三〕范甯注云：「司馬，主兵之官，使禦止之。」

〔一四〕文選上林賦注、雪賦注引廣雅：「逡巡，卻退也。」

〔一五〕孝經開宗明義章：「曾子避席。」唐明皇注：「避席起答。」案謂離席却退也。文選司馬相如上林賦：「逡巡避席。」

〔一六〕案：穀梁作「罷會，齊人使優施舞於魯君之幕下」。范注：「優，俳。施其名也。幕，帳。欲嗤笑魯君。」范甯出「欲嗤笑魯君」之文，似即爲「傲戲」作注者，豈穀梁古本有此文耶？孔子世家作「有頃，齊有司趨而進曰：『請奏宮中之樂。』景公曰：『諾。』優倡侏儒，爲戲而前」。

〔一七〕唐晏曰：「按『君辱臣當死』，穀梁作『笑君者罪當死』；詳此文義，當作『臣辱君當死』，爲後人妄改。又此段乃引穀梁傳文，而小有異同，足徵陸生治穀梁學也。」器案：唐說是，孔子世家作「匹夫而營惑諸侯者罪當誅」。

〔一八〕宋翔鳳曰：「『門』本作『河』，依子彙本改，穀梁傳亦作『門』。」俞樾曰：「樾謹按：宋氏翔鳳依子彙本改『河』爲『門』，云：『穀梁傳亦作門。』新語作『河』，未可據彼以改此『河』字，實非誤文也。漢時隸書每以『河』字作『何』字，童子逢盛碑：『無可柰河。』吳仲山碑：『感痛柰河。』皆其證也。『異河而出』，即『異何而出』，說文人部：『何，儋也。』蓋今人所用負荷字，古人止作

「何」，『異何而出』，謂使一人何其首，又使一人何其身，則首足異何矣。使作『首足異荷而出』，其文即明顯無疑；乃古人『荷』字止作『何』字，又往往作『河』，『異河』之文，讀者不曉，萬曆間刻子彙，遂據穀梁改作『異門』，明人率臆妄改，大率類此，宋氏從之，誤矣。」器案：孔子世家作「有司加法，手足異處」。

〔一九〕宋翔鳳曰：「按：『懼』『瞿』通，別本作『瞿』。」器案：孔子世家作「景公懼而動」。

〔二〇〕唐本無「其」字。

〔二一〕孔子世家：「景公懼而動，知義不若，歸而大恐，告其羣臣曰：『魯以君子之道輔其君，而子獨以夷、狄之道教寡人，使得罪於魯君，爲之柰何？』有司進對曰：『君子有過則謝以質，小人有過則謝以文；君若悼之，則謝以質。』於是齊侯乃歸所侵魯之鄆、汶陽、龜陰之田以謝過。」集解：「服虔曰：『三田，汶陽田也。龜，山名；陰之田，得其田，不得其山也。』杜預曰：『太山博縣北有龜山。』」索隱：「左傳：『鄆、讙及龜陰之田。』則三田皆在汶陽也。」尋公羊定公十年：「夏，公會齊侯于頰谷。公至自頰谷。齊人來歸運、讙、龜、陰田。孔子行乎季孫，三月不違，齊人爲是來歸之。」何休注：「齊侯自頰谷歸，謂晏子曰：『寡人或過於魯侯，如之何？』晏子曰：『君子謝過以質，小人謝過以文。』齊嘗侵魯四邑，請皆還之。」疏云：「其四邑者，蓋運也，讙也，龜也，陰也。」范甯穀梁集解亦引何休注爲說。家語相魯篇亦云：「于是乃歸所侵魯之四邑及汶陽之田。」歸魯四邑之說出於新語，蓋亦春秋家舊說云。

〔二二〕尚書西伯戡黎：「周人乘黎。」孔氏傳：「乘，勝也。」正義：「詩毛傳云：『乘，陵也。』乘駕是加陵之意，故乘爲勝也。」國語周語中：「乘人不義。」韋注：「乘，陵也。」

〔二三〕宋翔鳳曰：「別本作『鄰邦』，不缺。」

〔二四〕「向」，李本、子彙本、程本、兩京本、天一閣本、唐本作「嚮」，古通。後不復出。

〔二五〕宋翔鳳曰：「別本作『就而折中』。」案：孔子世家：「中國言六藝者，折中於夫子。」漢書藝文志諸子略：「使其人遭明王聖主，得其所折中，皆股肱之材已。」漢書貢禹傳：「四海之內，天下之君，微孔子之言，亡所折中。」師古曰：「折，斷也。非孔子之言，則無以爲中也。」

〔二六〕論語八佾：「三家者以雍徹。」集解：「馬曰：『三家，謂仲孫、叔孫、季孫。』」邢昺疏：「三孫同是魯桓公之後，桓公適子莊公爲君，庶子公子慶父、公子叔牙、公子季友。仲孫是慶父之後，叔孫是叔牙之後，季孫是季友之後，其後子孫皆以其仲、叔、季爲氏，故有此氏，並桓公子孫，故俱稱孫也。至仲孫氏後世改仲曰孟，孟者，庶長之稱也，言己是庶，不敢與莊公爲伯仲叔季之次，故取庶長爲始也。」

〔二七〕孔子世家：「桓子卒受齊女樂，三日不聽政，郊又不致膰俎於大夫，孔子遂行，宿乎屯，而師己送曰：『夫子則非罪。』孔子曰：『吾歌，可夫！』歌曰：『彼婦之口，可以出走；彼婦之謁，可以死敗。蓋優哉游哉，維以卒歲。』」彼婦之口，蓋衆口之一耳。謁音靄，與敗叶韻。

〔二八〕淮南子兵略篇：「夫將者必獨見獨知。獨見者，見人所不見也。獨知者，知人所不知也。見人所不見謂之明，知人所不知謂之神。」

〔二九〕「亡」，唐本作「忘」。

〔三〇〕唐晏曰：「『單』與『磾』，古通用字。」

〔三一〕「强」，崇文本誤作「疆」，傳校改爲「彊」。

〔三二〕説苑臣術篇：「人臣之行有六正六邪，……六正者，……五曰，守文奉法，任官職事，辭禄讓賜，不受贈遺，衣服端齊，飲食節儉，如此者貞臣也。」案：公羊傳定公十二年：「叔孫州仇帥師墮郈，……季孫斯、仲孫何忌帥師墮費。曷爲帥師墮郈，帥師墮費？孔子行乎季孫，三月不違，曰：家不藏甲，邑無百雉之城。於是帥師墮郈，帥師墮費。」何休注：「郈，叔孫氏所食邑。費，季氏所食邑。二大夫宰吏數叛，患之，以問孔子，孔子曰：『陪臣執國命，采長數叛者，坐邑有城池之固，家有甲兵之藏故也。』季氏説其言而墮之。故君子時然後言，人不厭其言。書者，善定公任大聖，復古制，弱臣勢也。」陸氏所言，當指此事。疏又云：「傳云：『孔子行乎季孫，三月不違。』以此言之，三月之外違之明矣。」案：此即陸氏所謂「定公不覺悟，信季孫之計，背貞臣之策」者，蓋陸氏得之春秋舊説，惜未能詳之也。

〔三三〕器案：「拘弱」無義，疑當作「極弱」，形近而誤，太史公所謂：「余聞孔子稱曰：『甚矣，魯道之衰也。』」(見史記魯周公世家)蓋亦傷定、哀之間之不振也。程本「獲」誤「獾」。

〔三四〕丘山，喻重大。文選東方朔答客難：「功若丘山。」又陳孔璋檄吴將校部曲文：「故乃建丘山之功。」又作泰山，義同。文選楊子雲解嘲：「功若泰山。」注：「韓子曰：『泰山之功，長立於國家。』」

故邪臣之蔽賢，猶浮雲之鄣日月也〔一〕，非得神靈之化，罷〔二〕雲霽翳，令歸山海，然後乃得覩其光明，暴天下之濡溼，照四方之晦冥〔三〕。今上無明王聖主，下無貞正諸侯〔四〕，誅鉏〔五〕姦臣〔六〕賊子之黨〔七〕，解釋凝滯〔八〕紕繆之結，然後忠良方直〔九〕之人，則得容於世而施於政〔一〇〕。故孔子遭君暗〔一一〕臣亂，衆邪在位，政道隔於三家〔一二〕，仁義閉於公門〔一三〕，故作公陵之歌〔一四〕，傷無權力於世，大化〔一五〕絶而不通，道德施〔一六〕而不用，故曰：無如之何者，吾末如之何也已矣〔一七〕。夫言道因權而立〔一八〕，德因勢而行，不在其位者〔一九〕，則無以齊其政〔二〇〕，不操其柄者，則〔二一〕無〔二二〕以制其剛〔二三〕。詩云：「有斧有柯。」〔二四〕言何以治之也〔二五〕。

〔一〕唐晏曰：「按文選注引此二句同。」器案：史記褚先生補龜策傳：「日月之明，而時蔽於浮雲。」楚辭東方朔七諫：「浮雲陳而蔽晦兮，使日月乎無光。」王注：「言讒佞陳列在側，則使君不聰明也。」文選古詩十九首：「浮雲蔽白日。」注：「浮雲之蔽白日，以喻邪佞之毁忠良。」注引新語此文，又引文子：「日月欲明，浮雲蓋之。」今本文子上德篇「蓋」作「蔽」。又案：太平御覽八引此二句同。

〔二〕宋翔鳳曰：「『罷』，子彙本、抄本並作『擺』。」

〔三〕呂東萊曰：「大有感慨，而文有呼吸馳驟之法。」

〔四〕宋翔鳳曰：「『貞』，子彙本、抄本並作『真』。」器案：公羊傳莊公四年：「上無天子，下無方伯。」此即其義。

〔五〕「鉏」，李本、子彙本、程本、兩京本、天一閣本、唐本、彙函、品節、拔萃作「鋤」，或體字。後不復出。

〔六〕說苑臣術篇：「人臣之行有六正六邪，……六邪者，……三曰，中實頗險，外貌（「貌」上本有「容」字，據治要刪）小謹，巧言令色，又心嫉賢，所欲進則明其美而隱其惡，所欲退則明其過而匿其美，使主妄行過任，賞罰不當，號令不行，如此者姦臣也。」

〔七〕黃震曰：「第五篇云：『今上無明正（當作「王」）聖主，下無貞正諸侯，鉏奸臣賊子之黨。』考其上文，雖爲魯定公而發，豈所宜言於大漢方隆之日乎？」

〔八〕唐晏曰：「今漢魏本作『滯』，此從范本，然實當作『蹛』。」器案：李本、程本、兩京本、傅校本、唐本作「締」。尋史記平準書：「留蹛無所食。」索隱：「韋昭音滯，謂積也。」又案古今字詁：『墆，今滯字。』則墆與滯同。」滯、締、蹛、墆，音義並同。締，俗別字。

〔九〕說苑臣術篇：「人臣之行有六正六邪，……六正者，……二曰，虛心白意，進善通道，勉主以禮誼，諭主以長策，將順其美，匡救其惡，功成事立，歸善於君，不敢獨伐其勞，如此者良臣也。三曰，卑身賤體，夙興夜寐，進賢不解，數稱於往古之德行事，以厲主意，庶幾有益，以安國家社稷宗廟，如此者忠臣也。……六曰，國家昏亂，所爲不道，然而敢犯主之顔，面言主之過失，不辭其誅，身死國安，不悔所行，如此者直臣也。」

〔一〇〕論語爲政：「施於有政。」集解：「施，行也。」

〔一一〕「暗」，彙函、品節、拔萃作「闇」，古通。後不復出。

〔一二〕「三家」，李本、程本、兩京本、天一閣本、彙函、品節、拔萃作「王家」，未可從。

〔一三〕禮記曲禮下：「不入公門。」論語鄉黨：「入公門。」孔疏、邢疏俱以君門釋之。

〔一四〕「公陵之歌」，唐本、彙函作「丘陵之歌」，品節、拔萃作「公丘之歌」。唐晏曰：「按：邱陵之歌，今本家語有之，然未必可信。此引論語以證邱陵之歌，與孔注所云『禍亂已成，吾亦無如之何』者義合，然則此亦古論語也。」文廷式曰：「案『無如之何』四字，當是公陵歌中之詞。辨惑篇言魯不能用孔子，而引斧柯之詩，此文言孔子政道隔於王家，仁義閉於公門，故作公陵之歌，則『無如之何』即公陵歌之詞，猶龜山操言『手無斧柯，柰龜山何』也。僞孔安國論語注曰：『言禍難已成，吾亦無如之何。』蓋本此意。」器案：家語無丘陵之歌，而孔叢子記問篇有之，其文曰：「哀公使人以幣如衞迎夫子，而卒不能當，故夫子作丘陵之歌曰：『登彼丘陵，峛崺其阪，仁道在邇，求之若遠，遂迷不復，自嬰屯蹇。喟然迴慮，題彼泰山，鬱確其高，梁甫迴連，枳棘充路，陟之無緣，將伐無柯，患兹蔓延，惟以永歎，涕霣潺湲。』」

〔一五〕尚書大誥：「肆予大誥，誘我友邦君。」文選王子淵四子講德論：「觀大化之淳流。」大化，謂廣大之德化。

〔一六〕「施」疑當作「弛」，謂弛廢也。此涉上文「施於政」義形近而誤耳。

〔一七〕論語衛靈公：「子曰：『不曰如之何如之何者，吾末如之何也已矣。』」俞樾曰：「按此引論語，與今本不同，句末有『夫』字，則『已矣夫』三字爲句，翟氏灝作論語考異引此文不連『夫』字，疏矣。按下文云：『言道因權而立，德因勢而行，不在其位者，則無以齊其政，不操其柄者，則無以制其剛。』此自説論語『吾末如之何』之義，句首不當用『夫』字，此『夫』字自屬上讀爲論語之文。蓋漢初論語與今本不同，猶上文引周易『二人同心，其義斷金』，今本周易皆作『其利斷金』，此亦可見漢初古本之異也。」

〔一八〕王鳳洲曰：「更轉折。」

〔一九〕論語泰伯：「子曰：『不在其位，不謀其政。』」語又見憲問篇。彼文戒人之僭越，此則言無位者，無以齊其政也。

〔二〇〕禮記王制：「脩其教不易其俗，齊其政不易其宜。」注：「教謂禮義，政謂刑禁。」正義：「齊其政者，謂齊其政令之事，當逐物之所宜，故云不易其宜。教主教化，故注云教謂禮義；政主政令，故注云政謂刑禁也。」

〔二一〕宋翔鳳曰：「明姜思復本、鍾惺本、抄本從『齊夫用人』以下，至此二百廿八字，並錯入慎微篇『人不堪其憂』句下，惟此及子彙本不誤。」唐晏曰：「按此上文自『齊夫』至此二百二十八字，訛在第六篇『人不堪其憂』下，惟明人刻子彙本不誤，此外，范氏天一閣本、何氏刻漢魏叢書本皆誤，而何本妄改尤謬，不可復正，今依子彙本改正。」

〔二二〕「無」，拔萃誤作「吾」。

〔二三〕「剛」，唐晏曰：「疑當作『綱』。」器案：疑當作「罰」。韓非子二柄篇：「明主之所導制其臣者，二柄而已矣。」又曰：「人主將欲禁姦，則審合刑名者，言不異事也。爲人臣者陳事而言，君以其言授之事，專以其事責其功。功當其事、事當其言則賞；功不當其事、事不當其言則罰。故羣臣其言大而功小者則罰，非罰小功也，罰功不當名也；羣臣其言小而功大者亦罰，非不說於大功也，以爲不當名也害甚於有大功，故罰。」陸氏此言，蓋即本之韓子，「剛」者，「罰」字形近之誤也。慎微篇云：「若湯、武之君，伊、呂之臣，因天時而行罰。」「行罰」、「制罰」，其義一也。

〔二四〕唐晏曰：「今詩無此句。」文廷式曰：「此逸詩也。」

〔二五〕宋翔鳳曰：「文選檄吴將校部曲注引此云：『有斧無柯，何以治之？』」丘瓊山曰：此篇説忠佞難分，讒邪易惑，在人主辨之；而若此世道，令人擊筑燕市，酣歌易水，涕泗交流。」

慎微〔一〕第六

〔一〕黄震曰："慎微言謹内行。"戴彦升曰："慎微篇言『脩于閨門之内，行于纖微之事』，故道易見曉，而求神仙者，乃避世，非懷道，此亦取鑒秦皇，而早有見於新垣平等之事也。"唐晏曰："此篇義主革君心之非，乃袪仁義之蔽也。"器案：淮南子人閒篇："聖人敬小慎微，動不失時。"王符潛夫論亦有慎微篇。

夫建大功於天下者必先修於閨門之内，垂大名〔二〕於萬世者必先行之於纖微之事〔三〕。是以伊尹負鼎，居於有莘之野，修道德於草廬之下〔三〕，躬執農夫之作，意懷帝王之道，身在衡門〔四〕之裏，志圖八極之表，故釋負鼎之志，爲天子之佐，尅夏立商，誅逆征暴，除天下之患，辟殘賊之類，然後海内治，百姓寧〔五〕。曾子孝於父母，昏定晨省〔六〕，調寒温，適輕重〔七〕，勉之於糜粥〔八〕之間，行之於衽席〔九〕之上，而德美重於後世〔一〇〕。此二者，修之於内，著之於外；行之於小，顯之於大。

〔二〕"名"，兩京本誤"夕"，蓋壞字也。

〔二〕唐晏曰：「按：文選注引作『建大功于天下者，必垂名于當世也』。」器案：文選張景陽雜詩注引作「建大功于天下者，必垂名於萬世也」。

〔三〕「居」原作「屈」，「道」原作「達」，太平御覽九九六引此文作「伊尹居負薪之野，修道德於茅廬之下」，今據改正；「有莘」作「負薪」，則不可從。孟子萬章下：「萬章問曰：『人有言：伊尹以割烹要湯。有諸？』孟子曰：『否，不然。伊尹耕於有莘之野，而樂堯、舜之道焉，非其義也，非其道也，祿之以天下，弗顧也，繫馬千駟，弗視也；非其義也，非其道也，一介不以與人，一介不以取諸人。湯使人以幣聘之，囂囂然曰：我何以湯之聘幣爲哉？我豈若處畎畝之中，由是以樂堯、舜之道哉？湯三使往聘之，既而幡然改曰：與我處畎畝之中，由是以樂堯、舜之道，吾豈若使是君爲堯、舜之君哉？吾豈若使是民爲堯、舜之民哉？吾豈若於吾身親見之哉？天之生此民也，使先知覺後知，使先覺覺後覺也，予天民之先覺者也，予將以斯道覺斯民也，非予覺之而誰也？思天下之民，匹夫匹婦有不被堯、舜之澤者，若己推而內之溝中。其自任以天下之重如此，故就湯而説之以伐夏救民。吾未聞枉己而正人者也，況辱己以正天下者乎？聖人之行不同也，或遠或近，或去或不去，歸潔其身而已矣。吾聞其以堯、舜之道要湯，未聞以割烹也。伊訓曰：天誅造攻自牧宮，朕載自亳。』」淮南子氾論篇：「伊尹之負鼎。」高誘注：「伊尹負鼎俎，調五味以干湯，卒爲賢相。」戰國策趙策下：「伊尹負鼎俎而干湯，姓名未著而受三公。」文選東方曼倩非有先生論：「伊尹蒙恥辱，負鼎俎，和五味以干湯。」

注：「魯連子曰：『伊尹負鼎佩刀以干湯，得意故尊宰舍。』」（又見漢書東方朔傳）

〔四〕詩陳風衡門：「衡門之下。」毛傳：「衡門，横木爲門，言淺陋也。」釋文引沈云：「此古文『横』字。」

〔五〕唐晏曰：「按呂覽、韓非皆以伊尹負鼎干湯，而孟子以爲伊尹耕於有莘之野，墨子則云湯往見伊尹，諸説不同，此則兼取之。」

〔六〕禮記曲禮上：「凡爲人子之禮，冬温而夏清，昏定而晨省。」注：「定安其牀衽也，省問其安否何如。」正義：「定，安也。晨，旦也。應卧當整齊牀衽，使親體安定之後退，至明旦，既隔夜早來，視親之安否何如。先昏後晨，兼示經宿之禮。」

〔七〕太平御覽四一三又七〇七引尸子言孝子之事親：「一夕五起，視親衣之厚薄，枕之高低。」即此調寒温、適輕重之謂也。

〔八〕禮記月令：「孟秋之月，是月也，養衰老，授几杖，行糜粥飲食。」注：「助老氣也。」釋名釋飲食：「糜，煮米使糜爛也。」

〔九〕禮記曲禮上：「請席何鄉，請衽何趾。」注：「順尊者所安也。衽，卧席也。坐問鄉，卧問趾，因於陰陽。」

〔一〇〕唐晏曰：「按：呂覽曾子曰：『養有五道，修宮室，按牀第，節飲食，養體之道也。』」按呂覽見孝行覽。

顏回一簞食，一瓢飲，在陋巷之中，人不堪其憂，回也不改其樂〔一〕。禮以行之，遜以出之。蓋〔二〕力學而誦詩、書，凡人所能爲也；若欲移江、河〔三〕，動太山〔四〕，故人力所不能也。如調心在己，背惡向善，不貪於財，不苟於利，分財取寡〔五〕，服事〔六〕取勞，此天下易知之道，易行之事也，豈有難哉？若造父之御馬〔七〕，羿之用弩〔八〕，則所謂難也。君子〔九〕不以其難〔一〇〕爲之也，故不知〔一一〕以爲善也，絕〔一二〕氣力，尚德也。

〔一〕唐晏曰：「此下一段，移于第五篇末也。」傅校本删去「是已」至「無以正其時夫」一大段。按：論語雍也：「子曰：『賢哉回也！一簞食，一瓢飲，在陋巷，人不堪其憂，回也不改其樂。賢哉回也！』」集解：「孔曰：『簞，笥也。』」正義：「按鄭注曲禮云：『圓曰簞，方曰笥。』然則簞與笥方圓異，而此云『簞笥』者，以其俱用竹爲之，舉類以曉人也。」案：孟子離婁下亦云：「顏子當亂世，居于陋巷，一簞食，一瓢飲，人不堪其憂，顏子不改其樂，孔子賢之。」

〔二〕「蓋」，傅校本作「夫」，唐晏曰：「一本作『夫』。」案：李本作「夫」。

〔三〕説文水部：「江，江水出蜀湔氐徼外崏山，入海。从水工聲。」又：「河，河水出敦煌塞外昆侖山，發原注海。从水可聲。」

〔四〕後漢書馮衍傳：「報書曰：『欲摇泰山而蕩北海。』」注：「言不可也。孟子曰：『挾泰山而超北海也。』」引孟子文見梁惠王上。

〔五〕「寡」原作「寬」，俞樾曰：「樾謹案：『寬』字無義，疑『寡』字之誤。」唐本改「寡」，云：「舊誤作『寬』。」今從之。下文「以寡服衆」，天一閣本誤作「寬」，亦「寡」誤作「寬」之證。

〔六〕服事，猶言服務公家之事。左傳僖公二十一年：「以服事諸夏。」杜預注：「與諸夏同服王事。」

〔七〕呂氏春秋分職：「夫馬者，伯樂相之，造父御之，賢主乘之，一日千里。」高誘注：「造父，嬴姓，飛廉之子，善御，周穆王臣也。」

〔八〕論語憲問：「羿善射。」集解：「孔曰：『羿，有窮國之君。』」呂氏春秋具備篇注：「羿，夏之諸侯，有窮之君也，善射，百發百中。」今案：説文邑部：「竆，夏后時諸侯夷羿國名也。」則有窮之字本作「竆」也。唐晏曰：「按：『弩』當作『砮』，矢鏃也。禹貢之砮丹、砮磬，皆此物也。」器案：説文弓部：「弩，弓有臂者。」作「弩」自通，不必改作。

〔九〕「君子」，原作「君以」，别解「君」下有「子」字。傅校本「君以」作「君子」。今從之。

〔一〇〕唐晏曰：「此處當有『而』字。」

〔一一〕唐晏曰：「『知』當作『如』，然仍有誤。」

〔一二〕器案：絶讀如論語子罕「子絶四」之絶，邢昺疏云：「絶去四事。」絶氣力者，即論語述而「不語怪力亂神」之謂也。下文「絶纖惡」之絶，義同。

夫目不能别黑白，耳不能别清濁，口不能言善惡，則所謂不能也。故設道者易見曉，所以通凡人之心，而達不能之行。道者，人之所行也。夫大道履之而行，則無不能，故謂之道。故孔子曰：「道之不行也。」〔一〕言人不能行之〔二〕。故謂顔淵曰：「用之則行，舍之則藏，惟〔三〕我與爾有是夫。」〔四〕言〔五〕顔淵道施於世而莫之用。由〔六〕人不能懷仁行義，分别纖微，忖度〔七〕天地，乃苦身勞形〔八〕，入深山，求神仙〔九〕，棄二親，捐骨肉，絶五穀〔一〇〕，廢詩、書，背天地之寶，求不死之道，非所以通〔一一〕世防非者也。

〔一〕禮記中庸：「子曰：『道之不行也，我知之矣。』」

〔二〕唐晏曰：「此説中庸。」

〔三〕「惟」，李本、子彙本、程本、兩京本、天一閣本、彙函、品節作「唯」，論語述而作「唯」，古通。後不復出。

〔四〕論語述而文。集解：「孔曰：『言可行則行，可止則止，唯我與顔淵同。』」

〔五〕「言」，彙函、品節無。品節曰：「此篇專言神仙之不可求，不如建功立業。」唐晏曰：「此古論語説。」

〔六〕「由」，李本、子彙本、程本、天一閣本、唐本、彙函、品節、别解作「猶」，古通。後不復出。

〔七〕詩小雅巧言：「他人有心，予忖度之。」

〔八〕文選司馬長卿上林賦：「勞神苦形。」王子淵聖主得賢臣頌：「勞筋苦骨。」韋弘嗣博弈論：「勞神苦體。」俱以勞苦對文爲義，用法與此同也。

〔九〕楊子法言君子篇：「或問：人言仙者有諸乎？吁！吾聞虙羲、神農歿，黄帝、堯、舜殂落而死，文王畢，孔子魯城之北，獨子愛其死乎？非人之所及也。仙亦無益子之彙矣。或曰：聖人不師仙，厥術異也。聖人之於天下，恥一日之不生。曰：生乎！生乎！名生而實死也。或曰：世無仙，則焉得斯語？曰：語乎者，非囂囂也與？惟囂囂爲能使無爲有。或問仙之實。曰：無以爲也，有與無，非問也。」楊子言當世爲神仙説者之囂囂，即有以見求神仙者之非寥寥矣。漢書藝文志方技略列神仙凡十家，曰：「神僊者，所以保性命之真，而游求於其外者也，聊以盪意平心，同死生之域，而無怵惕於胸中；然而或者專以爲務，則誕欺怪迂之文，彌以益多，非聖王之所以教也。孔子曰：『索隱行怪，後世有述焉，吾不爲之矣。』」

〔一〇〕「穀」，李本、子彙本、程本作「谷」，俗别字，後不復出。

〔一一〕「通」，唐晏曰：「疑誤。」

若湯、武之君〔一〕，伊、吕之臣，因天時而行罰，順陰陽而運動〔二〕，上瞻天文，下察人心，以寡〔三〕服衆，以弱制強，革車三百〔四〕，甲卒三千，征敵破衆，以報大〔五〕讐，討逆亂之君，絶煩濁之原，天下和平，家給人足〔六〕，疋夫行仁，商賈行信，齊天地，致鬼神，河出圖，洛出書〔七〕，因是之道，寄之天地之間，豈非古之所謂得道者哉。

〔一〕楊升庵曰：「秦以韓終、徐福入海，往蓬萊，求不死之藥，不還。時漢尚踵其弊，故以湯、武之君諷之。」品節曰：「即湯、武以美高祖，又諷以神仙之不可求。」唐晏曰：「按陸生生當秦時，覩始皇之求神仙，故有此言。」

〔二〕後漢書梁統列傳論：「夫宰相運動樞極，感會天人，中於道則易興政，乖於務則難乎御物。」

〔三〕「寡」，天一閣本誤「寬」。

〔四〕太平御覽八二引尸子：「桀爲琁室瑤臺，象廊玉牀，權天下，虐百姓；於是湯以革車三百乘，伐于南巢，收之夏宮，天下寧定，百姓和輯。」淮南子主術篇：「桀之力制觡伸鉤，索鐵歙金，椎移大犧，水殺黿鼉，陸捕熊羆；然湯革車三百乘，困之鳴條，擒之焦門。」孟子盡心下：「武王之伐殷也，革車三百兩，虎賁三千人。」趙岐注：「革車，兵車也。虎賁，武士爲小臣者也。」案：言武王伐紂，戎車三百，甲卒三千者，韓非子初見秦、戰國策趙策、呂氏春秋簡選及貴因、淮南子本經及主術、兵略、史記周本紀及蘇秦傳、風俗通義正失篇也；尚書牧誓作「武王戎車三百兩，虎賁三百人」。或謂「三千人」，當從尚書作「三百人」。

〔五〕「大」，唐晏曰：「一本作『夫』。」

〔六〕家、人同義，詳遼海引年拙撰「家」「人」對文解。

〔七〕易繫辭上：「河出圖，洛出書，聖人則之。」正義：「春秋緯云：『河以通乾出天苞，洛以流坤吐地符。河龍圖發，洛龜書感。』河圖有九篇，洛書有六篇。孔安國以爲河圖則八卦是也，洛書則九疇是也。」

夫播〔一〕布革〔二〕，亂毛髮，登高山，食木實〔三〕，視之無優游之容〔四〕，聽之無仁義之辭，忽忽〔五〕若狂癡，推之不往，引之不來〔六〕，當世不蒙其功，後代不見其才，君傾而不扶，國危而不持〔七〕，寂寞而無鄰，寥廓而獨寐〔八〕，可謂避世〔九〕，而非懷道者也〔一〇〕。故殺身以避難則非計也〔一一〕，懷道而避世則不忠也〔一二〕。

〔一〕唐晏曰：「按：書：『播棄黎老。』播訓同。」

〔二〕唐晏曰：「革，按衣裘也。」器案：「布革」疑當作「布泉」，本書本行篇：「夫釋農桑之事，入山海，采珠璣，捕豹翠，消筋力，散布泉，以極耳目之好，快淫侈之心，豈不謬哉？」文義與此相近，彼文作「散布泉」，可參訂也。

〔三〕列子周穆王篇：「阜落之國，其民食草根木實。」木實，即果實，彙函作「食木食」，未可從。

〔四〕文選班孟堅東都賦：「於是百姓滌瑕盪穢，而鏡至清，形神寂漠，耳目弗營，嗜慾之源滅，廉恥之心生，莫不優遊而自得，玉潤而金聲。」班孟堅所謂「百姓莫不優遊而自得」，即陸氏所謂優遊之容之具體内容也。

〔五〕漢書蘇武傳：「陵始降時，忽忽如狂。」文選司馬子長報任少卿書：「居則忽忽若有所亡，出則不知其所往。」忽忽，猶今言神經失常。程本、天一閣本作「怱怱」，未可從。

〔六〕淮南子脩務篇：「或曰：無爲者，寂然無聲，漠然不動，引之不來，推之不往，如此者乃得道之像。」

〔七〕論語季氏篇：「危而不持，顛而不扶，則將焉用彼相矣。」邢昺疏：「言輔相人者，當持其主之傾危，扶其主之顛躓。」

〔八〕「寥廓」，彙函作「瘖言」，當出肊改。文選潘安仁西征賦：「古往今來，邈矣悠哉，寥廓惚恍，化一氣而甄三才。」注：「寥廓惚恍，未分之貌也。鵩鳥賦曰：『寥廓忽荒。』」案：文選鵩鳥賦注：「寥廓忽荒，元氣未分之貌。廣雅曰：『寥，深也。廓，空也。』」

〔九〕論語憲問：「賢者辟世。」皇侃義疏本作「避世」。邢昺疏曰：「謂天地閉則賢人隱，高蹈塵外，枕流漱石，天子諸侯，莫得而臣也。」

〔一〇〕文選范蔚宗後漢書二十八將傳論：「其懷道無聞、委身草莽者，亦何可勝言。」注：「論語：『陽貨謂孔子曰：懷其寶而迷其邦。』淮南子曰：『今至人生於亂世，含德懷道而死者衆，天下莫知，貴其不言也。』」

〔一一〕唐晏曰：「此正顏之推所謂『華山之下，白骨如邱』者也。」

〔一二〕唐晏曰：「此孔聖所謂：『吾非斯人之徒與，而誰與也。』」

是以君子居亂世，則合道〔一〕德，采〔二〕微善，絶纖惡，脩父子之禮，以及君臣之序，乃天地之通道，聖人之所不失也。故隱之則爲道，布之則爲文〔三〕，詩在心爲志，出口爲辭〔四〕，矯以雅僻〔五〕，砥礪鈍才，雕琢文彩〔六〕，抑定〔七〕狐疑，通塞〔八〕理順，分別然否，而情得以利，而性得以治，緜緜漠漠〔九〕，以道制之，察之無兆〔一〇〕，遁之恢恢〔一一〕，不見其行，不覩〔一二〕其仁，湛然未悟，久之乃殊，論思〔一三〕天地，動應樞機〔一四〕，俯仰進退，與道爲依〔一五〕，藏之於身，優遊待時。故道無廢而不興，器〔一六〕無毁而不治。孔子曰：「有至德要道以順天下。」〔一七〕言德行而其下順之矣〔一八〕。

〔一〕「道」，唐本作「聖」。

〔二〕「采」，李本、程本、唐本、彙函、别解作「採」，古通。後不復出。

〔三〕唐晏曰：「按古之居亂世者，所以自修如此，夫豈如七賢、八達之倫，託跡塵冥，然後爲道耶！」

〔四〕俞樾曰：「謹按『文』衍字。『隱之則爲道，布之則爲詩』，兩句相對。『在心爲志，出口爲辭』，則承詩而言。」唐晏曰：「按毛詩序：『在心爲志，發言爲辭。』此必古説有然者。又按此與上文不接，疑其間必有誤。」

〔五〕唐晏曰：「按原誤，當作『正邪僻』。」

〔六〕宋翔鳳曰：「本作『邪』，依子彙改『彩』。」案：別解作「彩」。唐晏曰：「當作『雅』。」

〔七〕唐晏曰：「『定』疑當作『止』。」

〔八〕「通」原作「道」，李本、子彙本、唐本作「通」，今據改正。

〔九〕「緜緜」，李本、子彙本、程本、彙函、別解作「綿綿」，古通。後不復出。老子第六章：「緜緜若存。」荀子解蔽：「聽漠漠而以爲哅哅。」楊注：「漠漠，無聲也。」

〔一〇〕文選魏都賦：「兆朕古今。」注：「兆猶機事之先見者也。」

〔一一〕荀子解蔽：「恢恢廣廣，孰知其極。」文選陸士衡漢高祖功臣頌：「恢恢廣野。」

〔一二〕「覩」，唐晏曰：「疑當作『施』。」

〔一三〕文選班孟堅兩都賦序：「朝夕論思。」謂討論思考也。

〔一四〕易繫辭上：「言行君子之樞機。」韓康伯注：「樞機，制動之主。」孔穎達疏：「樞謂户樞，機謂弩牙。言户樞之轉，或明或暗；弩牙之發，或中或否；猶言行之動，從身而發，以及於物，或是或非也。」

〔一五〕宋翔鳳曰：「『道』下本缺二字，別本作『爲依』，子彙本作『爲俱』，『依』與韻協。」案：傅校本、唐本、別解作「爲俱」。

〔一六〕易繫辭上："形而上者謂之道，形而下者謂之器。"此文以"道""器"對言本之。

〔一七〕文廷式曰："此引孝經。"案：此開宗明義章文也。

〔一八〕王鳳洲曰："昔漢武好神仙，有上元夫人三天上元之官謂武帝曰：『汝好道乎！數招方士，登山祀神，亦爲勤矣。然汝胎性暴，胎性淫，胎性奢，胎性酷，胎性賊，五者截身之刀鋸，刳命之斧斤，雖志長生，不能遣茲五難，亦何爲損性而自勞乎？』誦此，乃知求神仙，不如建功立業。彼有金丹玉液、控鶴餐霞、鷄鳴天上、犬吠雲中者不必論，而沙丘、五柞，祇爲天下笑耳。世之甘心焉者，可不省乎！"又曰："抱朴子云：『求仙者當以忠孝和順仁信爲本，若但務方術，終不得長生也。』乃知求神仙而不思建功立業，謬矣。"唐晏曰："按此似引孝經而不言孝經，與無爲篇引孔子曰『移風易俗』同，所當闕疑者也。此篇譌脱最甚，上下文往往不貫，無從取正，後之讀者詳之矣。"

新語校注卷下

江津王利器學

資質〔一〕第七

〔一〕黄震曰:「資質言質美者在遇合。」戴彦升曰:「資賢(「賢」,今本誤作「執」,依玉海及漢志攷改)篇慮賢才之不見知,而歸責於觀聽之臣不明,謂公卿子弟、貴戚黨友無過人之才,在尊重之位,此終漢世之弊也。」唐晏曰:「此篇義主求賢以自輔。按玉海作『資賢』,漢魏叢書(按所據爲何本)作『資執』,皆誤,今從范本。」案:李本、程本、兩京本、傅校本亦作「資質」。

質美者以通爲貴,才良者以顯爲能〔二〕。何以言之?夫〔三〕楩柟〔三〕豫章,天下之名木也〔四〕,生於深山之中〔五〕,産於〔六〕溪谷之傍〔七〕,立則爲大山〔八〕衆木之宗〔九〕,仆則爲萬世之用〔一〇〕,浮於山水之流,出於冥冥之野〔一一〕,因江、河之道,而達於京師〔一二〕之下〔一三〕,因斧斤之功,得舒其文色〔一四〕,精捍〔一五〕直理,密緻博通,蟲蝎不能穿,水溼不能傷,在高柔輭〔一六〕,入地堅彊,無膏澤而光潤生,不刻畫〔一七〕而文章成,上爲帝王之御物〔一八〕,下則賜公卿,庶賤而〔一九〕得以備器械〔二〇〕;閉絶以關梁〔二一〕,及隘於山阪之阻，隔於九岏〔二二〕之隄，仆於嵬崔之山，頓於窅冥之溪〔二三〕，樹蒙蘢〔二四〕蔓延而無間，石崔嵬嶄岩〔二五〕而不開〔二六〕，廣者無舟車之通〔二七〕，狹者無步擔〔二八〕之蹊，商賈所不至，工匠所不窺〔二九〕，知者所不見，見者所不知，功棄而德亡，腐朽而枯傷，轉於百仞之壑，惕然而獨僵〔三〇〕，當斯之時〔三一〕，不如道傍之枯楊。㠑㠑〔三二〕結屈〔三三〕，委曲不同，然〔三四〕生於大都〔三五〕之廣地，近於大匠〔三六〕之名工〔三七〕，材器制斷〔三八〕，規矩度量，堅〔三九〕者補朽，短者續〔四〇〕長，大者治罇，小者治觴〔四一〕，飾以丹漆〔四二〕，斁〔四三〕以明光，上備大〔四四〕牢，春秋禮庠，褒以文采〔四五〕，立禮矜莊，冠帶正容，對酒行觴〔四六〕，卿士列位，布陳宮堂，望之者目眩，近之者鼻芳。故事閉〔四七〕之則絶，次〔四八〕之則通，抑之則沈，興之則揚，處地〔四九〕楩梓，賤於枯楊〔五〇〕，德美非不相絶也〔五一〕，才力〔五二〕非不相懸也〔五三〕，彼則槁枯〔五四〕而遠棄，此則爲宗廟之瑚璉者〔五五〕，通與不通也。

人亦猶此。〔五六〕

〔一〕宋翔鳳曰：「治要『能』作『大』。」吴康齋曰：「首二句一篇冒頭。」器案：文以「通」「顯」對言，與達同義。禮記聘義：「孚尹旁達。」正義：「達者，通顯之名也。」

〔二〕宋翔鳳曰：「『何以言之夫』五字，治要無。」

〔三〕宋翔鳳曰：「『柟』，治要作『梓』。」器案：文選劉公幹公讌詩注、又司馬紹統贈山濤詩注兩引俱作「楩梓」。尸子佚文：「荆有長松文梓，楩柟豫章。」（據藝文類聚八八引）淮南子脩務篇：「楩柟豫章之生也，七年而後知，故可以爲棺舟。」漢書司馬相如傳：「楩柟豫章。」師古曰：「楩，即今黄楩木也。」

〔四〕宋翔鳳曰：「『也』字依治要增。」陳懿典曰：「託諭用木説出士之通塞，信哉，用舍有數也。」張東沙曰：「材木以大而成大用，如賢才之通顯，立喻親切有味。」

〔五〕宋翔鳳曰：「治要無『於』字。」

〔六〕宋翔鳳曰：「『産於』二字治要無。」

〔七〕「傍」，唐本作「旁」，古通，後不復出。

〔八〕「大山」，李本、子彙本、程本、兩京本、天一閣本、唐本、品節、折中、別解作「太山」，宋翔鳳曰：「二字治要無。」

〔九〕「宗」，宋翔鳳曰：「治要作『珍』。」器案：文選劉公幹公讌詩注引作「珍」。

〔一〇〕宋翔鳳曰：「治要無『萬』字『之』字。」唐晏曰：「案文選注引作『楩梓仆則爲世用』。」案見贈山濤詩注。

〔一一〕宋翔鳳曰：「治要無此二句。」

〔一二〕公羊傳桓公九年：「京師者何？天子之居也。京者何？大也；師者何？衆也；天子之居，必以衆大之辭言之。」白虎通京師：「京師者何謂也？千里之邑號也。京，大也；師，衆也；天子所居，故以大衆言之。明什倍諸侯，法日月之經千里。春秋傳曰：『京師，天子之居也。』」王制曰：「天子之田方千里。」獨斷上：「天子所都曰京師。京，水也，地下之衆者，莫過於水，地上之衆者，莫過於人。京，大；師，衆也。故曰京師也。」

〔一三〕宋翔鳳曰：「『之下』二字治要無。」

〔一四〕宋翔鳳曰：「此二句本作『因於斧斤之功，舒其文彩之好』，依治要改。」説文斤部：「斤，斫木斧也，象形。斧，所以斫也。」王筠句讀曰：「斤之刃横，斧之刃縱，其用與鋤钁相似，玄應引賈逵國語注：『斤，钁也。』」

〔一五〕「捍」，傳校本作「悍」，天一閣本誤「揚」。案：史記遊俠郭解傳：「解爲人短小精悍。」則「捍」亦「悍」之誤也。

〔一六〕「輭」，子彙本、程本、天一閣本、品節、折中、拔萃、别解作「軟」，俗别字，後不復出。

〔一七〕「晝」，兩京本誤作「晝」。

〔一八〕「御物」，原作「銜物」，各本俱作「御物」，今改正。

〔一九〕「而」，宋翔鳳曰：「本作『不』，依治要改。」

〔二〇〕俞樾曰：「樾謹案：宋氏翔鳳據羣書治要改『不』字爲『而』字，『不』字是『而』字非也。此當於『卿』字絶句，上者爲帝王御物，下者猶以賜公卿，則庶賤固不得而用之矣。此正見梗柟豫章之爲天下名木也。治要不達此意，改『不』字爲『而』，殊非其旨，宋氏從之，誤矣。」唐晏曰：

「與下文不接，疑有奪文爾。」

〔二一〕宋翔鳳曰：「『閉絶以關梁』，五字治要無。」案：折中奪「閉」字，折中、拔萃無「以」字，彙函、拔萃「關」誤「開」。楚辭宋玉九辯：「關梁閉而不通。」

〔二二〕器案：此文以岓與隄連言爲義，治要又作「九派」，則岓亦水澤之類。文選楊子雲甘泉賦：「陳衆車于東阬兮。」如淳曰：「東阬，東海也。苦庚切。」説文水部：「沆，大水也。从水亢聲。一曰，大澤貌。」繫傳引博物志：「停水，東方曰都，一名沆。」太平御覽七〇引述征記：「齊人謂湖曰沆。」後漢書馬融傳廣成頌：「瀰綸阬澤。」皆謂阬或沆爲水澤之類也。文選班孟堅西京賦：「絶阬踰斥。」李善注：「阬音剛。」楚辭九歌大司命：「導帝之兮九坑。」坑與翔、陽爲韻，舊校：「『坑』一作『阬』。」「九坑」當即「九岓」，以陸氏爲楚人而楚言也。其字从水，从土，或从𨸏亢聲，其義與斥澤同類，傳寫誤从山，於是王逸注大司命以「九州之山」爲説，古文苑又逕改作「岡」，顔師古注漢書楊雄傳上云：「阬，大阜也，讀與岡同。」俱非也。

〔二三〕宋翔鳳曰：「治要作『及其戾於山陵之阻，隔於九派之間，仆於塊磥之津，頓於窈窕之溪』。」案：論衡超奇篇：「極窅冥之深。」謂深窅而幽冥也。

〔二四〕「蒙蘢」，李本、兩京本、子彙本、程本、天一閣本、唐本、折中、別解作「蒙籠」，同。漢書鼂錯傳：「草木蒙蘢。」師古曰：「蒙蘢，覆蔽之貌也。」

〔二五〕「嶃岩」，唐本作「嶃巖」，彙函、品節、拔萃作「嶃嵓」，並通。文選班孟堅西都賦：「𠪚嶃巖。」李善注：「毛萇詩傳曰：『嶄巖，高峻之貌也。』」

〔二六〕宋翔鳳曰：「十六字治要無。」

〔二七〕「通」，宋翔鳳曰：「治要作『道』。」

〔二八〕「步擔」，宋翔鳳曰：「治要作『徒步』。」案：李本、子彙本、程本、兩京本、天一閣本、唐本「擔」作「檐」，集韻以爲「擔」之或體字。

〔二九〕宋翔鳳曰：「十字治要無。」

〔三〇〕宋翔鳳曰：「廿一字治要無。」案：彙函、品節、拔萃「僵」誤「彊」。李爲霖曰：「此喻賢者不遇，老于溝壑，不如卑賤見收，令人三復興嘆。」

〔三一〕宋翔鳳曰：「治要『時』下有『尚』字。」

〔三二〕文選宋玉高唐賦：「礫磥磥而相摩兮。」文與此相類，彼以磥磥形容礫石之衆多，此則以嵔嵔形容枯楊根株之盤互臃腫也。

〔三三〕「結屈」，李本、子彙本、天一閣本、折中作「詰屈」，彙函、品節、拔萃作「佶屈」，並同音通借。詰屈，謂根株之屈曲也。

〔三四〕宋翔鳳曰：「九字治要無。」

〔三五〕左傳隱公元年：「大都不過參國之一。」又閔公二年：「大都耦國。」史記貨殖傳：「通邑大都。」大都，猶今言大城市。

〔三六〕孟子告子上：「大匠能誨人以規矩。」又盡心上：「大匠不爲拙工改廢繩墨。」大匠，木工之長。

〔三七〕宋翔鳳曰：「『工』下本有『則』字，依治要删。」

〔三八〕宋翔鳳曰：「『斷』，子彙作『斵』。」案：折中亦作「斵」。

〔三九〕宋翔鳳曰：「『堅』，治要作『賢』。」

〔四〇〕宋翔鳳曰：「『續』，治要作『接』。」

〔四一〕唐晏曰：「按莊子：『何不慮以爲大尊？』韓詩説：『總名曰爵，其實曰觴。』是尊大而觴小。」

〔四二〕文選張茂先勵志詩：「如彼梓材，弗勤丹漆。」

〔四三〕宋翔鳳曰：「按『斁』與『敷』通。」唐晏曰：「案毛傳：『斁，盛也。』又疑『澤』之假借也。」器案：尚書梓材：「惟其塗丹雘。」孔穎達正義：「二文皆言斁，即古塗字。」阮元校勘記曰：「盧文弨云：『斁乃斁之譌。』趙佑云：『説文雘字下引周書曰：惟其斁丹雘。孔疏蓋本此，即古塗字四字，當爲疏中之注。』案斁當作斁，固爲有據，但孔疏自據梅氏所上之本，非本説文也。」今案：説文丹部雘下段玉裁注云：「杍材文。斁，孔穎達正義本作斁，衛、包改作塗，俗字也。」宋人集韻逕改周書之斁爲斁，云：「斁，塗也。周書：『斁丹雘。』」據此，則斁乃塗字，此爲古文之見於疏者。羣經音辨二支部：「斁，塗也。音徒。書：『惟其斁塈茨。』又同路切。」此亦據疏改經文也。唐晏以盛釋之，非是。明光，謂丹漆之光輝。文選謝靈運入彭蠡湖口詩：「金膏滅明光。」

〔四四〕「大牢」，李本、唐本、彙函作「太牢」。

〔四五〕「采」，李本、子彙本、兩京本、天一閣本、彙函、品節、折中、拔萃作「彩」，古通。後不復出。

〔四六〕説文酉部：「酌，盛酒行觴也。」段玉裁注：「盛酒于觶中以飲人曰行觴。」

〔四七〕「閉」，原作「閑」，唐本、彙函、折中、拔萃作「閉」，今從之。李本作「閇」，即「閉」之俗别字。上文云：「閉絶以關梁。」漢書李尋傳：「閉絶私路。」

〔四八〕「次」，子彙本、唐本、折中作「吹」，不可據。次謂次序也。

〔四九〕「處地」，折中作「劇地」，不可據。處地，謂出産之地也。

〔五〇〕陳懿典曰：「音韻協律。」翟昆湖曰：「譏刺卑賤小人之見録，快心。」文廷式曰：「此節文似賦頌，楚人固漸染屈、宋之流風也。」唐晏曰：「按此篇用韻，同、通、工與楊、堂並用，異於三百篇，西漢以下之音也。」器案：漢書藝文志詩賦略於屈賦之屬之下即列陸賦之屬，著録陸賈賦三篇，亡。文心雕龍才略篇曰：「漢室陸賈，首發奇采，賦孟春而選典、誥，其辨之富矣。」陸賦今不可得見矣，讀新語之文，不翅嘗鼎一臠矣。

〔五一〕丘瓊山曰：「轉得有情。」器案：「相絶」與下文「相懸」互文見義，或以「懸絶」並言者，如文選李少卿答蘇武書「步馬之勢，又甚懸絶」是也。懸絶，猶今言差距甚大。文選左太沖吴都賦：「西蜀之於東吴，小大之相絶也。」即謂小大相距甚遠。荀子榮辱篇：「以夫桀、跖之道，是其爲相縣也，豈直夫芻豢之縣糟糠爾哉？」縣同懸。白虎通禮樂篇：「貧富不相懸也。」文選嵇叔夜養生論：「至於樹養不同，則功收相懸。」義俱與此相同。

〔五二〕「才力」，唐本作「才美」，肊改。

〔五三〕宋翔鳳曰：「自『飾以丹漆』以下九十字，治要無。」

〔五四〕「槁枯」，宋翔鳳曰：「治要作『枯槁』。」

〔五五〕「之瑚璉者」，宋翔鳳曰：「本作『之器者』，依治要改。」今案：論語公冶長：「子曰：『女器也。』曰：『何器也？』曰：『瑚璉也。』」集解：「包曰：『瑚璉，黍稷之器，夏曰瑚，殷曰璉，周曰簠簋，宗廟之器貴者。』」

〔五六〕宋翔鳳曰：「本作『通與不通，亦如是也』，依治要改。」楊廉夫曰：「下言高賢大良不爲用，文機得心應手。」唐晏曰：「以上以木之材喻人之才；以下專言人才之用與否。」

夫窮澤之民，據犂接耜〔一〕之士，或懷不羈之能〔二〕，有禹、皋陶之美〔三〕，綱紀存乎身，萬世之術藏於心〔四〕；然身不容於世，無紹介通之者也〔五〕。公卿之子弟，貴戚之黨友〔六〕，雖無過人之能〔七〕，然身在尊重之處，輔之者强而飾之衆也〔八〕，靡不達也。

〔一〕「接耜」，宋翔鳳曰：「本作『嗝報』，依治要改。」傅校「嗝」作「嗃」。折中曰：「嗝音革，鳴也。」唐晏曰：「按：『嗝』疑是『⿰鬲裘』之叚借字，説文：『裘裏也，以繒附（原誤「傅」）于革也。』『報』當作『服』。」案：嗝報不見他書，從宋校依治要改正。

〔二〕「能」，宋翔鳳曰：「本作『才』，依治要改。」今案：文選鄒陽獄中上書自明：「使不羈之士，與牛驥同皁。」李善注：「不羈，謂才行高遠，不可羈繫也。」

〔三〕宋翔鳳曰：「本作『身有堯、舜、皋陶之美』，依治要改。」今案：彙函、金丹、折中、拔萃「身」作「具」。品節、金丹、折中、拔萃「皋陶」作「禹、皋」。

〔四〕宋翔鳳曰：「治要無此十二字。」器案：韓非子難一：「萬世之利也。」史記晉世家作「萬世之功」，説苑權謀作「百世之謀」，術也，謀也，功也，利也，其義一也，猶今言長遠利益也。

〔五〕宋翔鳳曰：「本作『然身不用於世者□□之通故也』，依治要改；別本作『不用於世者，無使之通故也』。」器案：彙函、別解作「身不用於世者，才之不通故也」，金丹作「身不用於世者，不通故也」，折中作「身不用於世者，莫爲之通也」，皆出肊改。文選鄒陽獄中上書自明注引作「窮澤之民，身不容於世，無紹介通之」，與治要合。

〔六〕漢書孔光傳：「不結黨友。」又杜周傳：「方進復奏立黨友。」此東漢朋黨之濫觴也。

〔七〕「能」，宋翔鳳曰：「本作『才』，依治要改。」

〔八〕宋翔鳳曰：「本作『然在尊重之位者，輔助者强，飾之者巧』，依治要改。」今案：彙函、金丹本又作「然在尊位之重者」，亦以肊爲之耳。

昔扁鵲居宋〔一〕，得罪於宋君，出〔二〕亡之衛，衛人有病將死者，扁鵲至其家，欲爲治之。病者之父謂扁鵲曰：「吾子病甚〔三〕篤，將爲〔四〕迎良醫治〔五〕，非子所能治也。」退而不用，乃使靈巫〔六〕求福請命，對扁鵲而咒，病者卒死，靈巫不能治也〔七〕。夫扁鵲天下之良醫，而不能與靈巫爭用者，知與不知也〔八〕。故事求遠而失近〔九〕，廣藏而狹棄，斯之謂也。

〔一〕折中無「居宋」二字。姚大章曰：「扁鵲、宮之奇、鮑丘三人，事雖不同，其不遇一也。」器案：史記扁鵲傳：「扁鵲者，勃海郡鄭人也，姓秦氏，名越人。」集解、索隱俱謂「鄭」當作「鄚」。正義：「家於盧國，因命之曰盧醫也。」楊子法言重黎篇：「扁鵲，盧人也，而醫多盧。」注：「太山盧人。」淮南子齊俗篇高誘注：「扁鵲，盧人，姓秦，名越人，趙簡子時人。」史記正義又云：「黃帝八十一難序云：『秦越人與軒轅時扁鵲相類，仍號之爲扁鵲。』」案漢書藝文志方技略經方：「泰始黃帝扁鵲俞拊方二十三卷。」注：「應劭曰：『黃帝時醫也。』」尋軒轅本紀：「帝乃著内外經，……又有扁鵲、俞跗二臣定脈方。」蓋秦越人以醫名，時人以古之名醫謚之，扁鵲傳所謂「在趙者名扁鵲」是也。史記載扁鵲與趙簡子事，謂當晉昭公時，索隱正之，云：「案左氏，簡子專國，在定、頃二公之時，非當昭公之世，且趙系家敘此事，亦在定公之初。」則當周景王、敬王之世也。戰國策秦策上載醫扁鵲見秦武王，秦武王元年，當周赧王五年，相去二百餘年。扁鵲傳又言：「秦太醫令李醯自知伎不如扁鵲也，使人刺殺之。」則鵲之死久矣。蓋善醫之人，古皆稱爲扁鵲，猶善射之人，古皆稱爲羿矣。淮南子俶真篇：「是故雖有羿之知，而無所用之。」高誘注：「是説上古之時也，但甘卧治化自行，故曰『雖有羿之知，其無所用之』。是堯時羿善射，能一日落九烏，繳大風，殺窫窳，斬九嬰，射河伯之知巧也，非有窮后羿也。」蓋高氏已知羿非一人也。論語憲問：「羿善射。」孔注曰：「羿，有窮國之君，篡夏后相之位，其臣寒浞殺之。」左傳襄公四年載其事云：「昔夏后氏之方衰也，后羿自鉏遷于窮石，因夏氏以代夏政，恃其射也，不修民事。」則有窮之君亦以善射名羿也。孟子告子：「羿之教人射，必志於彀。」趙注：「羿，古之善射者。」又盡心篇：「大匠不爲拙工改廢繩墨，羿不爲拙射變其彀率。」以羿與大匠對言，明古之善射之人皆稱爲羿矣。與古之善醫之人皆稱爲扁鵲，其事正相比也。

〔二〕折中無「出」字。

〔三〕折中無「甚」字。

〔四〕「爲」，天一閣本、品節作「謂」，古通。折中無「爲」字。

〔五〕折中無「治」字。唐晏曰：「〔「治」〕疑衍，否則下有『之』字。」

〔六〕靈巫，猶言神巫，墨子迎敵祠：「從外宅諸名大祠，靈巫或禱焉。」

〔七〕唐晏曰：「案此事别無所考見。」器案：史記扁鵲傳云：「信巫不信醫，亦不治也。」

〔八〕陳懿典曰：「又以扁鵲結出知不知意，甚有關鍵，有照應。」

〔九〕孟子離婁上：「道在邇而求之遠。」

昔宮[一]之奇爲虞公畫計，欲辭晉獻公璧馬之賂，而不假之夏陽之道[二]，豈非金石之計哉[三]！然虞公不聽者，惑於珍怪之寶也[四]。

[一]「宮」，宋翔鳳本誤作「公」。

[二]左傳僖公二年：「晉荀息請以屈産之乘，與垂棘之璧，假道於虞以伐虢。公曰：『是吾寶也。』對曰：『若得道於虞，猶外府也。』公曰：『宮之奇存焉。』對曰：『宮之奇之爲人也，懦而不能强諫，且少長於君，君暱之，雖諫，將不聽。』乃使荀息假道於虞，曰：『冀爲不道，入自顛軨，伐鄍三門；冀之既病，則亦唯君故。今虢爲不道，保於逆旅，以侵敝邑之南鄙；敢請假道以請罪于虢。』虞公許之，且請先伐虢。宮之奇諫，不聽，遂起師。夏，晉里克、荀息帥師會虞師伐虢，滅下陽。」又五年：「晉侯復假道於虞以伐虢。宮之奇諫曰：『虢，虞之表也，虢亡，虞必從之。晉不可啟，寇不可翫，一之謂甚，其可再乎！諺所謂輔車相依，脣亡齒寒者，其虞、虢之謂也。』公曰：『晉，吾宗也，豈害我哉？』對曰：『大伯、虞仲，大王之昭也，大伯不從，是以不嗣。虢仲、虢叔，王季之穆也，爲文王卿士，勳在王室，藏於盟府，將虢是滅，何愛於虞！且虞能親於桓、莊乎？其愛之也？桓、莊之族何罪？而以爲戮，不唯偪乎？親以寵偪，猶尚害之，况以國乎？……』弗聽，許晉使。宮之奇以其族行，曰：『虞不臘矣。在此行也，晉不更舉矣。』八月，晉侯圍上陽。……冬十二月丙子朔，晉滅虢，虢公醜奔京師。師還，館于虞，遂

襲虞，滅之。」下陽，公羊、穀梁俱作夏陽。

〔三〕後漢書馮衍傳：「故信庸庸之論，破金石之策。」注：「金石以諭堅。」金石之計，猶言金石之策也。

〔四〕唐晏曰：「按穀梁傳，晉以璧馬假道，宮之奇諫曰：『晉國之使者，其辭卑而幣重，必不便於虞。』虞公弗聽。」

鮑丘〔一〕之德行，非不高於李斯、趙高也，然伏隱於蒿廬〔二〕之下，而不録於世〔三〕，利口〔四〕之臣害之也〔五〕。

〔一〕戴彦升曰：「考漢書儒林傳：『申公，魯人也，少與楚元王交俱事齊人浮邱伯，受詩。』又云：『申公以詩、春秋授，而瑕邱江公盡能傳之。』又云：『瑕邱江公受穀梁春秋及詩於魯申公。』楚元王交傳：『少時，嘗與魯穆生、白生、申公同受詩於浮邱伯。伯者，孫卿門人也。』夫穀梁家始自江公，而江公受之申公，申公受之浮邱伯，浮邱伯爲孫卿門人；今荀子禮論、大略二篇具穀梁義，則荀卿穀梁之初祖也。荀卿晚廢居楚，陸生楚人，故聞穀梁義歟？鹽鐵論：『包邱子與李斯俱事荀卿。』本書資賢（當作「質」）篇：『鮑邱之德行，非不高於李斯、趙高也，然伏於蒿廬之下，而不録於世。』鮑邱即包邱子，即浮邱伯也。楚元王傳注：『服虔曰：浮邱伯，秦時儒生。』陸生蓋嘗與浮邱伯游，故稱其德行，或即受其穀梁學歟？」文廷式曰：「鮑丘侯考。」唐晏曰：「鹽鐵論：『李斯與包邱子俱事荀卿，包邱子不免甕牖蒿廬。』按即浮邱伯。」器案：鹽鐵論毁學篇：「昔李斯與包丘子俱事荀卿，既而李斯入秦，遂取三公，據萬乘之權，以制海内，功侔伊、望，名巨太山；而包丘子不免於甕牖蒿廬，如潦歲之鼃，口非不衆也，卒死於溝壑而已。」案太平御覽八四一引鹽鐵論作「鮑邱子」，漢書楚元王交傳：「俱受詩於浮邱伯，伯者，孫卿門人也。」注：「服虔曰：『浮邱伯，秦時儒生。』」劉向孫卿書録：「春申君死，而孫卿廢，因家蘭陵，李斯嘗爲弟子，已而相秦，及韓非號韓子，又浮丘伯皆受業，爲名儒。」鮑、包、浮，一音之轉。

〔二〕「蒿廬」，原作「嵩廬」，今改正。唐晏曰：「疑當作『蒿』。」器案：鹽鐵論毁學篇：「包丘子不免於甕牖蒿廬。」即本陸氏此文，今據改正。史記褚先生東方朔傳：「宫殿中可以避世全身，何必深山之中，蒿廬之下？」尋周禮地官載師職：「以宅田土田賈田任近郊之地，以官田牛田賞田牧田任遠郊之地。」注：「故書『郊』或爲『蒿』。」然則蒿廬蓋謂郊外之廬，「伏處於蒿廬之下，而不録於世」，即下文所謂「棄於野」、「或隱於田里」也。

〔三〕録，録用，齒録。後漢書袁紹傳：「廣羅英雄，棄瑕録用。」

〔四〕論語陽貨：「惡利口之覆邦家者。」集解：「孔曰：『利口之人，多言少實，苟能悦媚時君，傾覆國家。』」孟子盡心下：「惡利口。」

〔五〕胡雅齋曰：「三段或借類相形，或援引作證，意愈真愈妙。」

凡人莫不知善之爲善，惡之爲惡；莫不知學問之有益於己，怠戲之無益於事也〔一〕。然而爲之者情欲放溢，而人不能勝其志也。人君莫不知求賢以自助，近賢以自輔；然賢聖或隱於田里，而不預國家之事者，乃觀聽之臣〔二〕不明於下，則閉塞之譏歸於君〔三〕；閉塞之譏歸於君，則忠賢之士棄於野；忠賢之士棄於野，則佞臣之黨存於朝；佞臣之黨存於朝，則下不忠於君；下不忠於君，則上不明於下；上不明於下，是故天下所以傾覆也〔四〕。

〔一〕李爲霖曰：「又一轉，更有遐思。」

〔二〕觀聽之臣，即耳目之臣。尚書益稷：「臣作朕股肱耳目。」孔穎達正義：「言己動作視聽，皆由臣也。」又冏命：「充耳目之官。」孔氏傳：「充備侍從，在視聽之官。」

〔三〕呂東萊曰：「連環結鎖，神妙。」

〔四〕王鳳洲曰：「此篇言人才之通塞有數，惟人主不明，故賢者棄逐，不才者通顯，其借喻俱照出正意，所謂『喻而非喻，真而非真』者。至敘事空闊，總説關鎖尤高。」李爲霖曰：「君子抱道自處，故以道爲屈伸，非湯、武爲之君，終不遇也。小人以容悦逢君，雖庸君世主無不合，所以常遇。篇中以大木枯楊立喻至切，何也？獲大木難，枯楊便也。且敘事嫻美，關鎖尤高。」

至德〔一〕第八

夫欲富〔二〕國强〔三〕威，闢〔三〕地服遠者，必得之於民〔四〕；欲建〔五〕功興譽，垂名烈，流榮華者〔六〕，必取之於身。故〔七〕據萬乘之國〔八〕，持百姓之命，苞山澤之饒，主〔九〕士衆之力，而功不存乎〔一〇〕身，名不顯於世者，乃〔一一〕統理之非也。

〔一〕黄震曰：「至德言善治者不尚刑。」戴彦升曰：「至德、懷慮二篇，稱晉厲、齊莊、楚靈、宋襄、魯莊，蓋著古成敗之國，而警乎馬上得天下之言也。」唐晏曰：「此篇主修德。」器案：孝經開宗明義章：「先王有至德要道，以順天下，民用和睦，上下無怨。」後有廣至德章，即以「順民」爲言。陸氏此文，言至德在得民，亦儒家之旨也。

〔二〕「富」，宋翔鳳曰：「本作『建』，據治要改。」

〔三〕「强」，李本、程本、兩京本、品節、拔萃誤作「彊」。

〔三〕「闢」，宋翔鳳曰：「本作『辟』，據治要改。」案：天一閣本作「闢」。彙函曰：「與『闢』同。」

〔四〕品節曰：「此言立功成名在得民，在治身，不在威武。」李爲霖曰：「得民則國强，治身則功立，故下以君子爲治之道立言，又以四君之失證之，開闔有法。」

〔五〕「建」，宋翔鳳曰：「本作『立』，據治要改。」

〔六〕宋翔鳳曰：「本作『垂名流光顯榮華者』，依治要改。」

〔七〕「故」，别解作「夫」。

〔八〕宋翔鳳曰：「治要作『千乘之衆』。」

〔九〕「主」，别解作「王」，天一閣本、唐本作「至」，俱誤。本行篇：「主九州之衆。」用法與此同。

〔一〇〕「存乎」，宋翔鳳曰：「本作『在於』，依治要改。」

〔一一〕宋翔鳳曰：「治要無『乃』字。」

天地之性，萬物之類，懷德〔一〕者衆歸之，恃刑〔二〕者民畏之，歸之則充〔三〕其側，畏之則去其域〔四〕。故設刑者不厭輕，爲德者不厭重，行罰者不患薄，布賞者不患厚〔五〕，所以親近而致遠也〔六〕。

〔一〕宋翔鳳曰：「『懷德』本作『儴道』，子彙本、抄本作『穰道』，依治要改。」唐晏曰：「按爾雅釋詁：『儴，因也。』按亦所謂『著秦之所以失天下，吾所以得之者』是。」

〔二〕「刑」，彙函、品節、拔萃誤作「形」。

〔三〕「充」，宋翔鳳曰：「本作『附』，依治要改。」

〔四〕宋翔鳳曰：「『域』，治要作『城』。」金丹曰：「此即得道者多助之意。」

〔五〕鹽鐵論周秦篇：「故高皇帝約秦苛法，慰怨毒之民，而長和睦之心，唯恐刑之重而德之薄也。」讀此文，知漢高之省刑，蓋亦受陸生之影響矣。

〔六〕宋翔鳳曰：「『遠』上本有『疎』字，依治要删。」唐晏曰：「即悦近來遠意。」

夫形〔一〕重者則心煩〔二〕，事衆者則身勞〔三〕；心煩者則刑罰縱横而無所立，身勞者則百端迴邪〔四〕而無所就。是以君子之爲治也〔五〕，塊〔六〕然若無事，寂然若無聲〔七〕，官〔八〕府若無吏〔九〕，亭落〔一〇〕若無民，閭里不訟於巷〔一一〕，老幼不愁於庭〔一二〕，近者無所議，遠者無所聽〔一三〕，郵〔一四〕無夜行之卒〔一五〕，鄉〔一六〕無夜召之征〔一七〕，犬不夜吠，雞〔一八〕不夜鳴，耆老甘味〔一九〕於堂，丁男〔二〇〕耕耘於野〔二一〕，在朝者〔二二〕忠於君，在家者孝於親；於是賞善罰惡而潤色〔二三〕之，興辟雍庠序而教誨之〔二四〕，然後賢愚異議，廉鄙異科，長幼異節，上下有差〔二五〕，强弱相扶，大小相懷，尊卑相承，雁行〔二六〕相隨，不言而信〔二七〕，不怒而威〔二八〕，豈待〔二九〕堅甲利兵〔三〇〕、深牢刻令〔三一〕、朝夕切切〔三二〕而後行哉〔三三〕？

〔一〕「形」，宋翔鳳曰：「治要作『刑』。」案：子彙本、金丹亦作「刑」。

〔二〕「心煩」，宋翔鳳曰：「本作『身勞』，依治要改。」今案：楚辭屈原卜居：「心煩慮（一作「意」）亂，不知所從。」注：「迷所著也。一云，迷瞀眩也。」

〔三〕「身勞」，宋翔鳳曰：「本作『心煩』，依治要改。」真西山曰：「精言可誦。」

〔四〕禮記樂記：「回邪曲直，各歸其分。」正義：「回謂乖違，邪謂邪辟。」回邪、迴邪同。

〔五〕莊九徵曰：「得天下者得其民，民不可以刑罰威，而可以道德聚，其知本之論乎！」

〔六〕「塊」，宋翔鳳曰：「治要作『混』。」案：穀梁傳僖公五年：「塊然受諸侯之尊。」注：「塊然，安然也。」

〔七〕宋翔鳳曰：「治要無兩『若』字。文選注廿六引新語曰：『君子之治也，混然無事，寂然無聲。』」案：文選注見潘安仁在懷縣作詩。茅鹿門曰：「韻語鏗鏗。」

〔八〕「官」，李本誤「宫」。

〔九〕宋翔鳳曰：「治要『吏』作『人』。」唐晏曰：「意林作『事』。」黄東發曰：「盛治氣象。」金丹曰：「言政尚易簡，不事煩苛也。」

〔一〇〕周廣業曰：「漢書：『秦制，十里一亭。』廣雅：『落，居也。』李賢曰：『今人謂院爲落。』」器案：北方鄉村率以某格莊、某各莊爲名，各、格亦落之音轉也。

〔一一〕器案：訟於巷，即所謂「庶人議」也。史記始皇本紀：「三十四年，李斯議燒詩、書、百家語云：『入則心非，出則巷議。』」鹽鐵論相刺篇：「鄙人不能巷言面違。」漢書藝文志諸子略：「小説家者流，蓋出於稗官，街談巷語，道聽塗説者之所造也。」如淳注曰：「王者欲知閭巷風俗，故立稗官，使稱説之。」曰巷訟，曰巷議，曰巷言，曰巷語，其義一也。

〔一二〕宋翔鳳曰：「意林引云：『犬不夜吠，雞不夜鳴，家若無聲，官府若無事，亭落若無人，閭里不訟，老者不愁，君子之治也。』按：『家』當作『寂』，古文作『宊』。」今案：意林本作「耆老」，不作「老者」。

〔一三〕宋翔鳳曰：「治要無『閭里』以下廿二字。」

〔一四〕宋翔鳳曰：「『郵』下本有『驛』字，依治要删。」器案：天一閣本、唐本「郵」下有「亭」字，亭已見上文，不應複重。後漢書郭太傳注、續漢書輿服志上注引風俗通：「漢改郵爲置，置者，度其遠近之間置之也。今吏郵書傳府督郵職掌此。」

〔一五〕「卒」，宋翔鳳曰：「本作『吏』，依治要改。」

〔一六〕宋翔鳳曰：「『鄉』下本有『閭』字，依治要删。」

〔一七〕「召」，宋翔鳳曰：「本作『名』，依治要改。」案：子彙本、品節、金丹作「召」。

〔一八〕「雞」，宋翔鳳曰：「本作『鳥』，抄本作『鳥』，依治要、意林改。」唐本作「鳥」，云：「意林作『鷄』。」

〔一九〕甘味，即老子四十三章「甘其食」之意。史記蘇秦傳：「食不甘味。」

〔二〇〕史記主父偃傳：「發天下丁男以守河北。」漢書嚴安傳：「丁男被甲。」案史記項羽本紀：「楚、漢久相持未決，丁壯苦軍旅，老弱罷轉漕。」尋上文云：「蕭何亦發關中老弱未傅，悉詣滎陽。」集解：「孟康曰：『古者，二十而傅，三年耕有一年儲，故二十三年而後役之。』如淳曰：『律：

年二十三傅之疇官，各從其父疇内學之。高不滿六尺二寸以下爲罷癃。漢儀注：民年二十三爲正，一歲爲材官騎士，習射御，馳戰陣。又曰：年五十六衰老，乃得免爲庶民，就田里。」然則丁壯蓋謂年滿二十三之人，亦即所謂正也。

〔二一〕宋翔鳳曰：「本作『老者息於堂，丁壯者耕耘於田』，依治要改。」金丹曰：「此段言養民之政。」

〔二二〕宋翔鳳曰：「治要無『者』字，下同。」

〔二三〕論語憲問：「行人子羽脩飾之，東里子産潤色之。」邢昺疏：「脩飾潤色，皆謂增修使華美也。」

〔二四〕金丹曰：「此段言教民之政。」

〔二五〕「有差」，金丹作「異差」。

〔二六〕詩鄭風大叔于田：「兩驂雁行。」正義：「如雁之行相次序也。」文選丘希範與陳伯之書：「雁行有序。」注：「應劭漢官儀：『典職楊喬糾羊柔曰：柔知丞郎，雁行有序。』」

〔二七〕宋翔鳳曰：「治要作『雖不言而信誠』。」

〔二八〕宋翔鳳曰：「『威』下治要有『行』字。」唐晏曰：「按古韻，科、差、隨固叶，懷與威亦叶，而從無二音並用者，此亦漢初音變也。」

〔二九〕「待」，宋翔鳳曰：「本作『恃』，依治要改。」

〔三〇〕孟子梁惠王上：「可使制挺以撻秦、楚之堅甲利兵矣。」

〔三一〕「深牢刻令」，宋翔鳳曰：「本作『深刑刻法』，依治要改。」

〔三二〕論語子路：「朋友切切偲偲。」集解：「馬曰：『切切偲偲，相切責之貌。』」

〔三三〕王浚川曰：「一反縮上有力。」廖安止曰：「應前穰道（今改「懷德」）衆歸之。」

昔者〔一〕，晉厲〔二〕、齊莊〔三〕、楚靈〔四〕、宋襄〔五〕，乘〔六〕大國之權，杖〔七〕衆民之威，軍師横出，陵轢〔八〕諸侯，外驕敵國，内刻〔九〕百姓，鄰國之讐結於外，羣臣〔一〇〕之怨積於内，而欲建金石之統〔一一〕，繼〔一二〕不絶之世，豈不難哉？故宋襄死於泓〔一三〕之戰〔一四〕，三君弑於臣〔一五〕之手〔一六〕，皆輕師尚威〔一七〕，以致〔一八〕於斯，故春秋重而書之，嗟〔一九〕歎而傷之。三君强其威而失其國〔二〇〕，急其刑而自賊，斯乃去事之戒、來事之師也〔二一〕。

〔一〕宋翔鳳曰：「本無『者』字，治要有。」

〔二〕晉厲公，景公之子，名壽曼，一作州滿，其作州蒲者，誤也，見史記晉世家。

〔三〕齊莊公名光，見史記齊太公世家。

〔四〕楚靈王名圍，見史記楚世家。

〔五〕宋襄公名兹甫，見史記宋微子世家。

〔六〕「乘」，宋翔鳳曰：「本作『秉』，依治要改。」

〔七〕「杖」，彙函作「仗」。

〔八〕史記楚世家：「陵轢中國。」字亦作「轔轢」，史記司馬相如傳：「觀徒車之所轔轢。」正義：「轔，踐也。轢，輾也。」

〔九〕「刻」，宋翔鳳曰：「本作『克』，子彙本、抄本並作『尅』，從治要改。」

〔一〇〕「羣臣」，宋翔鳳曰：「本作『臣下』，依治要改。」

〔一一〕宋翔鳳曰：「『統』本作『功』，依治要改。」器案：金石，謂所建統緒，可銘之金石。呂氏春秋求人篇：「功績銘乎金石。」高誘注：「金，鐘鼎也。石，豐碑也。」文選曹子建與楊德祖書：「留金石之功。」注：「吳越春秋：『樂師謂越王曰：君王德可刻金石。』」

〔一二〕「繼」，宋翔鳳曰：「本作『終傳』，依治要改。」案：禮記中庸：「繼絶世。」語又見論語堯曰篇。

〔一三〕「泓」，宋翔鳳曰：「本作『泓水』，依治要删。」

〔一四〕左傳僖公二十二年：「冬十一月己巳朔，宋公及楚人戰于泓。宋人既成列，楚人未既濟。司馬曰：『彼衆我寡，及其未既濟也，請擊之。』公曰：『不可。』既濟而未成列，又以告。公曰：『未可。』既陳而後擊之，宋師敗績，公傷股。門官殲焉。」又二十三年：「夏五月，宋襄公卒，傷於泓故也。」案：韓非子外儲説左上以爲「公傷股，三日而死」，未可據。唐晏曰：「按穀梁僖二十三傳：『茲父之不葬，何也？失民也。失民何也？以其不教民戰，則是棄其師也。爲人君而棄其師，其民孰以爲君哉？』」

〔一五〕「臣」下，宋翔鳳曰：「本有『子』字，依治要删。」

〔一六〕唐晏曰：「穀梁傳成二十八年：『晉弑其君州蒲。稱國以弑君，惡甚也。』又襄二十五年：『齊弑其君光。』傳：『莊公失言，淫于崔氏。』又昭公十有三年：『楚公子比自晉歸于楚，弑其君虔于乾溪。』傳：『弑君者日，不日，比不弑也。』」

〔一七〕「皆輕師尚威」，宋翔鳳曰：「本作『皆輕用師而尚威力』，今依治要改。」

〔一八〕「致」，宋翔鳳曰：「本作『至』，依治要。」

〔一九〕「嗟」，兩京本誤「差」。

〔二〇〕宋翔鳳曰：「本作『是三君皆强其盛而失國』，依治要删改，子彙本『盛』亦作『威』。」案：拔萃「君」誤「軍」。

〔二一〕本書行事篇：「追治去事，以正來世。」去事，謂往事、前事也。戰國策趙策上：「前事之不忘，後事之師也。」文選過秦論引諺曰：「前事之不忘，後事之師也。」王鳳洲曰：「此篇言立功成名，在得民治身，不在威武。首反起，方轉正説，文機流動，而叙事得體，大方手筆。」汪南溟曰：「『正意結在言外。』」李爲霖曰：「此篇議論國政，深得爲治體要，而鋪叙嚴正，語多流麗，不落纖媚，古韻鏗然。」

魯莊公一年之中，以三時興築作〔一〕之役，規虞〔二〕山林草澤之利，與民爭田漁薪菜之饒〔三〕，刻桷丹楹〔四〕，眩曜靡麗，收民〔五〕十二之税〔六〕，不足以供邪曲〔七〕之欲，繕不用之好，以快婦人之目〔八〕，財盡於驕淫，力疲於不急〔九〕，上困於用，下饑於食，乃遣臧孫辰請滯積於齊〔一〇〕，倉〔一一〕廩空匱，外人知之〔一二〕，於是爲齊、衛、陳、宋〔一三〕所伐〔一四〕，賢臣出，邪臣亂〔一五〕，子般殺，魯國危也〔一六〕。公子牙、慶父之屬，敗上下之序，亂男女之別，繼位者無所定，逆亂者無所懼。於是〔一七〕齊桓公遣大夫高子立僖公而誅夫人，逐慶父而還〔一八〕季子，然後社稷復存，子孫反業〔一九〕，豈不謂微弱者哉？故爲威不强還自亡，立法不明還自傷，魯莊公之謂也。故春秋穀（缺）〔二〇〕

〔一〕左傳桓公六年：「謂其三時不害，而民和年豐也。」杜注：「三時，春夏秋。」正義：「春夏秋三時，農之要節，爲政不害於民，得使盡力耕耘，自事生産，故百姓和而年歲豐也。」興築作，即大興土木。

〔二〕「虞」，宋翔鳳曰：「本作『固』，依治要改。」案：治要是。尚書舜典：「帝曰：『俞，咨益，汝作朕虞。』」孔氏傳：「虞，掌山澤之官。」此文即謂「掌山林草澤之利」也。

〔三〕唐晏曰：「穀梁傳莊公三十一年：『春，築臺於郎；夏，築臺于薛；秋，築臺于秦。』傳：『不正，罷民三時，虞山林藪澤之利；且財盡則怨，力盡則懟，君子危之。』」器案：穀梁傳莊公二十八年：「冬，築微。山林藪澤之利，所以與民共也，虞之，非正也。」范甯集解：「虞，典禽獸之官，言規固而築之，又置官司以守之，是不與民共同利也。」漢書食貨志上：「諸儒多言鹽鐵官及北假田官、常平倉可罷，毋與民爭利。上（元帝）從其議，皆罷之。」此文與民爭田漁薪菜之饒，亦與民爭利之一端也。

〔四〕杜預春秋序：「故發傳之體有三，而爲例之情有五。……四曰：盡而不汙。直書其事，具文見義，丹楹刻桷、天王求車、齊侯獻捷之類是也。」孔穎達疏：「曲禮：『制宫廟之飾，楹不丹，桷不刻。』莊二十三年：『秋，丹桓宫楹。』二十四年：『春，刻桓宫桷。』……皆非禮而動，直書其事，不爲之隱，具爲其文，以見譏意，是其事實盡而不有汙曲也。」

〔五〕宋翔鳳曰：「本無『民』字，依治要增。」

〔六〕論語顔淵：「二，吾猶不足。」集解：「孔曰：『二謂什二而税。』」公羊傳宣公十五年：「什一者，天下之中正也。多乎十一，大桀小桀。」此十二之税，即謂其奢泰，多取于民，比之於桀也。

〔七〕「邪曲」，宋翔鳳曰：「本作『回邪』，依治要改。」

〔八〕「快」，李本、程本、兩京本、天一閣本原缺，子彙本、唐本作「悦」，宋翔鳳本依治要改爲「饍不足好，以快婦人之目」。孫詒讓曰：「案此當作『繕不用之好』，謂修繕無用之玩好也。前無爲篇云：『繕雕琢刻畫之好。』文例與此正同。治要所引，亦有挩誤。」按孫説是，今從之改正。唐晏曰：「穀梁莊二十四年：『刻桷，非正也。夫人，所以崇宗廟也，取非禮，與非正，而加之於宗廟，以飾夫人，非正也。』」

〔九〕宋翔鳳曰：「本作『人力罷於不急』，依治要改。」案：荀子天論：「不急之察。」戰國策秦策：

「捐不急之官。」

〔一〇〕「滯積」原缺，子彙本作「糴」。國語魯語上：「文仲以鬯圭與玉磬如齊告糴曰：『……不腆先君之敝器，敢告滯積，以紓執事。』」今據補「滯積」二字。穀梁傳莊公二十八年：「臧孫辰告糴于齊。國無三年之畜，曰國非其國也。一年不升，告糴諸侯。告，請也，糴，糴也，不正，故舉臧孫辰以爲私行也。國無九年之畜曰不足，無六年之畜曰急，無三年之畜曰國非其國也。諸侯無粟，諸侯相歸粟，正也。臧孫辰告糴于齊，告，然後與之，言内之無外交也。古者税什一，豐年補敗，不外求而上下皆足也。雖累凶年，民弗病也。一年不艾，而百姓饑，君子非之。不言如，爲内諱也。」范甯集解曰：「臧孫辰，魯大夫臧文仲。」

〔一一〕「倉」，天一閣本誤「食」。

〔一二〕宋翔鳳曰：「治要無『乃遺』以下十六字。」

〔一三〕「齊衛陳宋」，宋翔鳳曰：「本作『宋衛陳』，無『齊』字，依治要增。」

〔一四〕唐晏曰：「按：穀梁莊二十八年傳：『臧孫辰告糴于齊，告，然後與之，言内之無外交也。古者，税什一，豐年補敗，不外求而上下皆足也，雖累凶年，而民弗病也。』至宋、陳、衛伐魯，事不見春秋，疑是穀梁舊説。」

〔一五〕宋翔鳳曰：「『邪』本作『叛』，依治要改。」説苑臣術篇：「故人臣之行，有六正六邪。……六邪者，一曰，安官貪禄，營於私家，不務公事，懷其智，藏其能，主饑於論，渴於策，猶不肯盡節，容容乎與世浮沈上下，左右觀望，如此者具臣也。二曰，主所言皆曰善，主所爲皆曰可，隱而求主之所好，即進之以快主耳目，偷合苟容，與主爲樂，不顧其後害，如此者諛臣也。三曰，中實頗險，外貌小謹，巧言令色，又心嫉賢，所欲進則明其美而隱其惡，所欲退則明其過而匿其美，使主妄行過任，賞罰不當，號令不行，如此者姦臣也。四曰，智足以飾非，辯足以行説，反言易辭，而成文章，内離骨肉之親，外妬亂朝廷，如此者讒臣也。五曰，專權擅勢，持招國事，以爲輕重，私門成黨，以富其家，又復增加威勢，擅矯主命，以自貴顯，如此者賊臣也。六曰，諂言以邪，墜主不義，朋黨比周，以蔽主明，入則辯言好辭，出則更復異其言語，使白黑無別，是非無閒，伺候可推，因而附然，使主惡布於境内，聞於四鄰，如此者亡國之臣也。」

〔一六〕宋翔鳳曰：「『殺』下本有『而』字，『魯』下本缺二字，依治要改。」

〔一七〕「是」字原脱，各本俱有，今補。

〔一八〕「還」，唐本作「返」。

〔一九〕史記魯世家：「初，莊公築臺臨黨氏，見孟女，説而愛之，許立爲夫人，割臂以盟。孟女生子斑，斑長，説梁氏女，往觀；圉人犖自牆外與梁氏女戲，斑怒鞭犖。莊公聞之曰：『犖有力焉，遂殺之，是未可鞭而置也。』斑未得殺，會莊公有疾。莊公有三弟，長曰慶父，次曰叔牙，次曰季友。莊公取齊女爲夫人，曰哀姜。哀姜無子，哀姜娣曰叔姜，生子開。莊公無適嗣，愛孟女，欲立其子斑。莊公病，而問嗣於弟叔牙，叔牙曰：『一繼一及，魯之常也。慶父在，可爲嗣，君何憂？」莊公患叔牙欲立慶父，退而問季友，季友曰：『請以死立斑也。』莊公曰：『曩者，叔牙欲立慶父，奈何？』季友以莊公命，命牙待於鍼巫氏，使鍼季劫飲叔牙以鴆曰：『飲此則有後奉祀，不然，死且無後。』牙遂飲鴆而死，魯立其子爲叔孫氏。八月癸亥，莊公卒，季友竟立子斑爲君，如莊公命，待喪舍于黨氏。先時，慶父與哀姜私通，欲立哀姜娣子開，及莊公卒，而季友立斑。十月己未，慶父使圉人犖殺魯公子斑於黨氏，季友奔陳，慶父竟立莊公子開，是爲湣公。湣公二年，慶父與哀姜通益甚，哀姜與慶父謀，殺湣公而立慶父。慶父使卜齮襲殺湣公於武闈。季友聞之，自陳與湣公弟申如邾，請魯求內之。魯人欲誅慶父，慶父恐，奔莒，於是季友奉子申入，立之，是爲釐公。釐公亦莊公少子，哀姜恐，奔邾。季友以賂如莒，求慶父，慶父歸，使人殺慶父，慶父請奔，弗聽，乃使大夫奚斯行哭而往，慶父聞奚斯音，乃自殺。齊桓公聞哀姜與慶父亂以危魯，乃召之邾而殺之，以其屍歸，戮之魯，魯釐公請而葬之。」湣公即春秋之閔公，釐公即僖公。文選陳孔璋檄吴將校部曲文：「百姓安堵，四民反業。」

〔二〇〕戴彥升曰：「至德篇末『故春秋穀』（下缺），似引傳説魯莊公事而缺其文。」唐晏曰：「闕文下，當是引穀梁説也。」

懷慮〔一〕第九

〔一〕黃震曰：「懷慮言立功當專一。」品節曰：「此言忠誠專一者成名，二三詭隨者辱殆。」唐晏曰：「此篇義主窒欲。」

懷異〔一〕慮者不可以立計〔二〕，持兩端〔三〕者不可以定威。故治外者必調內，平遠者必正近。綱維〔四〕天下，勞神八極者，則憂不存於家。養氣治性〔五〕，思通精神，延壽命者，則志不流於外〔六〕。據土〔七〕子民〔八〕，治國治衆者，不可以圖利，治產業，則教化不行，而政令不從〔九〕。蘇秦、張儀〔一〇〕，身尊〔一一〕於位，名顯於世，相六國，事六君，威振〔一二〕山東〔一三〕，橫說諸侯，國異辭，人異意，欲合弱而制彊，持衡〔一四〕而御縱，內無堅計，身無定名〔一五〕，功業不平〔一六〕，中道〔一七〕而廢，身死於凡人之手，爲天下所笑者〔一八〕，乃由辭語不一而情欲放佚故也〔一九〕。

〔一〕宋翔鳳曰：「本缺二字，依子彙本增。」案：傅校本、唐本、彙函、品節、金丹有此二字。

〔二〕金丹曰：「懷異慮，謂心術不一也。」

〔三〕淮南子脩務篇：「所謂言者，齊於衆而同於俗，今不稱九天之頂，則言黄泉之底，是兩末之端議，何可以公論乎？」史記晉世家：「晉聞楚之伐鄭，發兵救鄭，其來持兩端，故遲。」太平御覽四〇六引阮子政論：「朝有兩端之議，家有不協之論，至令父子不同好，兄弟異交友，破和穆之道，長諍訟之源。」此皆言持兩端者之不可以成事也。

〔四〕宋翔鳳曰：「本缺一字，依别本補。子彙本作『紀』。」案：金丹、唐本作「紀」。

〔五〕説苑建本篇：「學者所以反情治性。」義與此同。天一閣本「養氣」作「養親」，非是。

〔六〕宋翔鳳曰：「『流』字本缺，依别本補，子彙本作『役』。」案：金丹、唐本亦作「役」。

〔七〕「土」，宋翔鳳本作「上」，不可據。據土子民，即有土有民之義。史記孔子世家：「楚令尹子西曰：『今孔丘得據土壤，賢弟子爲佐，非楚之福也。』」

〔八〕禮記表記：「子民如父母。」正義：「子謂子愛于民，如父母愛子也。」漢書景十三王傳：「多欲不宜君國子民。」

〔九〕唐晏曰：「公儀所以拔葵去婦。」

〔一〇〕蘇秦、張儀，史記俱有傳。漢書藝文志諸子略縱横家：「蘇子三十一篇。」本注：「名秦，有列傳。」又「張子十篇」，本注：「名儀，有列傳。」

〔一一〕「尊」，金丹作「榮」。

〔一二〕「振」，金丹作「震」。

〔一三〕器案：山東謂二崤及函谷以東之地，賈誼過秦論稱「秦孝公據殽、函之固」，即謂殽、函以西爲秦，殽、函以外，即山東之地，泛指六國，故常以山東與秦對言。戰國策秦策上：「王襟以山東之險，帶以河曲之利，韓必爲關中之侯。」又范睢説秦王曰：「今反閉關，而不敢窺兵於山東者，是穰侯爲國謀不忠，而大王之計有所失也。」又曰：「臣居山東，聞齊之有田單，不聞其有王；聞秦之有太后、穰侯、涇陽、華陽、高陵，不聞其有王。」秦策下：「應侯言於秦昭王曰：『客新有從山東來者曰蔡澤，其人辯士。』」又頓弱曰：「山東戰國有六，威不掩於山東，而掩於母。」又趙策上：「蘇秦始合從説趙王曰：『……秦欲已得行於山東，……當今之時，山東之建國莫如趙强。……六國從親以擯秦，秦必不敢出兵於函谷關以害山東矣。』」又謂趙王曰：「然山東不能易其路，兵弱也。弱而不能相壹，是何秦之智、山東之愚也。是臣之所爲山東之憂也。」又曰：「今山東之主，不知秦之即己也。」又趙策下司空馬説趙王：「秦銜賂以自强，山東必恐亡趙自危。」又曰：「則是大王名亡趙之半，實得山東以敵秦，秦不足亡。」過秦論：「山東豪俊並起而亡秦族矣。」又云：「試使山東之國，與陳涉度長絜大，比權量力，則不可同年而語矣。」

〔一四〕宋翔鳳曰：「本作『横』，子彙作『衡』，通。」

〔一五〕管子九守：「按實而定名。」定名即正名，謂有一定不變之名也。

〔一六〕「平」，宋翔鳳曰：「按疑作『卒』。」案：唐本作「成」。

〔一七〕禮記表記：「中道而廢。」語又見論語雍也篇。案：猶今言半途而廢也。

〔一八〕器案：古書常稱身死國亡之人爲天下笑，蓋亦取鑑之義也。呂氏春秋疑似篇：「至於後，戎寇真至，幽王之身乃死於麗山之下，爲天下笑。」淮南氾論篇：「夏桀、殷紂之盛也，人跡所至，舟車所通，莫不爲郡縣；然而身死人手，爲天下笑者，有亡形也。」戰國策秦策上：「智伯瑶殘范、中行，圍逼晉陽，卒爲三家笑。」文選賈誼過秦論：「一夫作難而七廟隳，身死人手，爲天下笑。」史記淮陰侯列傳：「始常山王、成安君爲布衣時，相與爲刎頸之交，後争張黶、陳澤之事，二人相怨，常山王背項王，奉項嬰頭而竄逃，歸於漢王，漢王借兵而東下，殺成安君泜水之南，頭足異處，卒爲天下笑。」

〔一九〕楊廉夫曰：「蘇、張以二三敗，可爲斷案。」金丹曰：「此大段言政不出於一，則天下不治也。」

故管仲相桓公，詘節〔一〕事君，專心一意〔二〕，身無境外之交〔三〕，心無欹斜之慮〔四〕，正其國如〔五〕制天下，尊其君而屈〔六〕諸侯，權行〔七〕於海内，化流於諸夏〔八〕，失道者誅，秉義者顯，舉一事而天下從，出一政〔九〕而諸侯靡〔一〇〕。故聖人執一政以繩百姓，持一槩〔一一〕以等萬民，所以同一治而明一統也〔一二〕。

〔一〕器案：詘節猶言屈節，漢書王吉傳：「休則俛仰詘信以利形。」「詘信」即「屈伸」也。此謂管仲不死子糾之難，而屈身以事齊桓也。論語憲問：「子路曰：『桓公殺公子糾，召忽死之，管仲不死。』曰：『未仁乎？』子曰：『桓公九合諸侯，不以兵車，管仲之力也。如其仁！如其仁！』」戰國策齊策下：「且吾聞效小節者，不能行大威；惡小恥者，不能立榮名。昔管仲射桓公，中鉤，篡也；遺公子糾而不能死，怯也；束縛桎梏，辱身也；此三行者，鄉里不通也，世主不臣也，使管仲終窮抑幽，囚而不出，慙恥而不見，窮年没壽，不免爲辱人賤行矣。然而管子并三行之過，據齊國之政，一匡天下，九合諸侯，爲五霸首，名高天下，光照鄰國。」

〔二〕品節曰：「管仲以專一成。」

〔三〕禮記郊特牲：「爲人臣無外交，不敢貳君也。」即所謂大夫無境外之交也。漢書循吏朱邑傳：「無疆外之交、束脩之餽。」此用穀梁義，穀梁隱公元年傳：「寰内諸侯，非有天子之命，不得出會諸侯，不正其外交，故弗與朝也。聘弓鍭矢，不出竟場，束脩之肉，不行竟中，有至尊者，不貳之也。」楊疏即以「臣無竟外之交」説之。金丹「境外」作「意外」，非是。

〔四〕文廷式曰：「『欹斜』即『奇衺』之異文。」唐晏曰：「按當作『奇衺』，周禮注：『非常也。』」器案：周禮天官宫正職：「去其淫怠與其奇衺之民。」注：「奇衺，譎觚非常。」正義：「兵書有譎觚之人，謂譎詐桀出，觚角非常也。」金丹作「歌斜」，非是。

〔五〕「如」，宋翔鳳曰：「子彙作『而』。」案：傅校本、彙函、品節、金丹作「而」。

〔六〕「屈」，宋翔鳳本作「出」，各本俱作「屈」，今改。

〔七〕「行」，金丹作「衡」，不可據。

〔八〕論語八佾：「不如諸夏之亡也。」集解：「包曰：『諸夏，中國。』」邢疏：「此及閔元年左氏傳皆言諸夏，襄四年左傳，魏絳云：『諸夷必叛華夏。』皆謂中國。而謂之華夏者，夏，大也，言有禮儀之大，有文章之華也。」

〔九〕「政」，子彙本、兩京本、天一閣本、彙函、品節作「故」。

〔一〇〕王守溪曰：「管仲以專一成相業，親切詳明。」許子春曰：「把一字收拾詳盡。」繆當時曰：「政事不統於一，則民之耳目無所從矣。如蘇秦事六君，政出多門，世所以亂也；管仲事一君，政出於一，所以霸也。況聖人治天下，而可以不統于一乎？」金丹曰：「此一段明政出於一。」唐晏曰：「按陸生貶蘇秦而褒管仲，所以不及孟、荀，而爲秦、楚之儒也。」

〔一一〕文選謝宣遠於安城答靈運詩：「肇允雖同規，翻飛各異槩。」注：「異槩，謂異量也。凡槩以平量，故言槩而顯量焉。楚辭曰：『一槩而相量也。』」案：所舉楚辭，見屈原九章懷沙：「同糅玉石兮，一槩而相量。」洪興祖補注曰：「槩，平斗斛木。」此文以槩等爲言，亦謂等量也。

〔一二〕公羊傳隱公元年：「何言乎王正月？大一統也。」注：「統者，始也，揔繫之辭。天王始受命改制，布政施教於天下，自公侯至於庶人，自山川至於草木昆蟲，莫不一一繫於正月，故云政教之始。」疏：「所以書正月者，王者受命，制正月以統天下，令萬物無不一一皆奉之以爲始，故言大一統也。」漢書董仲舒傳：「春秋大一統者，天地之常經，古今之通誼也。今師異道，人異論，百家殊方，指意不同，是以上亡以持一統，法制數變，下不知所守。」又王吉傳：「春秋所以大一統者，六合同風，九州共貫也。」文選曹子建求自試表：「方今天下一統。」注：「尚書大傳曰：『周公一統天下，合和四海。』然一統，謂其統緒也。」

故天一〔一〕以大成數，人一以□成倫。楚靈王居千里之地，享百邑之國，不先仁義而尚道德，懷奇伎，□□□，□陰陽，合物怪〔二〕，作乾谿之臺〔三〕，立百仞之高，欲登浮雲，窺天文〔四〕，然身死於棄疾之手〔五〕。魯莊公據中土〔六〕之地，承聖人〔七〕之後，不脩周公之業，繼先人之體〔八〕，尚權杖威，有萬人之力〔九〕，懷兼人〔一〇〕之强，不能存立子糾〔一一〕，國侵地奪，以洙、泗爲境〔一二〕。

〔一〕老子三十九章：「昔之得一者，天得一以清，地得一以寧，神得一以靈，谷得一以盈，萬物得一以生，侯王得一以爲天下貞。」文選陸佐公新刻漏銘：「則于地四，參以天一。」注：「天以得一生水，地以得四生金也。」

〔二〕「怪」，原作「恠」，孫詒讓曰：「案：『恠』當作『怪』，形近而誤。史記封禪書云：『萇弘依物怪，欲以致諸侯。』公羊莊三十一年何休注云：『禮，天子有靈臺以候天地，諸侯有靈臺以候四時。』故陸子以陰陽物怪言之。」案：孫説是，今從之改正。

〔三〕唐晏曰：「按：左傳、國語皆作章華臺，此作乾谿臺，乾谿在下蔡，章華臺故址在華容，相去甚遠，此誤合之，由穀梁無章華臺故。」器案：國語楚語上：「楚子爲章華之臺，數年乃成。」水經沔水注：「臺高十丈，基廣十五丈。」

〔四〕「天文」，太平御覽一七七作「天下」，非是。詩大雅靈臺正義：「公羊說：『天子三，諸侯二。』天子有靈臺以觀天文，有時臺以觀四時施化，有囿臺觀鳥獸魚鼈。諸侯當有時臺、囿臺，諸侯卑，不得觀天文，無靈臺。」初學記引五經異義：「天子有三臺，靈臺以觀天文，時臺以觀四時，囿臺以觀鳥獸魚鼈。諸侯無靈臺，但有時臺、囿臺也。」太平御覽五三四引禮含文嘉曰：「禮，天子靈臺，以考觀天人之際、陰陽之會也，揆星度之驗，徵氣朔之瑞應，原神明之變化，爲萬姓獲福於天。」然則靈臺王者之制，楚子僭天子而爲之，楚語載其「願得諸侯與始升焉，諸侯皆距，無有至者」，亦以其僭天子之禮，而抗距之耳。文選潘安仁閑居賦注引作「闚天文」，不誤。

〔五〕宋翔鳳曰：「本缺『疾之手』三字，依別本補。」唐晏曰：「按『棄』下當是『疾』字，謂平王也。」按：史記楚世家：「十二年春，楚靈王樂乾谿不能去也，國人苦役。初，靈王會兵於申，僇越大夫常壽過，殺蔡大夫觀起，起子從亡在吳，乃勸吳王伐楚，爲閒越大夫常壽過而作亂，爲吳閒，使矯公子棄疾命召公子比於晉，至蔡，與吳、越兵欲襲蔡，令公子比見棄疾，與盟於鄧，遂入殺靈王太子祿，立公子比爲王，公子子晳爲令尹，棄疾爲司馬。先除王宮。觀從從師于乾谿，令楚衆曰：『國有王矣。先歸，復爵邑田室；後者遷之。』楚衆皆潰，去靈王而歸。靈王聞太子祿之死也，自投車下而曰：『人之愛子，亦如是乎？』侍者曰：『甚是。』王曰：『余殺人之子多矣，能無及此乎！』右尹曰：『請待於郊以聽國人。』王曰：『衆怒不可犯。』曰：『且入大縣，而乞師於諸侯。』王曰：『皆叛矣。』又曰：『且奔諸侯，以聽大國之慮。』王曰：『大福不再，祇取辱耳。』於是王乘舟將欲入鄢。右尹度王不用其計，懼俱死，亦去王亡。靈王於是獨傍徨山中，野人莫敢入王。王行遇其故鋗人，謂曰：『爲我求食，我已不食三日矣。』鋗人曰：『新王下法，有敢饟王從王者，罪及三族，且又無所得食。』王因枕其股而卧，鋗人又以土自代逃去，王覺而弗見，遂飢弗能起。芋尹申無宇之子申亥曰：『吾父再犯王命，王弗誅，恩孰大焉！』乃求王，遇王飢於釐澤，奉之以歸。夏五月癸丑，王死申亥家。」按：左傳作「王縊于芋尹申亥」。

〔六〕淮南墬形篇：「正中冀州曰中土。」高誘注：「冀，大也。四方之主，故曰中土也。」案：冀州，古以爲中州，中土與中州同義。穀梁傳桓公五年：「鄭，同姓之國也，在乎冀州。」楊士勛疏：「冀州者，天下之中州，自唐、虞及夏、殷皆都焉。則冀州是天子之常居。以鄭近王畿，故舉冀州以爲説。故鄒衍著書云：『九州之内，名曰赤縣。』赤縣之畿，從冀州起。故後王雖不都冀州，亦得以冀州言之。」

〔七〕聖人，謂周公也。

〔八〕公羊傳文公九年：「繼文王之體，守文王之法度。」史記外戚世家：「繼體守文之君。」索隱：「按繼體，謂非創業之主，而是嫡子繼先帝之正體而立者也。」正義：「繼體，謂嫡子繼先祖者也。」按：文又見漢書外戚傳，師古曰：「繼體，謂嗣位也。」

〔九〕唐晏曰：「按：莊公以善射聞，不聞其多力，此亦可備異聞。」

〔一〇〕論語先進：「由也兼人，故退之。」集解：「鄭曰：『子路務在勝尚人。』」漢書韓信傳：「受辱於跨下，無兼人之勇。」

〔一一〕公羊傳莊公九年：「九月，齊人取子糾殺之。其取之何？内辭也，脅我，使我殺之也。其稱子糾何？貴也。其貴奈何？宜爲君者也。」又穀梁傳：「九月，齊人取子糾殺之。外不言取，言取，病内也。取，易辭也，猶曰取其子糾而殺之云爾。十室之邑，可以逃難，百室之邑，可以隱死，以千乘之魯，而不能存子糾，以公爲病矣。」楊士勛疏：「是其貴，故以子某稱之，如子般、子野之類也。」

〔一二〕唐晏曰：「按國侵地奪，以洙、泗爲境，當指乾時之敗，及冬浚洙也。穀梁傳曰：『浚洙者，著力不足也。』」

夫世人不學詩、書〔一〕，存仁義，尊〔二〕聖人之道，極經藝〔三〕之深，乃論不驗〔四〕之語，學不然〔五〕之事，圖天地之形，説災變之異〔六〕，乖先〔七〕王之法，異聖人之意，惑學者之心，移衆人之志，指天畫地〔八〕，是非世事，動人以邪變，驚人以奇怪，聽之者若神，視〔九〕之者如異〔一〇〕；然猶不可以濟於厄而度其身〔一一〕，或觸罪□□〔一二〕法，不免於辜戮〔一三〕。故事不生於法度，道不本於天地，可言而不可行也，可聽而不可傳也，可□〔一四〕翫而不可大用也。

〔一〕淮南子脩務篇：「誦詩、書者，期於通道略物。」高誘注：「略，達；物，事也。」

〔二〕「尊」，宋翔鳳曰：「本缺一字，依別本補。」

〔三〕「經藝」，宋翔鳳本作「經義」，肊改。本書道基篇：「聖人防亂以經藝。」

〔四〕淮南子氾論篇：「不用之法，聖王弗行。不驗之語，聖王弗聽。」鹽鐵論相刺篇：「今儒者釋耒耜而學不驗之語。」

〔五〕漢書司馬相如傳下：「衛使者不然。」張揖注曰：「不然之變也。」文選司馬長卿喻巴蜀檄同。又五行志中：「如有不然，老母安得處所。」不然，謂非常之變。墨子辭過：「府庫實滿，足以待不然。」

〔六〕「災變之異」，天一閣本作「災異之變」。唐晏曰：「一本作『災變之異』。」

〔七〕「乖先」，宋翔鳳曰：「本缺二字，依子彙補，別本『乖』作『弃』。」案：唐本有此二字，彙函作「紊先」。

〔八〕史記魏其武安侯列傳：「武安曰：『天下幸而安樂無事，蚡得爲肺腑，所好音樂狗馬田宅，蚡所愛倡優巧匠之屬，不如魏其、灌夫，日夜招聚天下豪桀壯士與議論，腹誹而心謗，不仰視天而俯畫地，辟倪兩宮間，幸天下有變，而欲有大功。』」集解：「張晏曰：『視天，占三光也。畫地，知分野所在也。畫地，諭欲作反事。」後漢書侯霸傳：「歆又證歲將飢凶，指天畫地，言甚剛切。」然則指天畫地亦就災異之變爲言也。太平御覽七六引春秋運斗樞：「宓犧、女媧、神農，是謂三皇也。皇者，合元履中，開陰布綱，指天畫地，神化潛通。」蓋指天畫地爲皇王之事，非其人而爲之，斯爲僭越耳。

〔九〕「視」，唐本作「觀」，云：「一本作『視』。」

〔一〇〕唐晏曰：「按世謂讖緯之説，起自哀、平；今據陸生所言，則戰國以來有之矣。故『亡秦者胡』及孔子閉房記沙丘之説，皆讖也。」

〔一一〕器案：度謂度世。漢書景紀：「中元六年十二月，定鑄錢僞黄金棄市律。」注引孟康曰：「語曰：『金可鑄，世可度。』」風俗通義正失篇：「語曰：『金不可作，世不可度。』」抱朴子内篇黄白：「故經曰：『金可作也，世可度也。』」三國志魏書董昭傳：「上書陳末流之弊曰：『至乃相謂，今世何憂不度耶？但求人道不勤，羅之不博耳。』」楚辭遠遊集註：「度世，謂超越塵世而仙去也。」度身即度世也。

〔一二〕「□□」，宋翔鳳曰：「抄本作缺一字。」案：李本、唐本缺一字。

〔一三〕唐晏曰：「此京房、翼奉之倫所以不免。」

〔一四〕「□」，宋翔鳳曰：「別本作『小』。」

故物之所可，非道之所宜；道之所宜，非物之所可。是以制事者不可□，設道者不可通。目以精明，耳以主聽，口以別味，鼻以聞芳，手以之持，足以之行，各受一性，不得兩兼，兩〔一〕兼則心惑，二路者行窮，正心一堅，久而不忘，在上不逸，爲下不傷，執一〔二〕統物，雖寡必衆，心佚情散，雖高必崩，氣泄生疾，壽命不長，顛倒無端〔三〕，失〔四〕道不行。故氣感之符，清潔明光〔五〕，情素〔六〕之表，恬暢和良，調密者固，安靜者詳〔七〕，志定心平，血脈乃彊〔八〕，秉政圖兩〔九〕，失其中央〔一〇〕，戰士不耕，朝士不商，邪不奸直，圓不亂方，違戾相錯，撥刺〔一一〕難匡。故欲理〔一二〕之君，閉利門，積德之家，必無災殃〔一三〕，利絶而道著，武讓〔一四〕而德興，斯乃持久之道，常行之法也〔一五〕。

〔一〕「兩」字原缺，今據俞樾説訂補。俞樾曰：「樾謹按：『兼則心惑』，本作『兩兼則心惑』，與『二路者行窮』相對成文。」

〔二〕尸子分篇：「執一以靜，令名自正，令事自定。」又曰：「執一之道，去智與巧。」韓非子揚搉篇：「聖人執一以靜，使名自命，令事自定。」呂氏春秋執一篇：「王者執一而爲萬物正。……天子必執一，所以摶之也。一則治，兩則亂。」又有度篇：「先王不能盡知，執一而萬物治。使人不能執一者，物感之也。」高誘注：「感，惑也。」

〔三〕「端」，兩京本誤「喘」。淮南子主術篇：「運轉而無端。」高誘注：「端，厓也。」

〔四〕「失」，子彙本、唐本作「大」。兩京本、天一閣本誤「夫」。

〔五〕「明光」，唐本作「光明」，云：「一作『明光』。」

〔六〕史記蔡澤傳：「披心腹，示情素。」文選謝靈運還舊園作見顏范二中書詩：「夫子照情素。」李善注引蔡澤傳而釋之曰：「素猶實也。」楚辭劉向九歎：「屈情素以從事。」王注：「屈我素志，以從衆人，而承事之也。」

〔七〕「詳」，李本、子彙本、程本、兩京本、天一閣本、彙函作「祥」。

〔八〕唐晏曰：「自『制事者』至『久而不忘』，荀卿勸學之旨也。自『在上不逸』至『血脈乃彊』，莊子養生主之説也。漢初諸儒其學出於周、秦，亦時代爲之。」

〔九〕「圖兩」，二字中間，原缺一字，嚴可均曰：「『圖兩』中間無缺。」按：嚴説是，今從之。

〔一〇〕「央」，原作「方」，唐晏曰：「按詩箋：『方，且也。』此『方』字之義。」今案：唐説迂曲，義不可通，且「中方」與下文「亂方」韻複，今輒定爲「中央」。

〔一一〕「撥刺」，原作「撥刺」，李本、子彙本、程本、兩京本、天一閣本、唐本作「撥刾」，「刾」即「刺」俗別字，今從孫詒讓、唐晏説校改。孫詒讓曰：「案『撥』，『癶』之借字，『刺』當作『刺』，説文癶部云：『癶，足刺癶也，讀若撥。』刀部云：『刺，戾也。』淮南子脩務篇云：『琴或撥刺枉撓。』高注云：『撥刺，不正也。』程榮本『刺』作『刾』，尤譌。」唐晏曰：「按淮南修務訓：『撥刺枉撓。』注：『不正也。』當從刺。」

〔一二〕「理」，當是避唐諱「治」字改。

〔一三〕易坤卦文言：「積善之家必有餘慶，積不善之家必有餘殃。」

〔一四〕「讓」，唐晏曰：「當作『攘』。」不可從。

〔一五〕蘇紫溪曰：「此篇言忠誠專一者成名，二三詭隨者殆辱，筆勢縱横開闔，抑揚婉轉，如大鵬鼓翼，天風迅發，一息萬里，筆力到矣。」唐晏曰：「結語乃孟子『何必曰利』之旨也。」

本行〔一〕第十

〔一〕黃震曰：「本行言立行本仁義。」戴彦升曰：「本行篇大旨在貴德賤財。」唐晏曰：「此篇義主本諸身以加乎民。」

治以道〔二〕德爲上，行以仁義爲本。故尊於位而無德者絀〔三〕，富於財而無義者刑，賤而好德者尊，貧而有義者榮。段干木徒步〔三〕之士，脩道行德，魏文侯過其閭而軾之〔四〕。夫子陳、蔡之厄〔五〕，豆飯菜羹，不足以接餒〔六〕，二三子〔七〕布弊〔八〕褞袍，不足以禦寒〔九〕，倥偬〔一〇〕屈厄，自處甚矣；然而夫子當於道〔一一〕，二三子近於義，自布衣之士，上□天子，下齊庶民，而〔一二〕累其身而匡上也。及閔〔一三〕周室之衰微，禮義之不行也，厄挫頓仆，歷説〔一四〕諸侯，欲匡帝王之道〔一五〕，反天下之政，身無其立〔一六〕，而世無其主，周流〔一七〕天下，無所合意，大道隱而不舒，羽翼摧而不申，自□□深授其化，以序終始〔一八〕，追治去事，以正來世〔一九〕，按紀圖録〔二〇〕，以知性命〔二一〕，表定六藝，以重儒術〔二二〕，善惡不相干〔二三〕，貴賤不相侮，强弱不相凌，賢與不肖不得相踰，科第〔二四〕相序，爲萬□□□〔二五〕而不絶，功傳而不衰，詩、書、禮、樂，爲得其所〔二六〕，乃天道之所立，大義之所行也，豈以□□□威耶？

〔一〕宋翔鳳曰：「本缺二字，依治要增，又多一字。」

〔二〕「絀」，宋翔鳳曰：「本作『黜』，依治要。」

〔三〕戰國策齊策：「今夫士之高者，乃稱匹夫徒步，而處農畝，下則鄙野，監門閭里，士之賤也亦甚矣。」淮南子氾論篇：「蘇秦匹夫徒步之人也。」謂一匹之夫，出門無車，故稱徒步也。

〔四〕呂氏春秋期賢篇：「魏文侯過段干木之閭而軾之，其僕曰：『君胡爲軾？』曰：『此非段干木之閭歟？段干木蓋賢者也，吾安敢不軾！且吾聞段干木未嘗肯以己易寡人也，吾安敢驕之！段干木光乎德，寡人光乎地；段干木富乎義，寡人富乎財。』其僕曰：『然則君何不相之？』於是君請相之，段干木不肯受，則君乃致禄百萬而時往館之。於是國人皆喜，相與誦之曰：『吾君好正，段干木之敬。吾君好忠，段干木之隆。』居無幾何，秦興兵欲攻魏，司馬唐諫秦君曰：『段干木賢者也，而魏禮之，天下莫不聞，無乃不可加兵乎？』秦君以爲然，乃按兵，輟不敢攻之。」

〔五〕呂氏春秋慎人篇：「孔子窮於陳、蔡之間，七日不嘗食，藜羹不糝。宰予備（注云當作「憊」）矣，孔子弦歌於室，顔回擇菜於外。子路與子貢相與而言曰：『夫子逐於魯，削迹於衛，伐樹於宋，窮於陳、蔡，殺夫子者無罪，藉夫子者不禁，夫子絃歌鼓舞，未嘗絶音，蓋君子之無所醜也若此乎？』顔回無以對，入以告孔子。孔子慨然推琴，喟然而歎曰：『由與賜小人也。召，吾語之。』子路與子貢入。子貢曰：『如此者，可謂窮矣。』孔子曰：『是何言也？君子達於道之謂達，窮於道之謂窮。今丘也，抱仁義之道，以遭亂世之患，其所也，何窮之謂？故内省而不疚於道，臨難而不失其德，大寒既至，霜雪既降，吾是以知松柏之茂也。昔桓公得之莒，文公得之曹，越王得之會稽，陳、蔡之阨，於丘其幸乎！』孔子烈然返瑟而弦，子路抗然執干而舞。子貢曰：『吾不知天之高也！不知地之下也！』」

〔六〕唐晏曰：「按周官廩人：『則共其接盛。』注：『接讀爲扱。』淮南精神訓：『聖人食足接氣。』」案：淮南精神篇高注：「接，續也。」文子守平篇作「聖人食足以充虚接氣」。接餒、接氣，當與今言維持生命義同。

〔七〕論語八佾：「出曰：『二三子何患於喪乎？』」集解：「孔曰：『語諸弟子，言何患於夫子聖德之將喪亡邪？』」論語述而：「子曰：『二三子以我爲隱乎？』」集解：「包曰：『二三子謂諸弟子。』」論語陽貨：「子曰：『二三子，偃之言是也。』」集解：「孔曰：『從行者。』」邢疏曰：「呼其弟子從行者也。」禮記檀弓上：「孔子與門人立，拱而尚右，二三子亦皆尚右。孔子曰：『二三子之嗜學也！我則有姊之喪故也。』二三子皆尚左。」二三子俱謂孔子諸弟子，非指二三人，用法與此正同。

〔八〕「弊」，天一閣本、唐本作「敝」。俞樾曰：「樾謹按：弊者，獘之叚字。廣雅：『獘，袂也。』布裲，謂布袂也，古無裲字，或以𢿱爲之。禮記緇衣篇：『苟有衣，必見其袂也。說本王氏念孫。此又作『弊』，蓋以聲近而通用，本無定字耳。」案：俞說是，天一閣本、唐本正作「𢿱」。

〔九〕「禦寒」，唐本作「避寒」。

〔一〇〕楚辭劉向九歎：「悲余生之無歡兮，愁倥傯於山陸。」王逸注：「倥傯，猶困苦也。」洪興祖補曰：「倥傯，苦貢、走貢二切，困苦也。」後漢書張衡傳：「誠所謂將隆大位，必先倥傯之也。」注：「埤蒼曰：『倥傯，窮困也。』」

〔一一〕器案：當於道，謂任於道，即以道爲己任也。國語晉語九：「襄子曰：『吾聞之：德不純，而福禄並至謂之幸。夫幸非福，非德不當雝。』」韋解：「當猶任也。雝，和也。言唯有德者，任以福禄爲和樂也。」

〔一二〕「而」，唐晏曰：「此字有誤。」器案：疑當作「以」。

〔一三〕「閔」，天一閣本作「憫」，俗別字。

〔一四〕器案：文選劉孝標辯命論：「歷說而不入。」歷說謂周流游說。呂氏春秋遇合篇：「孔子周流海内，再干世主，如齊至衛，所見八十餘君。」漢書楊雄傳：「或七十說而不遇。」注：「應劭曰：『孔丘也。』」

〔一五〕論語憲問篇集解引馬融曰：「匡，正也。」文子精誠篇：「聖人不降席而匡天下。」淮南繆稱篇：「舜不降席而天下治。」則匡有治義。

〔一六〕「立」，子彙本、唐本作「位」。宋翔鳳曰：「按『立』與『位』通。」文廷式曰：「『立』，古『位』字。」

〔一七〕論衡儒增篇：「書説：孔子不能容於世，周流游説七十餘國，未嘗得安。」楚辭離騷：「周流乎天余乃下。」又云：「路脩遠以周流。」俱謂「周徧流行」（文選上林賦注語）也。

〔一八〕「序」原作「厚」，今據孫詒讓説校改。孫詒讓曰：「案：此言孔子作春秋也。『厚』當爲『序』，漢隸『序』『厚』二字形近，（漢荆州刺史度尚碑「厚」作「⿸广㫗」，三公山碑「厚」作「⿸广㫗」，並與「序」相似。）故傳寫多互譌。毛詩序：『厚人倫。』釋文云：『厚本作序。』亦其證也。序終始，謂序次十二公之事也。」

〔一九〕唐晏曰：「此修春秋也。」

〔二〇〕後漢書方術謝夷吾傳：「推考星度，綜校圖録。」圖録謂讖緯，然則讖緯之道，漢初人即謂其託始於孔子也。

〔二一〕唐晏曰：「此贊易也。」

〔二二〕宋翔鳳曰：「本缺（重儒術）三字，依别本補。」唐晏曰：「此總言詩、書、禮、樂。」

〔二三〕「干」，兩京本誤「于」。

〔二四〕漢書元紀：「永光元年二月，詔丞相、御史，舉質樸、敦厚、遜讓、有行者，光禄歲以此科第郎、從官。」師古曰：「始令丞相、御史舉此四科人以擢用之，而見在郎及從官，又令光禄每歲依此科考校，定其第高下，用知其人賢否也。」則科第謂依科考校，第其高下，使之相序，如甲科、乙科是也。

〔二五〕唐晏曰：「所闕不止三字。」

〔二六〕論語子罕：「子曰：『吾自衛反魯，然後樂正，雅、頌各得其所。』」集解：「鄭曰：『反魯，哀公十一年冬，是時，道衰樂廢，孔子來還乃正之，故雅、頌各得其所。』」

夫人之好〔一〕色，非脂粉所能飾；大怒之威，非氣力所能行也。聖人乘天威〔二〕，合天氣〔三〕，承天功〔四〕，象天容〔五〕，而不與爲功，豈不難哉〔六〕？夫酒池可以運〔七〕舟，糟丘可以遠望〔八〕，豈貧於財哉？統四海之權〔九〕，主九州之衆，豈弱於武力哉〔一〇〕？然功不能自存，而〔一一〕威不能自守，非〔一二〕貧弱也〔一三〕，乃道德不存乎身，仁義不加於〔一四〕下也。

〔一〕「好」，唐晏曰：「上聲。」

〔二〕尚書泰誓上：「肅將天威。」孔氏傳：「敬行天罰。」

〔三〕淮南子泰族篇：「聖人懷天氣，抱天心。」

〔四〕尚書舜典：「亮天功。」荀子天論：「皆知其所以成，莫知其無形，夫是之謂天功。」（「功」字原缺，據楊倞注引或曰及王念孫説訂補。）

〔五〕齊書張融傳海賦：「照天容於鮷渚，鏡海色於鈔溽。」案白虎通聖人篇：「聖人者何？聖者，通也，道也，聲也。道無所不通，明無所不照，聞聲知情，與天地合德，日月合明，四時合序，鬼神合吉凶。」義與此相會。

〔六〕唐晏曰：「文選注引作『聖人承天威，承天功，與之争功，豈不難哉』。」

〔七〕「運」，宋翔鳳曰：「本作『泛』，依治要改。」

〔八〕「遠望」，宋翔鳳曰：「本作『望遠』，依治要改。」案：太平御覽七六八引尸子：「六馬登糟丘，方舟泛酒池。」韓詩外傳四：「桀爲酒池，可以運舟，糟丘可以望十里。」新序節士：「桀爲酒池，足以運舟，糟丘足以望七里。」淮南子本經篇：「紂爲肉圃酒池。」高誘注：「紂積肉以爲園圃，積酒以爲淵池。今河内朝歌，紂所都也，城西有糟丘、酒池處是也。」

〔九〕明誡篇云：「操四海之綱。」與此義同。

〔一〇〕宋翔鳳曰：「本無『武』字，依治要增。」

〔一一〕宋翔鳳曰：「『而』字依治要增。」

〔一二〕「非」，宋翔鳳曰：「本下有『爲』字，依治要删。」

〔一三〕宋翔鳳曰：「本無『也』字，依治要增。」

〔一四〕「於」，唐本作「乎」。宋翔鳳曰：「本下有『天』字，依治要删。」

故察於利〔一〕而惛〔二〕於道者，衆之所謀也；果於力而寡於義者，兵之所圖也〔三〕。君子篤於義〔四〕而薄於利，敏於行〔五〕而慎於言〔六〕，所□□□廣〔七〕功德也。故曰：「不義而富且貴，於我如浮雲。」〔八〕

〔一〕「利」，宋翔鳳曰：「本作『財』，依治要。」

〔二〕「惛」，宋翔鳳曰：「本作『昏』，依治要。」唐本無「而」字。

〔三〕唐晏曰：「按以上一節，即孔子告冉有、季路『不在顓臾，而在蕭牆之内』之説也。」宋翔鳳曰：「『也』下本有『故』，依治要删。」

〔四〕案：文選江文通雜體詩注引作「君子篤義於惠」。

〔五〕「行」，宋翔鳳曰：「本作『事』，依治要改。」

〔六〕論語學而：「敏於事而慎於言。」集解：「孔曰：『敏，疾也。』」邢疏：「敏，疾也，言當敏疾於所學，事業則有成功。説命曰『敬遜務時，敏厥修乃來』是也。學有所得，又當慎言説之。」

〔七〕宋翔鳳曰：「『廣』字依治要增。」

〔八〕論語述而：「不義而富且貴，於我如浮雲。」集解：「鄭曰：『富貴而不以義者，於我如浮雲，非己之有。』」

夫懷璧玉，要環佩，服名寶，藏珍怪，玉斗酌酒，金罍〔一〕刻鏤，所以夸小人之目者也〔二〕；高臺百仞，金城文畫〔三〕，所以疲百姓之力〔四〕者也。故聖人卑宮室而高道德，惡衣〔五〕服而勤仁義〔六〕，不損其行，以好〔七〕其容，不虧其德，以飾其身，國不興不事〔八〕之功，家不藏不用〔九〕之器，所以稀力役〔一〇〕而省貢獻也。璧玉珠璣〔一一〕，不御〔一二〕於上，則翫好〔一三〕之物棄於下；琱琢刻畫之類〔一四〕，不納於君，則淫伎曲巧〔一五〕絕於下〔一六〕。夫釋農桑之事，入山海，采珠璣〔一七〕，捕豹翠〔一八〕，消筋〔一九〕力，散布泉〔二〇〕，以極耳目之好，快淫侈之心〔二一〕，豈不謬哉〔二二〕？

〔一〕詩周南卷耳：「我姑酌彼金罍。」正義：「罍，盧回反，酒罇也。韓詩云：『天子以玉飾，諸侯大夫皆以黃金飾，士以梓。』」

〔二〕宋翔鳳曰：「此三十字，本作『夫身帶璧玉，膺環佩，服府藏珍□□□□酌含銀刻鏤，可以夸小人，非所以厚於己而濟於事也』，今依治要改。意林引此云：『玉斗酌酒，金椀刻鏤，所以夸小人，非厚己也。』」

〔三〕宋翔鳳曰：「本作『金□□□□簾雕飾』，依治要改，無缺字。」器案：文選班孟堅西都賦：「建金城之萬雉。」六臣注：「向曰：『言立此城基固如金。』」又左太沖蜀都賦：「金城石郭，兼市中區。」劉淵林注：「金、石，言堅也。」又案：文選嘯賦注及七啟注引俱作「高臺百仞，文軒彫窻」，李善曰：「文，畫飾也。軒，殿檻也。」所引較治要義勝，疑治要有誤。

〔四〕宋翔鳳曰：「本下有『非所以（原脱「以」字，則爲六字矣，今補）扶弱存亡』七字，依治要删。」

〔五〕宋翔鳳曰：「本缺『惡衣』二字，依治要補。」

〔六〕宋翔鳳曰：「『勤』本作『謹』，依治要改。」今案：論語泰伯：「子曰：『禹，吾無閒然矣！菲飲食而致孝乎鬼神，惡衣服而致美乎黻冕，卑宫室而盡力乎溝洫。禹，吾無閒然矣！』」邢疏曰：「惡衣服，言禹降損其常服。卑宫室，言禹卑下所居之宫室。」

〔七〕「好」，宋翔鳳曰：「本作『增』，依治要改。」

〔八〕「不」，宋翔鳳曰：「本作『無』，依治要改。」

〔九〕「不」，宋翔鳳曰：「本作『無』，依治要改。」

〔一〇〕孟子盡心下：「有力役之徵。」趙岐注：「徵，賦也。力役，民負荷厮養之役也。」

〔一一〕楚辭東方朔七諫：「貫魚眼與珠璣。」王逸注：「圜澤爲珠，廉隅爲璣。」補曰：「璣字音機，珠不圜也。」

〔一二〕禮記王制：「千里之内以爲御。」正義：「御是進御所須。」

〔一三〕周禮天官大府：「凡式貢之餘財，以共玩好之用。」疏云：「以供玩好器物之用。」翫、玩古通。

〔一四〕宋翔鳳曰：「此六字本作『雕刻綪畫』四字，依治要改增。」案：唐本作「雕刻繪畫」。

〔一五〕淮南子原道：「所謂人者，偶𥈆智故，曲巧僞作，所以俯仰於世人，而與俗交者也。」

〔一六〕「下」，宋翔鳳曰：「本作『民』，依治要。」

〔一七〕宋翔鳳曰：「本有『求瑶琨，探沙谷』六字，依治要删。」

〔一八〕宋翔鳳曰：「本作『捕翡翠，□璹瑁，搏犀象』，今依治要改删。」

〔一九〕「飭」，唐本作「飾」，字同。

〔二〇〕周禮天官外府：「掌邦布之入出。」鄭注：「布，泉也。布讀爲宣布之布。其藏曰泉，其行曰布。取名於水泉，其流行無不徧。」漢書食貨志下：「故貨……流於泉，布於布。」注：「如淳曰：『流行如泉也。』又曰：『布於民間。』」

〔二一〕宋翔鳳曰：「本作『以快淫邪之心』，今依治要。」

〔二二〕唐晏曰：「陳義極高，遣詞極雅，賈長沙乏其深純，董江都遜其麗則。」

明誠〔一〕第十一

〔一〕黄震曰：「明誠（原誤「試」）言君臣當謹言行。」品節曰：「此篇言天人相感，善道作於下，則善氣感於天。」戴彦升曰：「明誡篇陳天文蟲災之變，謂天道因乎人道，開言春秋五行、陳災異封事者之先。」唐晏曰：「此篇意主于去惡。」

君明於德〔一〕，可以及於〔二〕遠；臣篤於義〔三〕，可以至於大〔四〕。何以言之？昔〔五〕湯以七十里〔六〕之封〔七〕，升帝王之位；周公自立三公之官〔八〕，比德於五帝三王〔九〕；斯乃口出善言、身行善道之所致也。故〔一〇〕安危之要〔一一〕，吉凶之符〔一二〕，一出於身；存亡〔一三〕之道，成敗之事〔一四〕，一起於善行〔一五〕；堯、舜不易日月而興，桀、紂不易〔一六〕星辰而亡，天道不改而人道易也〔一七〕。

〔一〕宋翔鳳曰：「本作『君□□政』，今依治要。」今按：子彙本、唐本缺一字，傅校本補「親於」二字。

〔二〕宋翔鳳曰：「本無『於』，依治要。」

〔三〕「義」，宋翔鳳曰：「本作『信』，依治要。」

〔四〕宋翔鳳曰：「本作『可以致大』，依治要改。」

〔五〕宋翔鳳曰：「本無『昔』字，依治要。」

〔六〕孟子公孫丑上：「王不待大，湯以七十里。」

〔七〕宋翔鳳曰：「本下有『而』字，依治要删。」

〔八〕宋翔鳳曰：「本作『周公以□□□□』，今依治要。」案：道基篇云：「太公自布衣昇三公之位。」

〔九〕「三王」，宋翔鳳曰：「本無此二字，依治要。」

〔一〇〕「故」，宋翔鳳曰：「本無此字，依治要。」

〔一一〕「要」，子彙本、程本、天一閣本作「効」，傅校本、唐本作「效」。

〔一二〕「符」，宋翔鳳曰：「本缺一字，依治要補，子彙作『徵』字。」案：傅校本、唐本作「徵」。

〔一三〕宋翔鳳曰：「本缺『存亡』二字，依治要補。」

〔一四〕「事」，宋翔鳳曰：「本作『驗』，依治要改。」

〔一五〕宋翔鳳曰：「本無『善』字，依治要增。」俞樾曰：「樾謹按：此文，宋氏翔鳳據治要改補，末句『善』字，亦據治要而增，然與上文『一出於身』句法不倫矣。竊疑此句本作『一起於言』。上文說湯、周公之事，曰『斯乃口出善言、身行善道之所致也』。此云『安危之要，吉凶之符，一出於身』，與上『身行善道』相應；此云『存亡之道，成敗之事，一起於言』，與上『口出善言』相應。

因『言』字誤作『善』，淺人乃更加『行』字以成其義，治要所據本是也。至今本則又删去『善』字，止作『一出於行』，并其錯誤之迹而泯之矣。」唐晏曰：「按陸生此言，本之於周易。」

〔一六〕文選任彦昇宣德皇后令注引「易」作「異」。

〔一七〕唐晏曰：「荀子：『天道有常，不爲堯存，不爲桀亡。』陸生之所本。」器案：荀子天論篇：「天行有常，不爲堯存，不爲桀亡。」又曰：「治亂，天邪？ 曰：日月星辰瑞曆，是禹、桀之所同也，禹以治，桀以亂，治亂非天也。」

夫持天地之政，操四海之綱，屈申〔一〕不可以失法〔二〕，動作不可以離度〔三〕，謬誤出〔四〕口，則亂及萬里之外，何〔五〕況刑〔六〕無罪於獄，而誅〔七〕無辜於市乎〔八〕？

〔一〕宋翔鳳曰：「本缺『屈申』二字，依治要補。」案：彙函、品節作「周旋」二字，當出肊補。

〔二〕「法」，宋翔鳳曰：「本作『度』，依治要改。」

〔三〕「度」，宋翔鳳曰：「本作『道』，依治要改。」

〔四〕宋翔鳳曰：「『出』下本有『於』字，依治要删。」

〔五〕宋翔鳳曰：「本無『何』字，依治要增。」

〔六〕宋翔鳳曰：「『刑』下本有『及』字，治要無。」

〔七〕「誅」，宋翔鳳曰：「本作『殺』，又有『及』字，依治要改。」

〔八〕禮記王制：「刑人於市，與衆棄之。」正義：「亦謂殷法，謂貴賤皆刑於市。周則有爵者刑於甸師氏也。」

故世衰道失〔一〕，非天之所爲也，乃君國〔二〕者有以〔三〕取之也。惡政生〔四〕惡氣〔五〕，惡氣生〔六〕災異〔七〕。螟蟲〔八〕之類，隨氣而生；虹蜺〔九〕之屬，因政而見。治道失於下，則天文變〔一〇〕於上；惡政流於民，則螟蟲〔一一〕生於野〔一二〕。賢君智則〔一三〕知隨變而改，緣類而試思之〔一四〕，於□□□變〔一五〕。聖人之理〔一六〕，恩及昆蟲，澤及草木，乘天氣而生，隨寒暑而動者，莫不延頸而望治〔一七〕，傾耳〔一八〕而聽化。聖人察物，無〔一九〕所遺失，上及日月星辰，下至鳥獸草木昆蟲，□□□〔二〇〕鷁之退飛，治〔二一〕五石之所隕，所以不失纖微〔二二〕。至於鴝鵒來，冬多麋，言鳥獸之類□□□也〔二三〕。十有二月隕霜不煞菽〔二四〕，言寒暑之氣，失其節也〔二五〕。鳥獸草木尚欲各得其所，綱之以法，紀之以數，而況於人乎？

〔一〕「失」，宋翔鳳曰：「本作『亡』，依治要。」
〔二〕「君國」，宋翔鳳曰：「本作『國君』，依治要。」
〔三〕「以」，宋翔鳳曰：「本所『所』，依治要。」

〔四〕宋翔鳳曰：「『生』下本有『於』字，治要無。」

〔五〕論衡譴告篇：「刑賞失實，惡也，爲惡氣以應之。」

〔六〕宋翔鳳曰：「『生』下本有『於』字，治要無。」

〔七〕論衡譴告篇：「論災異者，謂古之人君，爲政失道，天用災異譴告之也。」

〔八〕「螟蟲」，宋翔鳳曰：「本作『蝮蟲』，依治要改。」案：公羊傳隱公五年：「螟何以書？記災也。」

〔九〕淮南子原道篇：「虹蜺不出，賊星不行，含德之所致也。」

〔一〇〕「變」，子彙本、程本、兩京本、天一閣本、彙函、品節作「度」，唐本作「應」。

〔一一〕「螟蟲」，宋翔鳳曰：「本作『虫災』，依治要。」

〔一二〕「野」，宋翔鳳曰：「本作『地』，依治要。」唐晏曰：「按：春秋書『多麋』，『有蜮』，『有蜚』，『螽』，『螟』，『有星孛於大辰』，『有星孛於東方』，皆政之所感也。」

〔一三〕「則」，子彙本、唐本、彙函、品節作「辟」。

〔一四〕唐晏曰：「有誤。」

〔一五〕彙函、品節無「於□□□變」五字。

〔一六〕「理」，唐人避「治」字諱改。

〔一七〕宋翔鳳曰：「本缺『頸而望治』四字，子彙不缺。」今案：傅校本、唐本、彙函、品節不缺。文選司馬相如喻巴蜀檄：「延頸舉踵，喁喁然皆嚮風慕義，欲爲臣妾。」注：「呂氏春秋曰：『聖人南面而立，天下皆延頸舉踵矣。』論語素王受命讖：『莫不喁喁，延頸歸德。』」

〔一八〕禮記孔子閒居：「傾耳而聽之。」

〔一九〕彙函、品節「無」上有「而」字。

〔二〇〕「昆蟲□□□」，子彙本、唐本作「昆蟲□□六」，彙函、品節此五字只作一「六」字。

〔二一〕彙函、品節無「治」字。

〔二二〕唐晏曰：「穀梁僖十六年：『六鷁退飛。』傳：『子曰：石，無知之物，故日之。鷁，微有知之物，故月之。君子之於物，無所苟而已。石、鶂且猶盡其辭，而況於人乎？』」

〔二三〕彙函、品節無「言鳥獸之類□□□也」九字。唐晏曰：「春秋昭十五年『有鴝鵒來巢』，十七年『冬，多麋』。」

〔二四〕「隕」，程本、唐本、彙函、品節作「殞」。「菽」，子彙本、程本、天一閣本作「敊」，俗別字。

〔二五〕唐晏曰：「春秋僖三十二年：『十有二月，李梅實。』傳：『實之爲言猶實也。』又僖二十三年：『十二月，隕霜不殺菽。』傳：『未可殺而殺，舉重也；可殺而不殺，舉輕也。』」

聖人承天之明，正日月之行，録星辰之度，因天地之利，等高下之宜，設山川之便，平四海，分九州，同好惡，一風俗〔一〕。易曰：「天垂象，見吉凶，聖人則之；天出善道，聖人得之〔二〕。」言御占圖歷之變〔三〕，下衰風化之失，以匡盛衰，紀物定世，後〔四〕無不可行之政，無不可治之民，故曰：「則天之明，因地之利。」〔五〕觀天之化，推演萬事之類〔六〕，散之於□□之間〔七〕，調之以寒暑之節，養之以四時之氣，同之以風雨之化〔八〕，故絶國〔九〕異俗，莫不知□□□〔一〇〕，樂則歌，哀則哭，蓋聖人之教所齊一也。

〔一〕荀子議兵篇：「政令以定，風俗以一。」應劭風俗通義序：「風者，天氣有寒煖，地形有險易，水泉有美惡，草木有剛柔也。俗者，含血之類，像之而生；故言語歌謳異聲，鼓舞動作殊形，或直或邪，或善或淫也。聖人作而均齊之，咸歸於正。聖人廢則還其本俗。」一風俗，即均齊之謂也。漢書食貨志：「同巧拙而合習俗。」義同。習俗謂所習風俗也。

〔二〕唐晏曰：「按：今易作『天垂象，見吉凶，聖人象之；河出圖，洛出書，聖人則之』，陸生所引，大異於今本。」器案：周易繫辭上：「是故，天生神物，聖人則之；天地變化，聖人效之；天垂象，見吉凶，聖人象之；河出圖，洛出書，聖人則之。」孔穎達正義：「天垂象，見吉凶，聖人象之者，若璿璣玉衡，以齊七政，是聖人象之也。」禮記郊特牲：「天垂象，聖人則之。」鄭注：「則，謂則之以示人也。」今案：由前引繫辭之文，則新語與易不合；由後引郊特牲之文，則「天垂象」云云，實爲天下之公言，故繫辭、禮記相率而從同也。然此實不足以説明陸氏引易之本柢；蓋漢人引經説，習慣率稱本經也。易緯通卦驗：「故正其本而萬物理，失之毫釐，差以千里。」易緯坤靈圖：「正其本，萬物理，差之毫釐，謬以千里，故君子必謹其始。」文選竟陵王行狀注引易緯乾鑿度：「正其本而萬物理，失之毫釐，差之千里。」後漢書王充王符仲長統傳論注引易緯：「差以毫釐，失之千里。」則此爲易緯之文。而大戴禮記禮察篇：「易曰：『君子慎始，差若毫釐，謬之千里。』」（小戴禮記經解篇同）賈子新書胎教篇：「易曰：『正其本，萬物理，失之毫釐，差之千里。』故君子慎始。」（大戴禮記保傅篇同）史記太史公自序：「故易曰：『失之毫釐，差以千里。』」（漢書司馬遷傳同）漢書東方朔傳：「易曰：『正其本，萬事理，失之毫釐，差之千里。』」又杜欽傳引易曰：「正其本，萬物理。」後漢書范升傳亦引易此文。說苑建本篇：「易曰：『建其本而萬物理，失之毫釐，差以千里。』故君子貴建本而立始。」風俗通義正失篇：「易稱：『失之毫釐，差以千里。』」所引皆直稱易曰，而易經實無其文。尋緯候起於哀、平，兩戴所記爲古記之文。賈誼、東方朔、司馬遷時，緯候未出，何緣見之？小戴記經解孔疏以爲易繫辭文，今易繫辭實無此文。太史公自序集解云：「今易無語，緯有之。」漢書司馬遷傳注師古曰：「今之易經及彖、繫辭並無此語，所稱易緯者則有之焉，斯蓋易家之别説者也。」此其一隅耳，以彼例此，則陸氏所引爲漢師易説必矣。列女傳貞順召南申女傳：「傳曰：『正其本則萬物理，失之毫釐，差之千里。』」所引亦易説之文，不稱本經而稱傳，其故可知矣。

〔三〕御，治也。尚書泰誓上：「越我御事庶士。」孔氏傳：「御，治也。」國語周語上：「百官御事。」注：「御，治也。」占謂占驗。圖謂圖緯。歷謂録歷也。「歷」，子彙本、程本、彙函作「曆」，古通。

〔四〕彙函、品節無「後」字。

〔五〕文廷式曰：「此亦引孝經。」唐晏曰：「按陸生此引，未知何書，『則天』二句，孝經所有，以下則非孝經，未可遂謂爲引孝經也。」器案：此孝經三才章文。又左傳昭公二十五年：「子太叔對趙簡子曰：『吉也聞諸先大夫子產曰：夫禮，天之經也，地之義也，民之行也。天地之經，而民實行之，則天之明，因地之性。』」杜注：「日月星辰，天之明也。高下剛柔，地之性也。」

〔六〕淮南子說林：「類不可必推。」高誘注：「推猶知也。」

〔七〕宋翔鳳曰：「子彙本作『散見於彌漫之閒』，無缺字。」案：傅校本、唐本、彙函、品節同子彙本，無缺字。

〔八〕唐晏以「故曰」云云直貫至此句，未可從。

〔九〕淮南子脩務篇：「絕國殊俗、僻遠幽閒之處。」高誘注：「絕，遠。殊，異。」

〔一〇〕「莫不知□□□」，彙函、品節作「莫不知慕」。

夫善道存乎心〔一〕，無遠而不至也〔二〕；惡行著乎己，無近而不去也〔三〕。周公躬行禮義，郊祀后稷〔四〕，越裳奉貢〔五〕而至〔六〕，麟鳳白雉草澤〔七〕而應〔八〕。殷紂無道〔九〕，微子棄骨肉而亡〔一〇〕。行善者〔一一〕則百姓〔一二〕悅，行惡者〔一三〕則子孫怨〔一四〕。是以明者可以致遠，否〔一五〕者可以失〔一六〕近。故春秋書衛侯之弟鱄出奔晉，書〔一七〕鱄絶骨肉之親，棄大夫之位，越先人之境，附他人之域，窮涉寒饑，織屨〔一八〕而食，不明之效也〔一九〕。

〔一〕「乎心」，宋翔鳳曰：「本作『於身』，依治要改。」

〔二〕「也」原無，宋翔鳳本依治要補。

〔三〕宋翔鳳曰：「『惡行著乎己，無近而不去也』，本作『惡行著於□□□而不去』，並依治要改補。子彙作『惡行著於身，無遠而不去』。」嚴可均曰：「子彙此類多以意補。」案：唐本、彙函與子彙同。傅校本作「惡行著於己，無遠而不去」。

〔四〕孝經聖治章：「昔者，周公郊祀后稷以配天。」唐明皇注：「后稷，周之始祖也。郊謂圜丘祀天也。周公攝政，因行郊天之祭，乃尊始祖以配之也。」

〔五〕「奉貢」，宋翔鳳曰：「本下有『重譯』二字，依治要删。」

〔六〕「至」，宋翔鳳曰：「本作『臻』，依治要改。」

〔七〕「草澤」，宋翔鳳曰：「本作『草木緣化』，依治要改補。」

〔八〕唐晏曰：「按：周公時麟鳳草木，所未聞也；若文王時，麟趾蒿宮，有其應矣。」器案：淮南子繆稱篇：「昔二皇鳳皇至於庭，三代至乎門，周室至乎澤。」詩大雅卷阿序以爲「召康公戒成王也」，曰：「鳳皇于飛，翽翽其羽，亦集爰止。」曰：「鳳皇于飛，翽翽其羽，亦傅于天。」曰：「鳳皇鳴矣，于彼高岡。」淮南以爲周室，詩序明曰成王，蓋亦當周公攝政之時也，故陸氏直歸之周公耳。不唯此也，太平御覽七八五引尚書大傳：「交阯之南有越裳國，周公居攝六年，制禮作樂，天下和平，越裳以三象重譯而獻白雉，曰：『道路悠遠，山川阻深，音使不通，故重譯而朝。』成王以歸周公，曰：『德不加焉，則君子不饗其質（原注：質亦贄也），政不施焉，則君子不臣其人，吾何以獲此賜也？』其使請曰：『吾受命吾國之黃耇，曰：久矣，天之無烈風淫雨！意者，中國有聖人乎？有則盍往朝之。』周公乃歸之於王，稱先王之神致，以薦于宗廟。」此則明以越裳獻白雉爲周公時事也，蓋伏生與陸生俱本之古尚書說也。若太公金匱又謂：「武王伐殷，四夷聞，各以其職來貢。越裳氏獻白雉，重譯而至。」（洪頤煊經典集林卷二十二有撰集本）蓋一事而歧傳耳。

〔九〕宋翔鳳曰：「本缺『無道』二字，依治要。」案：子彙本、程本、兩京本、天一閣本缺三字，彙函作「逐微子」，不缺，當出肊補。

〔一〇〕論語微子：「微子去之。」集解：「馬曰：『微，國名；子，爵也。微子，紂之庶兄，見紂無道，早去之。』」又見史記宋微子世家。

〔一一〕宋翔鳳曰：「本無『者』字，依治要。」

〔一二〕宋翔鳳曰：「『百姓』本作『鳥獸』，依治要。」

〔一三〕宋翔鳳曰：「本無『者』字，依治要。」

〔一四〕「子孫怨」，宋翔鳳曰：「本作『臣子恐』，依治要。」唐晏曰：「按書：『我不顧行遯。』微子之所以辟紂。」

〔一五〕宋翔鳳曰：「『否』，本作『鄙』，依治要改。」

〔一六〕宋翔鳳曰：「本缺一『失』字，依治要補。」案：彙函、品節作「勸」，肊補。

〔一七〕「書」，子彙本、彙函、品節作「言」。

〔一八〕「履」，穀梁傳作「約」。禮記玉藻注：「約，履頭飾。」又檀弓上釋文：「約，履頭飾。」荀子哀公篇：「章甫約屨。」注：「王肅云：『約謂屨頭有拘節也。』鄭康成云：『約之言拘也，以爲行戒，狀如刀衣鼻，在屨頭。』」按楊注引鄭康成，儀禮士冠禮注文也。

〔一九〕唐晏曰：「穀梁襄二十七年：『衛侯之弟專出奔晉。織約邯鄲，終身不言衛。專之去，合乎春秋。』」案：左氏傳、公羊傳「專」俱作「鱄」，釋文：「鱄，市轉切，又音專。」

思務〔一〕第十二

〔一〕黄震曰：「思務言聞見當務執守。」戴彦升曰：「思務篇言聖人不必同道。」唐晏曰：「此篇義在知其所止。」

夫長於變者，不可窮以詐。通於道者，不可驚以怪。審於辭者，不可惑以言。達〔二〕於義者，不可動以利〔三〕。是以君子博〔三〕思而廣〔四〕聽，進退順〔五〕法，動作合度，聞見欲衆，而采擇欲謹〔六〕，學問欲博而行己〔七〕欲敦〔八〕，見邪而〔九〕知其直，見華而〔一〇〕知其實，目不淫於〔一一〕炫耀之色，耳不亂於〔一二〕阿諛之詞，雖利〔一三〕之以齊、魯〔一四〕之富而志不移〔一五〕，談之以王〔一六〕喬、赤〔一七〕松之壽而行不易〔一八〕，然後能壹〔一九〕其道而定其操，致其事而立其〔二〇〕功也〔二一〕。

〔二〕「達」，原作「遠」，治要注云：「『遠』當作『達』。」今案：子彙本、品節作「達」，據以改正。

〔三〕「利」，宋翔鳳曰：「本缺一字，依治要補，子彙作『不可動以義』，亦以意補。」今案：子彙本是「利」字，傅校本、唐本、品節亦是「利」字。

〔三〕「博」，宋翔鳳曰：「本作『廣』，依治要改。」

〔四〕「廣」，宋翔鳳曰：「本作『博』，依治要改。」

〔五〕「順」，宋翔鳳曰：「本作『循』，依治要改。」

〔六〕「謹」，子彙本、品節作「詳」。

〔七〕「博而行已」，宋翔鳳曰：「本缺四字，依治要補。」案：品節作「博行義」三字，當出肊補。

〔八〕宋翔鳳曰：「宋盛如梓庶齋老學叢談引新語『遠於義』，『遠』作『達』，『動以』下有『利』字，又作『進退循法度，動作合禮儀』，又作『學問欲博，而行己欲敦』，與治要多同。」案：論語公冶長：「其行己也恭。」邢疏：「言己之所行，常能恭順，不違忤於物也。」

〔九〕「而」，宋翔鳳曰：「本作『乃』，依治要。」

〔一〇〕「見華而」，宋翔鳳曰：「本作『觀花乃』，依治要改。」

〔一一〕宋翔鳳曰：「本無『於』字，依治要補。」

〔一二〕宋翔鳳曰：「本無『於』字，依治要補。」

〔一三〕「阿諛之詞雖利」，宋翔鳳曰：「本『阿』字下缺六字，依治要補五字。以上並依治要。子彙作『耳不亂阿□之聲，是故語』，接下文。別本作『耳不亂阿譽之聲，士人動』，接下文。並不可信。」案：傅校本作「耳不亂阿亂之聲語」，品節「阿□」作「阿比」。

〔一四〕「齊魯」，宋翔鳳曰：「本作『晉楚』，依治要。」唐晏曰：「孟子：『晉、楚之富，不可及也。』是當時有此語。」

〔一五〕「移」，宋翔鳳曰：「本作『回』，依治要。」

〔一六〕宋翔鳳曰：「本無『王』字，依治要。」

〔一七〕宋翔鳳曰：「本無『赤』字，依治要。」

〔一八〕唐晏曰：「按：喬、松，謂赤松、王喬，秦、漢間多稱之，神仙之儔也。漢書亦云：『體有喬、松之壽。』」器案：王喬、赤松子，列仙傳有傳。簡稱爲喬、松，戰國策秦策上：「世世稱孤，而有喬、松之壽。」文選王子淵聖主得賢臣頌：「呴噓呼吸如喬、松。」後漢書馮衍傳顯志賦：「配喬、松之妙節。」又簡稱松、喬，漢書王吉傳：「體有松、喬之壽。」後漢書馮衍傳自論：「庶幾乎松、喬之福。」文選班孟堅西都賦：「庶松、喬之羣類。」又張平子西京賦：「美往昔之松、喬。」又思玄賦：「松、喬高跱孰能離。」焦氏易林訟之家人、師之離、離之剥、損之離、夬、歸妹之升俱有「松、喬、彭祖」語，文選曹子桓芙蓉池作詩：「壽命非松、喬。」

〔一九〕「壹」，宋翔鳳曰：「本作『一』，依治要改。」

〔二〇〕宋翔鳳曰：「本缺『致其事而立其』六字，依治要補。」

〔二一〕「功也」，宋翔鳳曰：「本無『也』字，依治要補。」案：品節此八字作「安其身而見其功」，亦出肊補。

凡人則不然，目放於富貴之榮，耳亂於不死之道〔一〕，故多棄其所長而求其所短，不〔二〕得其所無〔三〕而失其所有。是以吳王夫差知〔四〕艾陵之可以取〔五〕勝，而不知檇李可以破亡也〔六〕。故事〔七〕或見一〔八〕利而喪萬機，取〔九〕一福而致百〔一〇〕禍。夫學者〔一一〕通於神靈之變化，曉於天地之開闔，□□□〔一二〕弛張，性命之短長，富貴之所在，貧賤之所亡，則手足不勞而耳目不亂，思慮不謬〔一三〕，計策不誤，上〔一四〕訣〔一五〕是非於天文，其次定狐疑〔一六〕於世務，廢〔一七〕興有所據，轉移有所守，故道□□□□〔一八〕事可法也。

〔一〕列子說符篇：「昔人言有知不死之道者。」文選嵇叔夜養生論：「或有謂神仙可以學得、不死可以力致者。」蓋自戰國以還，言不死之道者，甚囂塵上矣。

〔二〕宋翔鳳曰：「本無『不』字，依治要補。」

〔三〕「無」，宋翔鳳曰：「本作『亡』，依治要改。」

〔四〕宋翔鳳曰：「『知』下本有『度』字，依治要刪。」

〔五〕「以取」，宋翔鳳曰：「本無此二字，依治要補。」

〔六〕「而不知檇李可以破亡也」，宋翔鳳曰：「本作『而不悟句踐將以破凶也』，依治要改。」唐晏曰：「按春秋哀十一年：『五月，公會吳伐齊，齊國書帥師及吳戰于艾陵，齊師敗績，獲國書。於越入吳。」器案：呂氏春秋知化篇：「夫差興師伐齊，戰于艾陵，大敗齊師。」高誘注：「艾陵，齊地。」山東通志以爲即艾邑，在萊蕪縣東境。左傳定公十四年：「吴伐越，越子句踐禦之，陳于檇李。句踐患吴之整也，使死士，再禽焉，不動。使罪人三行，屬劍於頸，而辭曰：「二君有治，臣奸旗鼓。不敏於君之行前，不敢逃刑，敢歸死。」遂自剄也。師屬之目，越子因而伐之，大敗之。靈姑浮以戈擊闔廬，闔廬傷將指，取其一屨。還，卒於陘，去檇李七里。」杜注：「檇李，吴郡嘉興縣南檇（原作「醉」，據史記越世家正義引改）李城。」

〔七〕宋翔鳳曰：「本『故』下缺二字，治要有『事』字，無缺。」案：品節「故」連「或」，中間不缺字。

〔八〕「二」，原作「可」，今據李本、子彙本、程本、兩京本、唐本、品節校改。

〔九〕「取」，宋翔鳳云：「本作『求』，依治要改。」

〔一〇〕「百」，宋翔鳳曰：「本作『萬』，依治要改。」

〔一一〕兩京本無「夫學」二字。

〔一二〕「□□□」，子彙本、唐本缺二字，品節作「人事之」三字，亦屬肊補。

〔一三〕「謬」字原缺，今據子彙本、傅校本、品節補。

〔一四〕器案：「上」上疑脱「太」字，古書言次序，率以「太上」云云、「其次」云云，又「其次」云云言之。

〔一五〕「訣」，崇文本作「決」，傅校作「訣」。器案：訣、決古通。文選江文通別賦：「瀝泣共訣。」李善注：「訣與決音義同。」又潘安仁笙賦：「訣厲悄切。」李善注：「訣厲，謂決斷清冽也。」又鮑明遠東門行：「將去復還訣。」李善注：「訣與決同。」

〔一六〕水經河水注：「風俗通曰：『里語稱：狐欲渡河，無如尾何。且狐性多疑，故俗有狐疑之說。』」又見楚辭離騷補注引。

〔一七〕李本、程本、兩京本、天一閣本無「廢」字。

〔一八〕「□□□□□」，品節作「可成」二字，亦是肊補。

昔舜、禹因盛而治世〔一〕，孔子承衰而作功，聖人不空出〔二〕，賢者不虛生，□□□□□□而歸於善，斯乃〔三〕天地之法而制〔四〕其事，則世之便而設其義。故聖人不必同道〔五〕，□□□□□□〔六〕，好者不必同色而皆美，醜者不必同狀而皆惡，天地之數，斯〔七〕命之象也。日□□□□□□□□八宿並列，各有所主〔八〕，萬端異路，千法異形，聖人因其勢而調之，使小大不得相踰〔九〕，方圓不得相干〔一〇〕，分之以度，紀之以節，星不晝見，日不夜照，雷不冬發，霜不夏降。臣不凌君，則〔一一〕陰不□□陽〔一二〕，盛夏不暑，隆冬不霜，黑氣苞日，彗星揚□□〔一三〕，虹蜺冬見，蟄蟲夏藏，熒惑亂宿，衆星失行。聖人因〔一四〕變而立功，由異而致太平〔一五〕，堯、舜〔一六〕承蚩尤之失，而思欽明之道〔一七〕，君子見惡於外，則知變於內矣〔一八〕。桀、紂不暴〔一九〕，則湯、武不仁，才惑於衆非者而改之，□□□□□□□亂之於朝廷，而匹〔二〇〕夫治之於閨門。是以接輿〔二一〕、老萊〔二二〕所以避世於窮□□□□而遠其尊也。君子行之於幽閒，小人厲之於士衆。老子曰：「上德不德〔二三〕。」□□□□□虛也〔二四〕。

〔一〕「世」字原缺，今據李本、子彙本、程本、兩京本、天一閣本、傅校本、唐本、品節補。

〔二〕論衡對作篇：「賢聖不空生。」本此。

〔三〕「乃」下唐本有□。

〔四〕「制」，唐本作「治」。

〔五〕孟子萬章：「聖人之行不同也，或遠或近，或去或不去，歸潔其身而已矣。」義與此同。

〔六〕「□□□□□□□」，品節作「而皆合」三字，亦是肊補。

〔七〕「斯」，品節作「性」，唐晏曰：「譌字。」

〔八〕「日□□□□□□□□八宿並列各有所主」，品節無此十七字。

〔九〕「踰」字原缺，今據子彙本、品節補。

〔一〇〕「干」，原誤「千」，各本俱作「干」，今據改正。

〔一一〕「則」字品節無。

〔一二〕「陰不□□陽」，宋翔鳳曰：「子彙作『陰不侵陽』，無缺。」案：李本、天一閣本、唐本、品節亦作「陰不侵陽」，程本作「陰不□陽」，兩京本作「陰不侵盛陽」。

〔一三〕「揚□□」，宋翔鳳曰：「子彙作『揚光』，不缺。」案：李本、兩京本、天一閣本作「揚光」，程本作

「揚□」。

〔一四〕「因」，宋翔鳳曰：「本下有『天』字，依治要删。」

〔一五〕「變而立功由異而致太平」，宋翔鳳曰：「本作『因天變而正其失，理其端而正其本』，依治要改。」

〔一六〕宋翔鳳曰：「本無『舜』字，依治要補。」

〔一七〕宋翔鳳曰：「本缺『明之道』三字，依治要增。」唐晏曰：「按尚書堯典：『欽哉欽哉，惟刑之恤哉！』吕刑篇曰：『蚩尤惟始作亂，惟作五虐之刑。』則是堯於刑之欽者，正有鑒於蚩尤之虐也。」器案：堯典：「欽明文思安安。」釋文引馬云：「威儀表備謂之欽，照臨四方謂之明，經緯天地謂之文，道德純備謂之思。」唐晏未見治要作「欽明」之文，而以「恤刑」爲言，亦逞肊之説也。

〔一八〕宋翔鳳曰：「本無『矣』字，依治要補。」

〔一九〕「暴」字原缺，據子彙本、唐本補。傅校本作「道」。

〔二〇〕「匹」，子彙本、兩京本、天一閣本作「臣」，未可據。

〔二一〕論語微子：「楚狂接輿歌而過孔子。」集解：「孔曰：『接輿，楚人。』」邢疏曰：「接輿，楚人，姓陸名通，字接輿也。昭王時，政令無常，乃被髮佯狂不仕，時人謂之楚狂也。」

〔二二〕史記老子韓非列傳：「或曰：老萊子亦楚人也，著書十五篇，言道家之用，與孔子同時云。」正義：「太史公疑老子或是老萊子，故書之。列仙傳云：『老萊子楚人，當時世亂，逃世耕於蒙山之陽，莞葭爲牆，蓬蒿爲室，杖（疑當作「枝」）木爲牀，蓍艾爲席，菹芰爲食，墾山播種五穀。楚王至門迎之，遂去至於江南而止，曰：鳥獸之解毛，可績而衣，其遺粒足食也。』」器案：大戴禮記衞將軍文子篇：「孔子曰：『德恭而行信，終日言，不在尤之內，在尤之外。國無道，處賤不悶，貧而能樂。蓋老萊子之行也。』」漢書藝文志諸子略道家：「老萊子十六篇。」本注：「楚人，與孔子同時。」文選天台山賦注引劉向別録：「老萊子，古之壽者。」

〔二三〕老子第三十八章：「上德不德，是以有德。」

〔二四〕唐晏曰：「按陸生之解，不可全見，然以虛字測之，與王注合。」

夫口誦聖人之言，身學賢者之行，久而不弊，勞而不廢，雖未爲君□□□□□已。孔子曰：「行夏之時，乘殷之輅，服周之冕，樂則韶舞，放鄭聲，遠佞人。」〔一〕□□□〔二〕道而行之於世，雖非堯、舜之君，則亦堯、舜也〔三〕。今之爲君者則不然，治不以五帝之術，則曰〔四〕今之世不可以道德〔五〕治也〔六〕。爲臣者不思〔七〕稷、契〔八〕，則曰今之民不可以仁義正也〔九〕。爲子者不執曾、閔之質〔一〇〕，朝夕不休〔一一〕，而〔一二〕曰家人不和〔一三〕也。學者不操回、賜〔一四〕之精〔一五〕，晝〔一六〕夜不懈〔一七〕，而〔一八〕曰世所不行也。自人君至於庶人，未有不〔一九〕法聖道而爲賢者也〔二〇〕。易曰：「豐其屋，蔀其家，闚其户，闃其無人。」〔二一〕無人者，非無人也，言無聖賢以〔二二〕治之耳〔二三〕。

〔一〕論語衛靈公：「顔淵問爲邦。子曰：『行夏之時，（集解：「據見萬物之生，以爲四時之始，取其易知。」）乘殷之輅，（集解：「馬曰：『殷車曰大輅，左傳曰：大輅越席，昭其儉也。』」）服周之冕，（集解：「包曰：『冕，禮冠。周之禮，文而備，取其黈纊塞耳，不任視聽。』」）樂則韶舞，（集解：「韶，舜樂也，盡善盡美，故取之。」）放鄭聲，遠佞人。鄭聲淫，佞人殆。（集解：「孔曰：『鄭聲、佞人，亦俱能惑人心，與雅樂、賢人同，而使人淫亂危殆，故當放遠之。』」）』」

〔二〕「□□□」，天一閣本、傅校本、唐本作「聖人之」三字。

〔三〕文廷式曰：「陸生陳義及此，是以堯、舜望漢高帝，惜乎高帝卑卑，不足與於高論也。」器案：孟子告子下：「子服堯之服，誦堯之言，行堯之行，是堯而已矣。」與此文義同。

〔四〕「治不以五帝之術則曰」，宋翔鳳曰：「本作『治不法□□□而曰』，中缺三字，今依治要。」今案：子彙本、天一閣本、傅校本、唐本作「治不法乎堯、舜，而曰」。

〔五〕宋翔鳳曰：「治要無『德』字，脱。」

〔六〕唐晏曰：「按今之爲君者，當是指始皇，否則屬泛論耳。」

〔七〕「思」，李本、子彙本、程本、兩京本、天一閣本、唐本作「師」。

〔八〕尚書舜典：「禹拜稽首，讓于稷、契暨臯陶。帝曰：『俞，汝往哉！』帝曰：『棄，黎民阻饑，汝后稷播時百穀。」帝曰：「契，百姓不親，五品不遜，汝作司徒，敬敷五教在寬。」

〔九〕宋翔鳳曰：「本缺『仁義正也』四字，依治要增。」案：子彙本、程本、天一閣本、傅校本、唐本作「禮義化也」。

〔一〇〕宋翔鳳曰：「『質』本作『賢』，依治要改。」

〔一一〕宋翔鳳曰：「本下有『盡節不倦』四字，依治要刪。」

〔一二〕宋翔鳳曰：「『而』本作『則』，依治要改。」

〔一三〕宋翔鳳曰：「『和』本作『敦』，依治要改。」唐晏曰：「『敦』乃『惇』之叚借，厚也。」

〔一四〕回、賜，謂顏回、端木賜也。傳見史記仲尼弟子列傳。

〔一五〕宋翔鳳曰：「『不』本作『無』，下缺四字，依治要補。」

〔一六〕「晝」，天一閣本誤「盡」。

〔一七〕宋翔鳳曰：「本下有『循禮而動』四字，依治要刪。」

〔一八〕宋翔鳳曰：「『而』本作『則』。」

〔一九〕宋翔鳳曰：「本無『不』字，依治要增。」

〔二〇〕宋翔鳳曰：「『未有不法聖道而爲賢者也』，本作『未有法聖人』下缺五字，下又有『爲要者寡，爲惡者衆』八字，依治要補改。」案：李本、兩京本「爲要」作「爲善」。

〔二一〕案：此易豐卦上六爻辭也。王弼注曰：「屋，藏蔭之物，以陰處極，而最在外，不履於位，深自幽隱，絶跡深藏者也。既豐其屋，又蔀（上「豐其蔀」注云：「蔀，覆暖鄣光明之物也。」）其家，屋厚家覆，闇之甚也。雖闚其户，闃其無人，棄其所處，而自深藏也。處於明動尚大之時，而深自幽隱，以高其行，大道既濟，而猶不見，隱不爲賢，更爲反道，凶其宜也。」

〔一二〕宋翔鳳曰：「『闃其無人。無人者，非無人也，言無聖賢以治之耳』，『闃其無人』下本缺四字，直接下文『治之耳』，今依治要改補。」

〔一三〕唐晏曰：「按引易以證『爲善者寡，爲惡者衆』，此古説也。干寶亦謂：『蓋記紂之侈，社稷既亡，言室虚曠也。』」

故仁者在位而仁人來，義者在朝而義士至〔一〕。是以墨子之門多勇士〔二〕，仲尼〔三〕之門多道德〔四〕，文王〔五〕之朝多賢良，秦王之庭多不詳〔六〕。故善者必有所主〔七〕而至〔八〕，惡者必有所因而來。夫〔九〕善惡不空作〔一〇〕，禍福不濫生〔一一〕，唯心之所向〔一二〕、志之所行而已矣〔一三〕。

〔一〕宋翔鳳曰：「『義者』本作『義士』，依治要改。」

〔二〕呂氏春秋上德篇：「墨者鉅子孟勝善荆之陽城君，陽城君令守於國，毀璜以爲符，約曰：『符合聽之。』荆王薨，羣臣攻吳起於喪所，陽城君與焉，荆罪之，陽城君走，荆收其國。孟勝曰：『受人之國，與之有符，今不見符，而力不能禁，不能死，不可。』其弟子徐弱諫孟勝曰：『死而有益陽城君，死之可矣；無益矣，而絶墨者於世不可。』孟勝曰：『不然。吾於陽城君，非師則友也，非友則臣也，不死，自今以來，求嚴師必不於墨者矣，求賢友必不於墨者矣，求良臣必不於墨者矣，死之，所以行墨者之義而繼其業者也。我將屬鉅子於宋之田襄子。田襄子，賢者也，何患墨者之絶世也。』徐弱曰：『若夫子之言，弱請先死以除路。』還殁頭前於孟勝。因使二人傳鉅子於田襄子。孟勝死，弟子死之者百八十三人；以致令於田襄子，欲反死孟勝於荆，田襄子止之曰：『孟子已傳鉅子於我矣，當聽。』遂反死之。」淮南子泰族篇：「墨子服役者百八十人，可使赴火蹈刃，死不旋踵。」即此事可見墨子之門多勇士也。

〔三〕宋翔鳳曰：「本缺『勇士仲尼』四字，依治要補。」案：子彙本、天一閣本、唐本此四字作「□□聖賢」，亦是肊補。

〔四〕唐晏曰：「此以孔、墨並列，戰國之習慣耳。」案：禮記曲禮上：「道德仁義，非禮不成。」正義曰：「道德仁義，非禮不成者：道者通物之名，德者得理之稱，仁是施恩及物，義是裁斷合宜。言人欲行四事，不用禮無由得成，故云非禮不成也。道德爲萬事之本，仁義爲羣行之大，故舉此四者爲用禮之主，則餘行須禮可知也。道是通物，德是理物，理物由於開通，是德從道生，故道在德上。此經道謂才藝，德謂善行，故鄭注周禮云：『道多才藝，德能躬行。』非是老子之道德也。熊氏云：『此是老子「失道而後德，失德而後仁，失仁而後義」。今謂道德，大而言之，則包羅萬事；小而言之，則人之才藝善行；無問大小，皆須禮以行之，是禮爲道德之具，故云非禮不成。然人之才藝善行，得爲道德者，以身有才藝，事得開通，身有美善，於理爲得，故稱道德也。」」此説道德之義，其言明且清，且有以知與老子之所謂道德者，區以別矣。

〔五〕宋翔鳳曰：「『文王』本作『文武』，依治要改。」

〔六〕宋翔鳳曰：「『詳』本作『祥』，依治要，詳、祥字通。」

〔七〕「主」，宋翔鳳曰：「治要注云：『作因。』」案：子彙本、天一閣本、傅校本、唐本作「因」。

〔八〕宋翔鳳曰：「本缺『主而至』三字，子彙作『善者必有所因而至』，别本作『必有所自而生』。依治要補。」

〔九〕宋翔鳳曰：「本無『夫』字，依治要補。」

〔一〇〕宋翔鳳曰：「『作』本作『出』，依治要改。」

〔一一〕「濫生」，宋翔鳳曰：「本作『妄作』，依治要改。」

〔一二〕「向」，天一閣本誤「何」。

〔一三〕宋翔鳳曰：「本無『矣』字，依治要補。」

附録一　新語佚文

漢書藝文志諸子略儒家：「陸賈二十三篇。」未著録新語。史記陸賈列傳：「凡著十二篇，……號其書曰新語。」正義：「七録云『新語二卷，陸賈撰』也。」漢書陸賈傳：「賈凡著十二篇，……稱其書曰新語。」師古曰：「其書今見存。」隋、唐志及意林俱云：「新語二卷，陸賈撰。」今傳本二卷十二篇。然則今本即隋、唐人所見之本，惟字句頗有脱落耳。漢志稱「陸賈二十三篇」者，蓋新語之外，尚有其它十一篇，則陸賈所著之有佚文舊矣。今以鉤沈所得，先列新語，次及陸賈，再次更及其它，庶幾分别部居，不相雜厠，其有可疑，則又隨文出之云。

義者德之經，履之者聖也。（文選應吉甫晉武帝華林園集詩注引新語）

案：道基篇：「仁者道之紀，義者聖之學，學之者明，失之者昏，背之者亡。」文義頗相似。

賢者之處世，猶金石生於沙中，豫章産於幽谷。（太平御覽九五七引新語）

案：資質篇：「夫楩柟豫章，天下之名木也，生於深山之中，産於溪谷之傍。」亦以豫章取譬賢者也。

世言圍棊，或言兵法之類：上者，張置疎遠，多得道而勝；中者，務相遮絶，争

便求利；下者，守邊隅，趨作罫。（古買反，線間方目也。）猶薛公之言黥布反也：上計，取吳、楚廣地；中計，塞成皋，遮要争利；下計，據長江以臨越，守邊隅，趨作罫者也。（宋本太平御覽七五三引新語）

案：此桓譚新論言體第四文也。嚴可均校輯全後漢文卷十三：「世有圍棊之戲，或言是兵法之類也。及爲之：上者，遠棊疏張，置以會圍，因而伐之，成多得道之勝；中者，則務相絕遮要，以争便求利，故勝負狐疑，須計數而定；下者，則守邊隅，趨作罫目，以自生於小地。然亦必不如察薛公之言黥布反也：上計云，取吳、楚，并齊、魯及燕、趙者，此廣地道之謂也；其中計云，取吳、楚，并韓、魏，塞成皋，據敖倉，此趨遮要争利者也；下計云，取吳下蔡，據長沙以臨越，此守邊隅，趨作罫目者也。更始帝將相不能防衛，而令罫中死棊皆生也。」（史記黥布傳集解、文選博弈論注、長短經三國權、御覽七百五十三、意林）

梁君出獵，見白鴈而欲自射之，道上有驚鴈飛者，梁王怒，命以射此人。其御公孫龍諫曰：「昔衛文公時，大旱三年，卜云：『必須人祀。』公曰：『求雨者爲民也，今殺之不仁，吾自當之。』言未卒而雨下。今君重鴈殺人，何異虎狼。」梁君引龍登車入郭，呼萬歲。曰：「善哉！今日獵，得善言。」（御覽九一七引新語）

案：此新序雜事第二文也。其文：梁君出獵，見白鴈羣，梁君下車彀弓欲射之，道有行者，梁君謂行者止，行者不止，白鴈羣駭。梁君怒，欲射行者。其御公孫龔下車撫矢曰：「君止。」梁君忿然作色而怒曰：「龔不與其君，而顧與他人，何也？」公孫龔對曰：「昔齊景公之時，天大旱三年，卜之曰：『必以人祠乃雨。』景公下堂頓首曰：『凡吾所以求雨者，爲吾民也；今必使吾以人祠乃且雨，寡人將自當之。』言未卒而天大雨方千里者，何也？有德於天，而惠於民也。今主君以白鴈之故，而欲殺人，龔謂主君言，無異於虎狼矣。」梁君援其手，與上車，歸入廟門，呼萬歲。曰：「幸哉！今日也！他人獵皆得禽獸，吾獵得善言而歸。」（新序文止此）尋藝文類聚六六、太平御覽四五七、困學紀聞一〇引莊子，太平御覽三九〇引説苑皆有此文。所引莊子、説苑皆佚文也。二書俱作「公孫龍」，獨新序雜事作「公孫龔」耳。又「齊景公」，獨此文作「衛文公」，蓋誤，列女傳辯通載此事，亦以爲齊景公也。

高臺，喻京師；悲風，言教令；朝日，喻君之明；照北林，言狹，比喻小人。（文選曹子建雜詩六首注引新語）

案：曹子建雜詩云：「高臺多悲風，朝日照北林。之子在萬里，江湖迥且深。」前兩句李善注云：「新語曰：『高臺，喻京師；悲風，言教令；朝日，喻君之明；照北林，言狹，比喻小人。』新序曰：『高堂百仞。』」後兩句李善注云：「江湖，喻小人隔蔽。毛詩曰：『之子于征。』爾雅曰：『迥，遠也。』」今案：前兩句李善注有譌誤。「高臺，喻京師」云云四句，準後兩句李善注「江湖，喻小人」，則「高臺，喻京師」四句乃李善解釋子建雜詩前兩句之義，所謂句解也。

其引新序「高堂百仞」之文，當作「新語曰：『高臺百仞』」。此新語本行篇文也。誤「高臺」爲「高堂」，不知「高堂」與子建詩有何關涉？李善腹笥即儉，何至引毫不相干之高堂以釋並非僻典之高臺乎？傳鈔者誤「新語」爲「新序」，而原有「新語」二字無以安之，遂移植於注文之首耳。獨不思爲雜詩作注，非新語之所有事，且漢初之陸賈何由得知有漢末之曹子建也？

治末者調其本。（文選潘安仁藉田賦注引新語注）

案：唐以前不聞有新語注，所引乃術事篇文也，「注」字當衍。

離婁之明，不能察帷薄之內；師曠之聰，不能聞百里之外。（論衡書虛篇引陸賈）

天地生人也，以禮義之性；人能察己所以受命，則順；順之謂道。（論衡本性篇引陸賈）

王充曰：「夫陸賈知人禮義爲性，人亦能察己所以受命。性善者不待察而自善；性惡者，雖能察之，猶背禮畔義，義挹於善，不能爲也。故貪者能言廉，亂者能言治，盜跖非人之竊也，莊蹻刺人之濫也。明能察己，口能論賢，性惡不爲，何益於善？陸賈之言，未能得實。」

嚴可均曰：「今新語十二篇無此文。論衡但云陸賈，不云新語，或當在漢志之二十三篇中。」（鐵橋漫稿五新語敘）

陸賈論薄葬。

論衡薄葬篇：「賢聖之業，皆以薄葬省用爲務；然而世尚厚葬，有奢泰之失者，儒家論不明，墨家議之非故也。墨家之議右鬼，以爲人死輒爲鬼而有知，能形而害人，故引杜伯之類以爲效驗。儒家不從，以爲死人無知，不能爲鬼；然而賻祭備物者，示不負死以觀生也。陸賈依儒家而說，故其立語，不肯明處。劉子政舉薄葬之奏，務欲省用，不能極論。是以世俗內持狐疑之議，外聞杜伯之類，又見病且終者，墓中死人，來與相見，故遂信是；謂死如生，閔死獨葬，魂孤無副；丘墓閉藏，穀物乏匱。故作偶人，以侍尸柩；多藏食物，以歆精魂。積浸流至，或破家盡業，以充死棺；殺人以殉葬，以快生意。非知其內無益，而奢侈之心外相慕也。以爲死人有知，與生人無以異。孔子非之，而亦無以定實；然而陸賈之論，兩無所處；劉子政奏，亦不能明。」

樊將軍噲問於陸賈曰：「自古人君皆云受命於天，云有瑞應，豈有是乎？」陸賈應之曰：「有。夫目瞤得酒食，燈火花得錢財，乾鵲噪而行人至，蜘蛛集而百事喜。小既有徵，大亦宜然。故目瞤則咒之，燈火花則拜之，乾鵲噪則餧之，蜘蛛集則放之；況天下大寶，人君重位，非天命何以得之哉？瑞者，寶也，信也，天以寶爲信，應人之德，故曰瑞應。無天命，無寶信，不可以力取也。」（西京雜記卷三）

太平廣記一三五引殷芸小說：「樊將軍噲問於陸賈曰：『自古人君皆云受命於天，云有瑞應，豈有是乎？』陸賈應之曰：『有。夫目瞤得酒食，燈火花則錢財，干（原作「午」，今改正）鵲噪而行人至，蜘蛛集而百事喜。小既有徵，大亦宜然。故曰：目瞤則呪之，燈火花則拜之，干鵲噪則餧之，蜘蛛集則放之。况天下之大寶，人君重位，非天命何以得之哉？瑞，寶信也，天以寶爲信，應人之德，故曰瑞應。天命無信，不可以力取也。』」

余嘉錫四庫提要辨證十新語：「此所記陸賈之語，以意度之，必出於陸賈二十三篇之中，蓋就論衡所引觀之，知賈喜論性命鬼神之事，此條之論瑞應，與其書之宗旨體裁，正復相合也。」

器案：「干鵲」，原作「午鵲」。尋論衡龍虛、是應兩篇，酉陽雜俎前集卷十六廣動植序，俱有「乾鵲知來」語；字又作「乾鵲」，淮南子氾論篇：「乾鵲知來而不知往。」高誘注：「乾鵲，鵲也，人將有來事憂喜之徵則鳴，此知來也。……乾讀乾燥之乾。」儀禮大射儀注、周禮天官司裘疏引淮南子作「鳱鵲知來」。廣雅釋鳥：「鳱鵲，鵲也。」「干」即「鳱」之俗別字，作「午」者，則又以與「干」形相近而誤耳。今改正，下同。又案：説文隹部：「雗，雗鷽也。」又鳥部：「鷽，雗鷽，山鵲（段注云：「『山』字當衍。」），知來事鳥也。」然則「乾」又「雗」之借字也。

附録二　楚漢春秋佚文

臨海洪頤煊原輯　江津王利器校訂

漢書藝文志六藝略春秋：「楚漢春秋九篇。」本注：「陸賈所記。」隋書經籍志作九卷，新唐書藝文志同。唐書經籍志作二十卷，不知何以多出十一卷，或字誤也。文獻通考經籍考未見著録，蓋其書已亡於南宋矣。後漢書班彪傳上：「漢興，定天下，太中大夫陸賈記録時功，作楚漢春秋九篇。」史記高祖功臣侯年表索隱：「陸賈記事，在高祖與惠帝時。」史通六家篇：「晏子、虞卿、吕氏、陸賈，其書篇第，本無年月，而亦謂之春秋。」又題目篇：「吕、陸二氏，各著一書，惟次篇章，不繫時月，此乃子書雜記，而皆號曰春秋。」又雜説上篇：「劉氏初興，書唯陸賈而已；子長述楚、漢之事，譬夫行不由徑，出不由户，未之聞也。」漢書司馬遷傳贊：「司馬遷據左氏、國語，采世本、戰國策，述楚漢春秋，接其後事，訖于大漢。」蓋司馬遷撰史記據楚漢春秋，故其言秦、漢事尤詳；然則楚漢春秋，誠研究漢代史之第一手材料也。舊輯本以洪頤煊撰集者爲較佳，刻入經典集林卷十，但紕繆亦復不少，如太平御覽六九六帶部引「北郭先生獻帶於淮陰侯」云云，而誤「獻帶」爲「獻策」；吴王濞，史記入列傳，而洪氏引史記吴王濞世家；此其一隅耳，然亦足見其魯莽滅裂矣。今輒董而理之，發爲後定，而附於新語校注之後焉，斯亦漢志稱某氏所著書之例也。

項燕爲秦將王翦所殺。（史記項羽本紀索隱）

項梁陰養生士九十人，參木者，所與計謀者也。木佯疾，於室中鑄大錢，以具甲兵。（太平御覽八三五）

案：「生」字當衍。

項梁嘗陰養士，最高者多力，拔樹以擊地。（太平御覽三八六）

吳廣説陳涉曰：「王引兵西擊，則野無交兵。」（文選曹子建又贈丁儀王粲詩注）

會稽假守殷通。（史記項羽本紀正義、漢書項籍傳注）

東陽獄史陳嬰。（史記項羽本紀正義）

上過陳留，酈生求見，使者入通。公方洗足，問：「何如人？」曰：「狀類大儒。」上曰：「吾方以天下爲事，未暇見大儒也。」使者出告。酈生瞋目按劍曰：「入言，高陽酒徒，非儒者也。」（北堂書鈔一二二、太平御覽三四二、又三六六）

洪頤煊曰：「案：史通雜説篇：『劉氏初興，書惟陸賈而已。子長述楚、漢之事，專據此書，……如酈生之初謁沛公，高祖之長歌鴻鵠，非唯文句有别，遂乃事理皆殊。』」

高祖向咸陽南攻宛，宛堅守不下，乃匿其旌旗，人銜枚，馬束舌，龍舉而翼奮，雞未鳴，圍宛城三匝。宛城降。（史記高祖本紀索隱、太平御覽三五七）

洪頤煊曰：「案：北堂書鈔十二引『龍舉翼起』四字。」

樊噲請殺之。（史記高祖本紀索隱）

案：此「秦王子嬰降軹道旁」句，索隱所引也。

沛公西入武關，居於灞上，遣將軍閉函谷關，無内項王。項王大將亞父至關，不得入，怒曰：「沛公欲反耶？」即令家發薪一束，欲燒關門，關門乃開。（藝文類聚六）

解先生云：「遣守函谷，無内項王。」（史記高祖本紀索隱）

洪頤煊曰：「案項羽本紀集解、留侯世家索隱、漢書張良傳注臣瓚云：『楚漢春秋，鯫生本姓解。』」

項王在鴻門，而亞父諫曰：「吾使人望沛公，其氣衝天，五色相摎，或似龍，或似蛇，或似虎，或似雲，或似人，此非人臣之氣也，不若殺之。」（水經渭水注、太平御覽十五、又八七、又八七二）

案：御覽八七引作「五彩相糺」。

沛公脱身鴻門，從閒道至軍。張良、韓信乃謁項王軍門曰：「沛公使臣奉白璧

一雙獻大王足下，玉斗一雙獻大將軍足下。」亞父受玉斗，置地，戟撞破之。（太平御覽三五二）

蔡生。（史記項羽本紀集解）

案：此「説者曰：人言楚人沐猴而冠耳，果然。項王聞之，烹説者」句，集解所引也。

董公八十二，遂封爲成侯。（史記高祖本紀正義）

器案：漢書高帝紀上：「新城三老董公遮説漢王曰：『臣聞：順德者昌，逆德者亡。兵出無名，事故不成。故曰：明其爲賊，敵乃可服。項羽爲無道，放殺其主，天下之賊也。夫仁不以勇，義不以力；三軍之衆（荀悦漢紀句上有「若」字）爲之素服，以告之諸侯，爲此東伐，四海之内，莫不仰德，此三王之舉也。』漢王曰：『善。非夫子，無所聞。』於是漢王爲義帝發喪，袒而大哭。」漢書此文，當亦本之陸氏，而史記乃略出爲「爲義帝死故」五字一句，不若漢書之得其本真也。

項王爲高閣，置太公於上，告漢王曰：「今不急下，吾烹太公。」漢王曰：「吾與項王，約爲兄弟，吾翁即汝翁，若烹汝翁，幸分我一杯羹。」（太平御覽一八四）

新昌亭長。（史記淮陰侯列傳索隱）

案：此「常數從其下鄉南昌亭長寄食」句，索隱所引也。

皐山。（史記淮陰侯列傳索隱）

案：此「從閒道萆山而望趙軍」句，索隱所引也。

北郭先生獻帶於淮陰侯曰：「牛爲人任用，力盡猶不置其革。」（太平御覽六九六）

項王使武涉説淮陰侯，淮陰侯曰：「臣故事項王，位不過郎中，官不過執戟，及去楚歸漢，漢王賜臣玉案之食、玉具之劍，臣背叛之，内愧于心也。」（北堂書鈔一三三、藝文類聚六九、文選張平子四愁詩注、太平御覽七一〇）

上東圍項羽，聞樊噲反，旄頭公孫戎明之卒不反，封戎二千户。（漢書王莽傳上晉灼注）

上欲封侯公，匿不肯復見，曰：「此天下之辨士，所居傾國，故號平國君。」（史記項羽本紀正義、文選陸士衡漢高祖功臣頌注）

歌曰：「漢兵已略地，四方楚歌聲；大王意氣盡，賤妾何聊生。」（史記項羽本紀正義）

高帝初封侯者，皆賜丹書鐵券，曰：「使黄河如帶，泰山如礪，漢有宗廟，爾無絶世。」（太平御覽五九八、又六三三、困學紀聞十二）

漢已定天下，論羣臣破敵禽將，活死不衰，絳灌、樊噲是也。功成名立，臣爲爪

牙，世世相屬，百世無邪，絳侯周勃是也。（文選劉子駿移書讓太常博士注）

洪頤煊曰：「案漢書禮樂志注、陳平傳注云：『楚漢春秋高祖功臣，别有絳灌。』」

器案：文選注引楚漢春秋此文，復下以己意曰：「然（案：文選注所云「然」，當讀作「然則」。）絳灌自一人，非絳侯與灌嬰。」

上敗彭城，薛人丁固追上，上被髮而顧曰：「丁公，何相逼之甚？」乃迴馬而去。上即位，欲陳功，上曰：「使項氏失天下者是子也。爲人臣用兩心，非忠也。」使下吏笞殺之。（太平御覽三七三、又六四九）

上封許負爲鳴雌亭侯。（史記周勃世家索隱）

正疆數言事而當，上使參乘，解玉劍以佩之。天下定，出以爲守。有告之者，上曰：「天下方急，汝何在？」曰：「亡。」上曰：「正疆沐浴霜露，與我從軍，而汝亡，告之何也？」下廷尉劓。（太平御覽六四八）

淮陰武王反，上自擊之。張良居守。上體不安，臥輜車中，行三四里。留侯走，東追上，簪墮被髮，及輜車，排户曰：「陛下即棄天下，欲以王葬乎？以布衣葬乎？」上罵曰：「若翁天子也，何故以王及布衣葬乎？」良曰：「淮南反于東，淮陰害于西，恐陛下倚溝壑而終也。」（太平御覽三九四）

謝公。（史記淮陰侯列傳索隱、漢書韓信傳注）

案：此「其舍人得罪於信，信囚，欲殺之」句，索隱所引也。

豈是乎？（史記黥布列傳索隱）

案：此「黥布笑曰『人相我當刑而王』」句，索隱所引也。

黥布反，羽書至，上大怒。（文選虞子陽詠霍將軍北伐詩注）

下蔡亭長詈淮南王曰：「封汝爵爲千乘，東南盡日所出，尚未足黔徒羣盜所邪？而反，何也？」（文選陸士衡五等論注）

斬告蕭何者。（北堂書鈔七）

滕公者，御也。（史記樊酈滕灌列傳索隱）

孔將軍居左。（漢書高帝功臣表注）

叔孫通名何。（史記叔孫通傳集解及索隱）

叔孫何曰：「臣三諫不從，請以身當之。」撫劍將自殺。上離席云：「吾聽子計，不易太子。」（史記叔孫通列傳索隱）

四人冠韋冠，佩銀環，衣服甚鮮。（後漢書馮衍傳四皓注）

惠帝崩，吕太后欲爲高墳，使從未央宫坐而見之。諸將諫，不許。東陽侯垂泣曰：「陛下日夜見惠帝冢，悲哀流涕無已，是傷生也。臣竊哀之。」於是太后乃止。（藝文類聚三五、太平御覽四五七、又四八八、又五五七）

田子春説張卿云：「劉澤，宗家也。」（史記燕王世家索隱）

洪頤煊曰：「案世家云：『高后時，齊人田生游乏資，以畫干營陵侯。』集解：『晉灼曰：楚漢春秋田子春，漢書燕王傳注作字子春。』」

趙中大夫曰：「臣聞：越王句踐素甲三千。」（文選潘安仁關中詩注）

吴太子名賢，字德明。（史記吴王濞列傳索隱）

韓王信都。（史記韓王信列傳索隱、漢書功臣表注、史通雜説上）

清陽侯王隆。（史記高祖功臣年表索隱）

洪頤煊曰：「案索隱云：『史記與漢書同，而楚漢春秋則不同者，陸賈記事，在高祖、惠帝時，漢書是後定功臣等列。』」

器案：史記高祖功臣侯者年表侯第，索隱引姚氏曰：「蕭何第一，曹參二，張敖三，周勃四，樊噲五，酈商六，奚涓七，夏侯嬰八，灌嬰九，傅寬十，靳歙十一，王陵十二，陳武十三，王吸十四，薛歐十五，周昌十六，丁復十七，蟲逢（當作「達」）十八。史記與漢表同，而楚漢春秋則不同者，陸賈記事，在高祖、惠帝時，漢書是後定功臣等列，及陳平受吕后命而定，或已改邑號，故人名亦別。且高祖初定惟十八侯，吕后令陳平終竟以下列侯第録，凡一百四十三人也。」

陰陵。（史記高祖功臣年表陽陵侯傅寬條索隱）

名濆。（史記高祖功臣年表博陽侯陳濞條索隱）

夜侯蟲達。（史記高祖功臣年表索隱）

南宫侯張耳。（史記高祖功臣年表索隱）

憑成侯。（史記蒯成侯列傳索隱）

器案：索隱云：「姓周，名緤，緤音薛。蒯者，鄉名。案三蒼云：『蒯鄉，在城父縣，音裴。漢書作鄘，從崩，從邑。」今書本並作蒯，音菅蒯之蒯，非也。蘇林音簿催反。（汲古閣史記索隱單行本作「苦催反」）晉灼案功臣表，屬長沙。崔浩音簿壞反。（汲古閣史記索隱單行本作「苦壞反」）楚漢春秋作「憑成侯」，則裴（汲古閣史記索隱單行本作「陪」）憑聲相近，此（汲古閣史記索隱單行本作「或」）得其實也。」

附録三　書録

王充論衡超奇篇

若夫陸賈、董仲舒，論説世事，由意而出，不假取於外，然而淺露易見，觀讀之者，猶曰傳記。

陸賈消吕氏之謀，與新語同一意。

又書解篇

高祖既得天下，馬上之計未敗；陸賈造新語，高祖粗納采。吕氏横逆，劉氏將傾，非陸賈之策，帝室不寧。蓋材知無不能，在所遭遇：遇亂則知有功，有起則以其材著書者也。

漢世文章之徒，陸賈、司馬遷、劉子政、楊子雲，其材能若奇，其稱不由人。

又案書篇

新語陸賈所造，蓋董仲舒相被服焉；皆言君臣政治得失。言可采行，事美足觀，鴻知所言，參貳經傳，雖古聖之言，不能過增。陸賈之言，未見遺闕；而仲舒之言雩祭可以應天，土龍可以致雨，頗難曉也。

又對作篇

高祖不辨得天下馬上之計未轉，則陸賈之語不奏。

班固答賓戲

陸子優繇，新語以興。（漢書敍傳上）

案：鄭氏注曰：「優繇，不仕也。」文選四五載此文，「繇」作「游」。

又漢書高帝紀下

天下既定，命蕭何次律令，韓信申軍法，張蒼定章程，叔孫通制禮儀，陸賈造新語。

孔融上書薦謝該

臣聞：高祖創業……陸賈、叔孫通進説詩、書。（後漢書儒林下謝該傳）

陸喜自序

劉向省新語而作新序，桓譚詠新序而作新論。（晉書陸喜傳）

劉勰文心雕龍諸子篇

若夫陸賈新語，賈誼新書，揚雄法言，劉向説苑，王符潛夫，崔寔政論，仲長昌言，杜夷幽求，或敍經典，或明政術，雖標論名，歸乎諸子。何者？博明萬事爲子，適辨一理爲論，彼皆蔓延雜説，故入諸子之流。

案：「新語」原作「典語」，今據王惟儉訓故本校改。孫詒讓札迻曰：「案『典』當作『新』，新語十二篇，今書具存，史記賈本傳及正義引七録並同，皆不云『典語』。隋書經籍志儒家云：『梁有典語，十卷，吳中夏督陸景撰。』（亦見馬總意林）與陸賈書別。彥和蓋偶誤記也。」

又才略篇

漢室陸賈，首發奇采，賦孟春而選典語，其辯之富矣。

器案：「選典語」當作「進新語」，諸子篇之「陸賈新語」，本亦誤作「陸賈典語」，不知何以竟一誤再誤也。

黄震黄氏日鈔卷五十六

新語十二篇，漢太中大夫陸賈所撰。一曰道基，言天地既位，而列聖制作之功。次曰術事，言帝王之功，當思之於身，舜棄黄金，禹捐珠玉，道取其至要。三曰輔政，言用賢。四曰無爲，言舜、周。五曰辨惑，言不苟。六曰慎微，言謹内行。七曰資質，言質美者在遇合。八曰至德，言善治者不尚刑。九曰懷慮，言立功當專一。十曰本行，言立行本仁義。十一曰明試，言君臣當謹言行。十二曰思務，言聞見當務執守。此其大略也，往往多合於理，而又黜神仙之妄，言墨子之非，則亦有識之言矣。然其文煩細，不類陸賈豪傑士所言。賈本以詩、書革漢高帝馬上之習，每陳前代行事，帝輒稱善，恐不如此書組織以爲文。又第五篇云：「今上無明正（當作

「王亡)聖主，下無貞正諸侯，鉏奸臣賊子之黨。」考其上文，雖爲魯定公而發，豈所宜言於大漢方隆之日乎？若賈本旨謂天下可以馬上得，不可以馬上治之意，十二篇咸無焉，則此書似非陸賈之本真也。

楊維楨山居新話序

經史之外有諸子，亦羽翼世教者，而或議之説鈐，以不要諸六經之道也。漢有陸生，著書十二篇，號新語，至今傳之者，亦善著古今存亡之徵。（據知不足齋叢書本）

錢福新刊新語序

漢班固論列劉向父子所校書爲藝文志，又即歆所奏七略中序六藝爲九種，首之以儒家者流，稱其「出於司徒之官，游文於六經之中，留意於仁義之際，宗師仲尼，以重其言」，雖未必盡然，要亦有近似者矣。書凡五十三家，而陸賈新語十二篇實存焉。予讀其書，信固之知言，又歎司馬遷之雄於文也。遷傳：「賈拜太中大夫，時時前説，稱詩、書，高帝駡之曰：『乃公居馬上得之，安事詩、書？』賈曰：『馬上得之，寧可以馬上治乎？湯、武逆取，而以順守之，文武並用，長久之術也。昔者，吴王夫差，智伯，極武而亡；秦任刑法不變，卒滅趙氏。鄉使秦以併天下，行仁義，法先聖，陛下安得而有之？」帝有慙色，謂賈曰：『試爲我著秦所以失天下，吾所以得之者，及古今成敗之國。』賈凡著十二篇。」今其書不下數千言，而其要旨，不越遷數言，於是乎知遷之雄於文，序事覈而明可指也。然遷尚豪俠，喜縱横，而稱其「固辯士」。固稍知重儒術，既列其書於儒，又贊身名俱榮，爲優於酈、婁、建、通輩。賈固有以致之哉！故知人不可以無所見，有所見，必不能掩矣。先儒議其逆取順守之説，及秦雖行仁義，不可及者。秦、漢辨士，豈足及此？要之，亦爲高帝既定天下而言之耳。其書亦不復見此論，豈遷以己見文飾其説而致然歟？若其兩使南粤，調和平、勃，以平諸吕，自爲大有功於漢，其識見議論，非惟椎埋屠狗之輩所不及，而一時射利賣友、採芝綿蕞之徒，亦豈可企哉？其書所論亦正，且多崇儉尚静等語，似亦有啟文、景、蕭、曹之治者。但無段落條理，如先儒所論賈誼之失，自是當時急於論事，動人主聽，不暇精擇渾融，觀遷謂其「每奏一篇，帝輒稱善」，其稱新語，又出於他人，可見其隨時論奏，非若後世之著述次第成一家言也。其所分篇目，則固所稱「向輒條其篇目，撮其旨意奏之」者，必非其所自定。然其言既與遷傳合，而篇次至於今不譌，且雄偉粗壯，漢中葉以來所不及，其爲真本無疑。秦、漢之書傳於今，無訛妄如此者，良亦鮮哉！方久承平既久，文章焕興，有識者或病其過於細而弱也，故往往搜秦、漢之佚書而梓之。然辨鑒未精，以僞爲真，則害道壞教亦有之矣。予竊病焉。適過桐鄉，訪宗合族，而得其令莆陽李君梓是書見眎。予素聞李君學博意誠，履朴守謙，而敏於政事；今觀是，益可見其見之明而擇之精也，樂書其首。君名廷梧，字仲陽，以己未進士，來已二年，此又仕優而學之一端云。皇明弘治壬戌歲（十五年）日長至，翰林國史修撰儒林郎華亭錢福序。（據李廷梧本、程榮本）

都穆新語後記

新語二（原如此作）卷，凡十二篇，漢大中大夫楚人陸賈譔。賈以客從高帝定天下，名有口辨，其論秦、漢之失得，古今之成敗，尤爲明備。高帝雖輕士善駡，不事詩、書，而獨於賈之語，每奏稱善，蓋前此固帝之所未聞也。惜其書歲久殘闕，人間少有藏者。予同年李君仲陽，宰潮之桐鄉，嘗得其本，鋟之於木。昔人謂文章與時高下，質而不俚，必曰先秦、西漢，此書殆其一也。然則李君之行之者，豈直取其文字之古，而其失得成敗之論，固有國有家者之當鑒也。弘治壬戌（十五年）九月十有一日，前進士吴郡都穆記。（據李廷梧本、程榮本）

李廷梧刻本，每半頁十行，行十七字。余所據本爲北京圖書館藏。有錢謙益題識云：「此書亦余十五時所收，用紫色點過。辨惑篇云：『衆口之毀譽，浮石沈木。』後爲文喜用此語。癸卯九月七日，東澗遺老書。」有「聾騃道人」白文篆書印。

陸子題辭

史記列傳：「陸賈者，楚人也，以客從高祖定天下，名爲有口辯士，居左右，常使諸侯。及高祖時，中國初定，尉他平南越，因王之。高祖使陸賈賜尉他爲南越王，陸生卒拜尉他爲越王，令稱臣，奉漢約。歸報，高祖大悦，拜賈爲大中大夫。陸生時時前説，稱詩、書，高祖駡之曰：『迺公居馬上而得之，安事詩、書？』陸生曰：『居馬上得之，寧可以馬上治之乎？且湯、武逆取而以順守之，文武並用，長久之術也。昔者，吴王夫差、智伯極武而亡，秦任刑法不變，卒滅趙氏。鄉使秦已併天下，行仁義，法先聖，陛下安得而有之？』高帝不懌，而有慙色，迺謂陸生曰：『試爲我著秦所以失天下，吾所以得之者何，及古成敗之國。』陸生乃粗述存亡之徵，凡著十二篇。每奏一篇，高帝未嘗不稱善，左右呼萬歲。號其書曰新語。」（據子彙本）

案：此僅迻録史記本傳文，而亦謂之題辭。子彙收刻此書，列爲儒家四，並易其名曰陸子。版心記「萬曆四年刊」及「萬曆五年刊」云。

胡維新刻兩京遺編序

余按陸賈習短長者也，然當斲雕破觚之初，氣輪屯而不流，詞莽鬱而不炫。

案：萬曆十年，胡維新刻兩京遺編，收入新語爲第一種。

范大沖陸賈新語序

陸生，漢初異人也。其人何以異？而稽其言與行，人異甚矣。方漢祖龍興於沛上，若蕭、曹以刀筆，張、陳以智謀，勃、嬰以織販，布、噲以屠黥，凡有一技一能者，靡不各逞所長，以赴攀龍附鳳之會，而竟得名垂竹帛，勳列鼎彝，何偉偉也！斯時也，陸生安在哉？淵潛豹隱，相時而出，不驅馳於草昧慟勷之時，而乃仗齒頰於泰定康靖之日，馬上得之治之之一語，足開卯金刀溺冠之顓蒙，故特命一一録奏，輒以新語目之，其語異矣，而非異人能之乎？此語其語也。若出使南越，和諧將相，戮吕氏，定漢鼎之數百年，如太山磐石，而不動聲色，行更何異也！此足知蕭、曹、張、陳輩，均當在其下風矣。吾先大人喜其語，録置左右。兹不肖檢閲殘編，特付剞劂，仰承先志云爾。時萬曆辛卯（十九年）夏日，光禄署丞范大沖子受甫書于天一閣中。

案：是本題署爲：「明兵部侍郎范欽訂，男大沖校刻」。

傳歸有光蒐輯諸子彙函雲陽子題辭

姓陸名賈，楚人，以客從漢高帝定天下，拜大中大夫。所著書號曰新語，其卓識宏議，爲漢儒首唱。

案：傳歸有光蒐輯諸子彙函卷十四之雲陽子，即陸賈新語，此明人慣爲古書易名之惡習。諸子彙函有文震孟丙寅序，亦黎丘之鬼耳。

閔景賢纂諸子斟淑新語題辭

西漢陸賈，號爲有口辯士。今所傳新語，乃和雅典則，與漢初文氣不類，疑東漢人贋作。

案：此收入快書第三十二種，云「朱君復删本」也。

臧琳記漢魏叢書

獨斷、西京雜記、新語、新序、説苑、潛夫論、申鑒、中論、新論、論衡、星經，亦多善者，但少雜耳。（經義雜記十九）

四庫全書總目提要（附余嘉錫辨證）

新語二卷，舊本題漢陸賈撰。案漢書賈本傳稱著新語十二篇，漢書藝文志儒家陸賈二十七篇，（案漢志實二十三篇，此「七」字誤。）蓋兼他所論述計之。隋志則作新語二卷。此本卷數與隋志合，篇數與本傳合，似爲舊本。然漢書司馬遷傳稱：「遷取戰國策、楚漢春秋、陸賈新語作史記。」楚漢春秋，張守節正義猶引之，今佚不可考。戰國策取九十三事，皆與今本合，惟是書之文，悉不見於史記。

辨證曰：「嘉錫案：自來目録家皆以新語爲陸賈所作，相傳無異詞，至提要始創疑其僞，而其所考，至爲紕繆，不足爲據。如所引漢書司馬遷傳，考之漢書，實無其文，遷傳終篇，未嘗言及陸賈新語，其贊中惟言：『司馬遷據左氏、國語，采世本、戰國策，述楚漢春秋，接其後事，訖于大漢。』亦無取陸賈新語作史記之語。惟高似孫子略卷三云：「班固稱太史公取戰國策、楚漢春秋、陸賈新語作史記。」此蓋似孫誤記，而提要誤信之，未及覆考之漢書本傳也。（卷五十一雜史類戰國策提要後案語引班固語，尚不誤。）考後漢書班彪傳、史通古今正史篇述史記所采書，皆與遷傳贊同，他書亦無取新語作史記之説，則是書之文，悉不見於史記，固其宜也。」

王充論衡本性篇引陸賈曰：「天地生人也，以禮義之性，人能察己所以受命，則順；順謂之道。」今本亦無其文。

辨證曰：「案：是書賈本傳作十二篇，漢志儒家陸賈二十三篇，提要既知爲兼他論述計之，則論衡本性篇所稱引之語，稱『陸賈曰』，不稱『新語曰』，自是賈他論述中之文。故嚴可均鐵橋漫稾卷五新語敍謂：『本性篇所引，當在漢志二十三篇中。』則今本之無其文，亦不足異。論衡書虚篇引陸賈曰：『離婁之明，不能察帷薄之内；師曠之聰，不能聞百里之外。』其文亦不見於今本。又薄葬篇云：『聖賢之業，皆以薄葬省用爲務。然而世尚厚葬，有奢泰之失者，儒家論不明，墨家議之非故也。墨家之議右鬼，以爲人死輒爲神鬼而有知，能形而害人，故引杜伯之類以爲效驗。儒者不故，以爲死人無知，不能爲鬼；然而賻祭備物者，示不負死以觀生也。陸賈依儒而説，故其立語，不肯明處。』今新語無論鬼神之語，此亦引賈他著述也。西京雜記卷三曰：『樊將軍噲問於陸賈曰：自古人君皆云受命於天，云有瑞應，豈有是乎？陸賈應之曰：有。夫目瞤得酒食，燈火花得錢財，乾鵲噪而行人至，蜘蛛集而百事喜。小既有徵，大亦宜然。故目瞤則咒之，燈火花則拜之，乾鵲噪則餧之，蜘蛛集則放之；況天下大寶，人君重位，非天命何以得之哉？瑞者，寶也，信也。天以寶爲信，應人之德，故曰瑞應。無天命，無寶信，不可以力取也。』太平廣記卷一百三十五引殷芸小説略同。西京雜記乃晉葛洪雜鈔諸書爲之，説詳彼書條下，此所記陸賈之語，以意度之，必出於陸賈二十三篇之中，蓋就論衡所引觀之，知賈喜論性命鬼神之事；此條之論瑞應，與書之宗旨體裁，正復相合也。賈所著書，除新論外，其可考者如此，提要及嚴氏僅引本性篇一條，蓋猶考之未詳矣。」

又穀梁傳至漢武帝時始出，而道基篇末乃引穀梁傳曰，時代尤相牴牾。其殆後人依託，非賈原本歟？

辨證曰：「案穀梁傳出世時代，御覽卷六百十引桓譚新論云：『左氏傳世後百餘年，魯穀梁赤爲春秋，殘略多所遺失。又有齊人公羊高，緣經作傳，彌失其本事矣。』禮記王制天子諸侯無事則歲三田章，疏引鄭玄云：『穀梁近孔子，公羊正當六國之亡。』（此鄭釋廢疾之文）漢書儒林傳云：『漢興，高祖過魯，申公以弟子從師入見於魯南宮，申公卒以詩、春秋授，而瑕丘江公盡能傳之。』又云：『瑕丘江公受穀梁春秋及詩於魯申公。』並無穀梁傳至武帝時始出之説。提要之意，蓋以瑕丘江公受穀梁春秋於魯申公，申公之學，惟江公盡能傳之，申公至武帝時年八十餘乃卒，而江公在武帝時與董仲舒並，（以上並見儒林傳）因謂穀梁傳至是始出，爲賈所不及見；不知申公爲浮邱伯弟子，其穀梁春秋之學，自當是受之於伯，高祖過魯，申公以弟子從師入見，師蓋即浮邱伯，其時賈方以客從高祖定天下，居左右；吕太后時，浮邱伯在長安，楚元王遣子郢客與申公俱卒業，（見楚元王傳及儒林傳）賈亦方爲陳平畫與絳侯交驩之策，（均見賈傳）是賈與浮邱伯正同時人，又同處一地，何爲不可以見穀梁春秋乎？新語資質篇云：『鮑丘之德行，非不高於李斯、趙高也，然伏隱蒿廬之下，而不録於世，利口之臣害之也。』鹽鐵論毁學篇云：『李斯與包邱子俱事荀卿，包邱子不免於甕牖蒿廬。』又云：『方李斯之相秦也，始皇任之，人臣無二，而荀卿爲之不食，覩其罹不測之禍也。包邱子飯麻蓬藜，修道白屋之下，樂其志，安之於廣厦芻豢，無赫赫之勢，亦無戚戚之憂。』與新語所言鮑丘、李斯之事合，飯麻蓬藜修道白屋之下，即所謂伏隱蒿廬之下，包邱即鮑邱，古字通用。（文苑英華卷八百五顧況華亭縣令包公壁記云：「鮑靚通靈之士，秦有包邱，漢有包咸。」是唐人尚以鮑邱與包邱爲一姓也。）包又與浮通，左氏隱八年經浮來，穀梁作包來，是其證。鮑邱子即浮邱伯，（汪中荀卿子通論、顧千里鹽鐵論考證後序、沈欽韓漢書疏證卷二十七，均謂包邱子即浮邱伯，今參用其意，更詳加考證如此。）浮邱伯爲孫卿門人，見楚元王交傳。賈著新語，在申公卒業之前，浮邱尚未甚老，賈之年輩當亦與相上下，而賈極口稱之，形於奏進之篇，其意蓋欲以此當薦書，則其學出於浮邱伯，尤有明徵。穀梁傳序疏云：「穀梁子名俶，字元始，魯人，一名赤。受經於子夏，爲經作傳，傳孫卿，孫卿傳魯人申公，申公傳博士江翁。」閻若璩古文尚書疏證卷四云：「申公受詩浮邱伯，伯，荀卿門人，申於詩爲再傳，何獨於春秋而親受業乎？且申至武帝初年八十餘，計其生當在秦初并天下日，荀卒已久，疏凡此等，俱悠謬不勝辨。」沈欽韓漢書疏證卷三十四云：「案申公之年，不能逮事荀卿，而其師浮邱伯也，蓋荀卿傳浮邱伯，浮邱伯傳申公。」其説是也。浮邱伯以詩及穀梁傳授弟子，賈與之同時，敬其德行，安知其不從之問春秋大義，如司馬遷之問故於孔安國耶？特賈非專門名家，故儒林傳不列其名耳。則其引穀梁傳，曾何足異乎？（劉歆移太常博士書所云：「漢興，天下惟有易、卜。至文帝時，詩始萌芽。至武帝，然後鄒、魯、梁、趙，頗有詩、禮、春秋先師」者，特謂文、景以前諸儒，皆孤經傳授，至武帝時，鄒、魯、梁、趙，皆有先師，其傳始廣耳。考之漢書楚元王傳：「交與申公受詩浮邱伯，伯者，孫卿門人也，及秦焚書，各別去，元王至楚，高后時，浮邱伯在長安，元王遣子郢客與申公俱卒業。」又儒林傳云：「漢興，言易，自淄川田生；言書，自濟南伏生；言詩，於魯則申培公，於齊則轅固生，燕則韓太傅；言禮，則魯高堂生；言春秋，於齊則胡毋生，於趙則董仲舒。」又云：「漢興，高堂生傳士禮十七篇，而魯徐生善爲頌。孝文時，徐生以頌爲禮官大夫。胡毋生治公羊春秋，爲景帝博士。漢興，北平侯張蒼及梁太傅賈誼皆修春秋左氏傳。」是則詩之萌芽，早在高后之時，而禮與春秋，自漢興已有先師矣，安得執劉歆之言，謂穀梁傳至武帝時始出乎？）辨惑篇引魯定公與齊侯會于夾谷事，與穀梁傳略同，而其詞加詳。公羊既無其事，左傳所載復不同，知其用穀梁義也。「兩君升壇，兩相處下，而相欲揖」，傳作「兩君就壇，兩相相揖」；「夷狄之民何求爲」，傳作「夷狄之民何來爲」；「使優旃儛於魯公之幕下」，傳作「使優施舞於魯君之幕下」，可以考見古今傳文之異。至德篇云：「魯莊公一年之中，以三時興築作之役，（案謂三十一年春築臺于郎，夏築臺于薛，秋築臺于秦也。）規固山林草澤之利，與民爭田漁薪菜之饒，刻桷丹楹，眩曜靡麗，收十二之稅，不足以供回邪之欲，饍不用之好，以快（「快」字原缺，據治要補。）婦人之目，財盡於驕盈，人力罷於不急，上困於用，下飢於食，乃遣臧孫辰請（原缺二字）於齊，倉廩空匱，外人知之，於是爲宋、陳、衞所伐。」考穀梁莊二十八年冬築微傳云：「山林藪澤之利，所以與民共也，虞之，非正也。」臧孫辰告糴于齊傳云：「國無三年之畜，曰國非其國也。古者稅什一，豐年補敗，不外求而上下足也。雖累凶年，民弗病也。一年不艾，而百饑，君子非之。」三十一年秋築臺於秦傳云：「不正，罷民三時，虞山林藪澤之利，且財盡則怨，力盡則懟，君子危之，故謹而志之也。」賈說全出於此。所謂規固山林草澤之利，與民爭田漁薪菜之饒者，左氏、公羊皆無此事，知賈爲用穀梁師說也。明誡篇云：「聖人察物，無所遺失，上及日月星辰，下至鳥獸草木昆蟲，（原缺三字）鷁之退飛，治五石之所隕，所以不失纖微。至於鸜鵒來，冬多麋，言鳥獸之類（原缺三字）也。十有二月李梅實，十月殞霜不殺菽，言寒暑之氣失其節也。鳥獸草木尚欲各得其所，綱之以法，紀之以數，而況於人乎？」案穀梁僖十六年六鷁退飛過宋都傳云：「子曰：石，無知之物；鶂，微有知之物。石無知，故日之。鶂微有知之物，故月之。君子之於物，無所苟而已。石、鶂猶且盡其辭，而況於人乎？故五石、六鷁之辭不設，則王道不亢矣。」（范甯注云：「不遺細微，故王道可舉。」）此亦左氏、公羊所未言，知賈說本於此也。以此數條推之，知全書所言春秋時事，皆用穀梁家法，又不獨道基篇所引一條而已。（近人劉師培左菴集卷二春秋三傳先後考云：「周季漢初之儒，凡治春秋，均三傳並治，非惟荀卿之書可徵也，觀陸賈新語道基篇，明引穀梁傳，而輔政、無爲、至德、懷慮、明誡諸篇，均述公羊誼，爲繁露所本。若辨惑一篇，甄引孔子論嘉樂諸言，則又悉本左傳。」又左氏學行於西漢攷云：「新語之説，多本公、穀，然辨惑篇載孔子『嘉樂不野合』二語，均本左傳，則賈兼通三傳。」余謂賈兼左傳，誠如劉説，但不過引用其語耳；至其説春秋大義，實用穀梁家法。若春秋繁露之説，或有與賈相似者，此自仲舒被服新語耳，不得以賈爲述公羊誼也。蓋公羊傳至漢景帝時始由公羊壽與齊人胡毋子都著於竹帛，當漢初時，尚是口説相傳，賈未必得聞之。若穀梁，則賈親從浮邱伯游，自得從之問故也。）又至德篇末有『故春秋穀』四字，其下文闕佚，蓋亦引穀梁傳也。楊士勛穀梁疏謂『穀梁子爲經作傳』，而徐彦公羊疏則謂：『穀梁亦是著竹帛者，題其親師，故曰穀梁傳。』二説不同，今亦不敢斷其孰是。（四庫提要卷二十六云：「疑徐彦之言爲得其實。」）然既爲賈所徵引，足知其著竹帛先於公羊，桓譚、鄭玄之言，信而有徵矣。漢儒諸經師説雖多亡佚，然其遺文，散見諸書者，多可裒集；惟穀梁春秋，以後人治之者鮮，漢儒之説幾希殆絶，賈書幸而僅存其説，猶在申公、瑕邱江公之前，去著竹帛時未遠，微言大義，皆有所受，治經者宜若何寶重之乎？有清一代，經學極盛，而於賈之穀梁義，鮮稱述之者，豈非爲提要不根之説所惑耶？」

考馬總意林所載，皆與今本相符。李善文選注於司馬彪贈山濤詩引新語曰：

「梗梓仆則爲世用。」於王粲從軍詩引新語曰：「聖人承天威，承天功，與之争功，豈不難哉？」於陸機日出東南隅行引新語曰：「高臺百仞。」於古詩第一首引新語曰：「邪臣之蔽賢，猶浮雲之鄣日月。」於張載雜詩第七首引新語曰：「建大功於天下者，必垂名於萬世也。」以今本核校，雖文句有詳略異同，而大致亦悉相應，似其僞猶在唐前。惟玉海稱：「陸賈新語，今存於世者，道基、術事、輔政、無爲、資賢（當作「質」）、至德、懷慮纔七篇。」此本十有二篇，乃反多於宋本，爲不可解；或後人因不完之本，補綴五篇，以合本傳舊目也。

辨證曰：「案嚴氏新語敍曰：『史記本傳十二篇，漢書同，藝文志作二十三篇，疑兼他論譔計之。史記正義引梁七録：新語二卷，陸賈撰。隋志、舊、新唐志同。崇文總目、郡齋讀書志、書録解題皆不著録。王伯厚漢藝文志考證云：今存道基、術事、無爲、資質、至德、懷慮七篇。蓋宋時佚而復出，出亦不全。至明弘治間，莆陽李廷梧字仲陽，得十二篇足本，刻版於桐鄉縣治，後此有姜思復本、胡維新本、子彙本、程榮、何鏜叢書本，皆祖李廷梧。或疑明本十二篇，反多於王伯厚所見，恐是後人因不全之本，補綴五篇以合本傳篇數；今知不然者，羣書治要載有八篇，（按見治要卷四十）其辨惑、本行、明誡、思務四篇，皆非王伯厚所見，而與明本相同。文選張載雜詩注引「建大功於天下者，必垂名於萬世也」，古詩行行重行行注引「邪臣之蔽賢，猶浮雲之鄣日月」，今在辨惑篇；王粲從軍詩注引「聖人承天威，承天功，與之争功，豈不難哉」，今在本行篇；意林所載「衆口毁譽，浮石沈木，羣邪相抑，以直爲曲」，今在辨惑篇；「玉斗酌酒，金椀刻鏤，所以夸小人，非厚己也」，今在本行篇；足知多出五篇，是隋、唐原本。」嚴氏所考，足以釋提要之疑。羣書治要爲修四庫書時所未見，提要不知其所載新語同於今本，固不足怪；獨是提要既謂此書之僞，似在唐前，又謂後人因不完之本補綴五篇。夫所謂不完之本者，即王伯厚之所見也，伯厚爲南宋末人，信如提要之言，則必伯厚所見之七篇爲唐以前人所僞作，今本多出之五篇，出於宋以後人之僞作而後可；乃其所引意林及選注所謂與今本雖有詳略異同而大致亦悉相應者，竟多見於後出之篇；然則此五篇者，究出於唐以前耶？宋以後耶？可謂自相矛盾，多所牴牾者矣。考宋黄震日鈔卷五十六云：「新語十二篇，漢大中大夫陸賈所撰。一曰道基，言天地既位，而列聖制作之功。次曰術事，言帝王之功，當思之於身，舜棄黄金，禹捐珠玉，道取其至要。三曰輔政，言用賢。四曰無爲，言舜、周。五曰辨惑，言不苟合。六曰愼微，言謹内行。七曰資質，言質美者在遇合。八曰至德，言善治者不尚刑。九曰懷慮，言立功當專一。十曰本行，言立行本仁義。十一曰明誠，言君臣當謹言行。十二曰思務，言聞見當務執守。此其大略也。』其所敘篇目，與今本皆合，且能每篇言其作意，是十二篇未嘗闕也。黄氏與王伯厚皆生於宋末，正是同時之人；然則當時自有兩本，一只七篇，一則十二篇，王氏偶見不全之本耳。乃提要遽謂宋本只七篇，餘出後人補綴，嚴氏亦謂宋時佚而復出，出亦不全，皆不考之過也。」

今但據其書論之，則大旨皆崇王道，黜霸術，歸本於修身用人。其稱引老子者，惟思務篇引「上德不德」一語，餘皆以孔氏爲宗，所援據多春秋、論語之文，漢儒自董仲舒外，未有如是之醇正也。流傳既久，其真其贋，存而不論可矣。

辨證曰：「案班固賓戲云：『近者，陸生優游，新語以興；董生下帷，發藻儒林；劉向司籍，辨章舊聞；楊雄覃思，法言、太玄；皆及時君之門闈，究先聖之壼奥，婆娑虖術藝之場，休息虖篇籍之囿，以全其質，而發其文。』（漢書敘傳、文選卷四十五）漢書高祖本紀云：『天下既定，命蕭何次律令，韓信申軍法，張蒼爲章程，叔孫通制禮儀，陸賈造新語。』（高紀此節，史記所無，班固采自太史公自序，但自序無「陸賈造新語」一句，又班氏所自增。）論衡案書篇云：『新語陸賈所造，蓋董仲舒相被服焉，（案漢書河間獻王傳云：「被服儒術，造次必於儒者。」注：「師古曰：『被服，言常居處於其中也。』」通鑑卷十八胡注：「被服者，言以儒術衣服其身也。」與顏注雖異，而意亦不甚相遠。王先謙漢書補注定從胡注，未爲不可；乃又云：「史記作『被服造次必於儒者』，則謂不服奇衺，不苟行止也。」此則純出臆説，未免畫蛇添足。如此文之董仲舒相被服，可以不服奇衺解之乎？）皆言君臣政治得失，言可采行，事美足觀，鴻知所言，參貳經傳，雖古聖之言，不能過增。陸生之言，未見遺闕；而仲舒之言雩祭可以應天，土龍可以致雨，頗難曉也。」又超奇篇：「陸賈、董仲舒論説世事，由意而出，不假取於外。」又云：「陸賈消呂氏之謀，與新語同一意。」其爲漢人推重如此。王充謂其言君臣政治得失，論説世事，與今本體裁亦復相合，知新語確爲敷陳治道之書，非記事之書。且班固稱之曰：「究先聖之壼奧，婆娑術藝，休息篇籍。」王充稱之曰：「參貳經傳，雖古聖之言，不能過增。」則其崇王道，黜霸術，援據春秋、論語，以孔氏爲宗，正不待作提要之時，讀其書而始知之也。況班固以之與董仲舒、劉向、揚雄並言，又與蕭何、韓信、張蒼、叔孫通諸家之開國制作同稱，其重之也至矣。王充謂新語蓋董仲舒相被服，是仲舒固亦推服其書，故充屢以二人之書相衡較，且謂仲舒不如賈；然則提要所謂漢儒自董仲舒外未有如是之醇正者，不獨不足爲奇，尚嫌高視仲舒，所以贊賈者，未及其量也。黄震日鈔卷四十六謂：「漢初諸儒，未有賈比。」卷四十七又謂：「賈庶幾以道事君者。」其稱譽賈甚至；然其卷五十六又謂：「此書似非賈之本真。」則其識亦尚未足以知賈矣。嚴氏敍云：「子書，新語最純最早，貴仁義，賤刑威，述詩、書、春秋、論語，紹孟、荀而開賈、董，卓然儒者之言，史遷目爲辨士，未足以盡之。」嚴氏此論甚善。雖其意亦取之於提要，然提要非真能知新語者，惟嚴氏乃能知之耳。但嚴氏又謂穀梁傳孝武始立學，非陸賈所預見，則猶未免惑於提要之説。穀梁傳由荀卿、浮邱伯以授之申公，賈與浮邱伯同時相善，何爲不可預見乎？且據儒林傳，穀梁春秋至宣帝時始徵江公孫爲博士，孝武時未嘗立諸學官也。道基篇所引穀梁傳曰：「仁者以治親，義者以利尊。」今穀梁傳無其文，鍾文蒸穀梁補注謂此語乃漢志所稱穀梁外傳、穀梁章句之語，而通謂之傳。（見補注卷首論傳篇）其説似爲得之。嚴氏謂賈所見者穀梁舊傳，疑瑕邱江公所受于魯申公者，其本復經改造，非穀梁赤之舊。亦未必然也。要之，賈在漢初，粹然儒者，於詩、書煨燼之餘，獨能誦法孔氏，開有漢數百年文學之先，較之賈、董爲尤難，其功不在浮邱伯、伏生以下，故班固、王充皆亟稱之，漢高以馬上得天下，不知重儒，賈獨爲之稱説詩、書，陳述仁義，本傳言其每奏一篇，高帝未嘗不稱善；論衡書解篇云：「高祖既得天下，馬上之計未敗，陸賈造新語，高祖粗納采。」後漢書儒林謝該傳載孔融上書薦該曰：「臣聞高祖創業，陸賈、叔孫通進説詩、書。」則漢初之撥亂反正，賈有力焉。融以賈與叔孫通、范升、衛宏并言，亦以賈爲經學之儒也。然賈實具内聖外王之學，非叔孫通輩陋儒所敢望，惜乎未盡其用，否則經術之興，不待漢武時也。史遷乃曰：「余讀陸生新語書十二篇，固當世之辨士。」夫新語豈飛箝捭闔書耶？然則國人皆以孟子爲好辯，又何爲讀之廢書而歎也！本傳敍賈著新語，但粗述存亡之徵，蓋其不足以知陸生如此；班固之智雖足以知之，而其爲賈作傳，僅刪去粗述存亡之徵一語，（此蓋不以史記爲然，有意刪去。）其他皆沿襲史記，無所發明，傳贊雖改作，但稱其附會將相，以彊社稷，身名俱榮，竟不復道及新語；敍傳亦只言從容諷議，博我以文而已。（博我以文，即指新語言之。）後儒因之，遂鮮稱述之者。幸而遺書具在，猶可考見其學問，而提要不能博考，臆決唱聲，誣爲贋作，豈不重可歎哉！愚故逐條辨駁，表而出之，無使讀者惑焉。」

所載衞公子鱄奔晉一條，與三傳皆不合，莫詳所本。中多闕文，亦無可校補。所謂文公種米、曾子駕羊諸事，劉晝新論、馬總意林皆全句引之，知無譌誤，然皆不知其何說。又據犂嗃報之語，訓詁亦不可通。古書佚亡，今不盡見，闕所不知可也。

辨證曰：「案新語明誡篇云：『故春秋書衞侯之弟鱄出奔晉，書鱄絶骨肉之親，棄大夫之位，越先人之境，附他人之域，窮涉寒饑，織履而食，不明之效也。』考穀梁襄二十七年傳云：『衞殺其大夫甯喜，衞侯之弟專出奔晉。專，喜之徒也。專之爲喜之徒何也？己雖急納其兄，與人之臣謀弑其君，是亦弑君者也。專，其曰弟何也？專有是信者，君賂不入乎喜而殺喜，是君不直乎喜也，故出奔晉，織絇邯鄲，終身不言衞。專之去，合乎春秋。」是穀梁未嘗以絶骨肉之親責鱄；左氏敍鱄事，意多褒美；公羊亦無貶辭。故提要以新語爲與三傳不合。然新語之織履，即穀梁之織絇也，（禮記玉藻注云：「絇，履頭飾也。」）此事左氏、公羊皆不載，則仍是用穀梁義也。穀梁雖謂鱄之去合乎春秋，然又謂鱄亦弑君者，則於鱄有所不滿，陸生因謂之不明。公羊何休注云：「傳極道此者，是獻公無信，刺鱄兄爲彊臣所逐，既不能救，又移心事剽，背爲姦約，獻公雖因喜得反，誅之小負，未爲大惡，而深以自絶，所謂守小信而忘大義，拘小介而失大忠。」夫所謂忘大義失大忠者，正責其棄骨肉之親，而輕去其國也。或者，穀梁先師亦有此説，而賈敍之耳。何休之説公羊，與新語同，則不得謂之與三傳皆不同矣。（何休之説亦非公羊傳本意，故陸賈之説不必定爲穀梁本傳所有。）淮南子泰族訓云：「夫觀逐者於其反也，而觀行者於其終也。故舜放弟，周公殺兄，猶之爲仁也。文公樹米，曾子架羊，猶之爲智也。」高誘注云：「文公，晉文公也。樹米，而欲生之也。架，連架，所以備知也。」（末句不甚可解。）此亦望文爲説，而不能詳其本事者。説苑雜言篇亦云：「文公種米，曾子駕羊，孫叔敖相楚，三年，不知軛在衡後，務大者固忘小。」然則此固相沿古語，漢人習用者矣。劉子新論觀量篇作「晉文種米，曾子植羊」，文又小異。世説尤悔篇云：「簡文見田稻不識，問是何草，左右答是稻。簡文還，三日不出，云：寧有賴其末而不識其本！」劉孝標注云：「文公種菜，曾子牧羊，縱不識稻，何所多悔？此言必虚。」亦用此二語，「米」作「菜」，「駕」作「牧」，疑後人不得其解而妄改之。詳數書之意，蓋言米不可種，羊不可駕，此衆人之所知，而晉文、曾子不知，世或以爲不智；然君子之智，有大於此者，故新語曰：「智者之所短，不如愚者之所長。」（見輔政篇）説苑曰：「務大者固忘小。」劉孝標亦謂「無所多悔」也。但終不能得其本事耳。資質篇云：「夫窮澤之民，據犂嗝報之士，或懷不羈之才。」各本皆同，故提要以爲訓詁不可通。然考羣書治要卷四十引此句作「據犂接耜之士」，則固文從字順，無不可通者，今本傳寫誤耳。」（余嘉錫四庫提要辯證卷十子部一儒家類一）

王謨漢魏叢書識語

右陸賈新語二卷。按史記本傳：「賈爲高帝麤述存亡之徵，凡著十二篇，每奏一篇，帝未嘗不稱善，左右呼萬歲，號其書曰新語。」正義引劉向七録云：「新語二卷。」班固論列劉向父子所校書爲藝文志，而賈書乃有二十三篇，似不止此十二篇；

然自隋、唐志及崇文書目相承皆止二卷，至王伯厚著玉海，言「今存於世者，道基、術事、輔政、無爲、資賢（當作「質」）、至德、懷慮纔七篇」，則此書至宋末又闕其五篇。故文獻通考備録漢世儒家諸書，獨遺新語，必其未見全書也。而今本錢序乃云「篇次至今不訛」，又謂：「秦、漢之書傳至於今無訛妄，如此者亦鮮。」則又元、明以來裒集得之者也。今讀其書，所敷奏蓋不獨稱説詩、書，發明帝王所以治天下之道而已，又多引論語、孝經，於孔子誅少正卯，會夾谷，厄陳、蔡事，以及顔、曾諸賢，皆樂舉而頌揚之，漢世儒家者流，固未能或之先也。夫以暴秦禁學，有敢偶語詩、書棄市，以古非今者族，宜乎舉世瘖啞，不知經學，而浮丘公、伏生之徒，各抱遺經，以相教授，陸生且能以其所學，昌言於人主之前，風雨如晦，雞鳴不已，天降時雨，山川出雲，其於消息存亡之幾，所關非細故也。嗚呼，是豈得以辯士當之也！汝上王謨識。

新語總評

王充玩子雲之篇，樂於居千石之官，挾桓君山之書，富於積猗頓之財。韓非之書，傳在秦庭，始皇歎曰：「獨不得與此人同時。」陸賈新語，每奏一篇，高祖左右稱曰萬歲。夫歎思其人，與喜稱萬歲，豈可空爲哉？誠見其美，懽氣發於内也。

又云：世儒之愚，有趙他之惑，鴻文之人，陳陸賈之説。都穆云：「文章與時高下，質而不俚，必曰先秦、兩漢，若陸賈新語，殆其一也。」（王謨編漢魏叢書）

周廣業意林附注

陸賈新語（舊訛「書」）二卷。本注：「大中大夫陸賈也。」案：賈，楚人，漢高帝拜大中大夫。史記本傳：「著書十二篇，號新語。」漢志作二十三篇，隋、唐、宋志二卷，今存十二篇。新語之名，史及七録、隋、唐、宋諸志並同。又班固賓戲曰：「陸子優繇，新語以興。」論衡書解篇曰：「陸賈造新語，高祖粗納。」則知舊作「新書」者，又因下晁、賈二子書而訛寫也。

按此漢人著書之始，新語外，又有楚漢春秋、感春賦，文心雕龍所謂「首發奇采，賦孟春而選典誥」也。承秦燔之後，遇罵儒之主，而能使每篇稱善，左右皆呼萬歲，斯其啓沃之功大矣。王仲任謂：「新語參貳經傳，言可采，行足觀。」王弇州譏其淺顯，無甚高倜儻之見，過矣。

章學誠校讎通議

劉歆七略亡矣，其義例之可見者，班固藝文志注而已。（原注云：「班固自注，非顔注也。」）七略於兵書權謀家有伊尹、太公、管子、荀卿子（原注云：「漢書作孫卿子。」）、鶡冠子、蘇子、蒯通、陸賈、淮南王九家之書，而儒家復有荀卿子、陸賈二家之書，道家復有伊尹、太公、管子、鶡冠子四家之書，縱横家復有蘇子、蒯通二家之書，雜家復有淮南一家之書，兵書技巧家有墨子，而墨家復有墨子之書，惜此外之重複互見者，不盡見於著録，容有散逸失傳之文；然即此十家之一書兩載，則古人之申明流别，獨重家學，而不避重複著録明矣。

器案：漢書藝文志兵書略兵權謀云：「右兵權謀十三家、二百五十九篇。」本注：「省伊尹、太公、管子、孫卿子、鶡冠子、蘇子、蒯通、陸賈、淮南王三百五十九篇（原作「種」，今從劉奉世説改正），出司馬法，入禮也。」古書殺青繕寫，著於竹帛，往往裁篇别出。漢書藝文志六藝略禮類中庸説二篇，師古曰：「今禮記有中庸一篇，亦非禮本經，蓋此之流。」今案：以其别出，故有説，猶弟子職之有説三篇也。又六藝略論語類孔子三朝記七篇，師古曰：「今大戴禮有其一篇。」又六藝略孝經類弟子職一篇，師古注引應劭曰：「管仲所作，在管子書。」案今爲管子第五十九篇。隋書經籍志著録夏小正一卷，戴德撰，今載於大戴禮記；又月令章句十二卷，蔡邕撰，今月令載於禮記，蓋漢代一家之書，就其性質而分别單行者，固不乏其例矣。七略以伊尹以下九家之言兵權謀者，别出單行，班固則以之併入儒、道、縱横、雜各家之全書，故於七略之兵權謀省去此九家也。漢志道家鶡冠子一篇，韓愈所見爲十六篇（讀鶡冠子），今本十九篇，其中多與龐煖問答之語，尋兵權謀有龐煖三篇，蓋當時即以龐煖書傳合，羼入鶡冠，班固以其複出，故省兵家之鶡冠而留龐煖。又六藝略禮軍禮司馬法百五十五篇，此即班氏所云「出司馬法入禮也」。又諸子略道太公謀八十一篇，兵八十篇及今本管子之兵法、荀子之議兵、淮南子之兵略等篇，皆當在所省二百五十九篇之内。至藝文志儒家陸賈二十三篇，本傳十二篇，今本篇數與本傳合，與漢志不合，蓋漢志所著録者乃合併兵權謀家之陸賈，故得二十三篇，然則兵權謀家之陸賈爲班氏所省者，當爲十一篇也。陸賈蓋以儒家而兼兵家，故於漢之得天下與治天下，於新語「粗述」之餘，復有專言「馬上」之道也。然則今傳世之新語，當爲七略分别著録於儒家之本即新語，而非班氏省兵權謀家十一篇入儒家二十三篇之本，儒家新語十二篇，既合於陸賈二十三篇之中，故漢志不見著録，非班氏之大忘也。然則新語是七略本行世，而漢志著録本失傳耳。前賢言陸賈書者多不了，蓋未注意及兵權謀家所省之陸賈耳。

嚴可均新語叙

史記本傳：「陸賈者，楚人也，時時前説稱詩、書，高帝曰：『試爲我著秦所以失天下，吾所以得之者。』迺粗述存亡之徵，凡著十二篇，每奏一篇，高帝未嘗不稱善。左右呼萬歲。號其書曰新語。」漢書本傳同。藝文志作二十三篇，疑兼他所論譔計之。史記正義引梁七録，新語二卷，陸賈撰。隋志、舊新唐志同。崇文總目、郡齋讀書志、直齋書録解題皆不著録。王伯厚漢藝文志考證云：「今存道基、術事、輔政、無爲、資質、至德、懷慮七篇。」蓋宋時此書佚而復出，出亦不全。至明弘治間，莆陽李廷梧字仲陽得十二卷足本，刻版于桐鄉縣治，後此有姜思復本、胡維新本、子彙本、程榮、何鏜叢書本，皆祖李廷梧。或疑明本十二篇，反多于王伯厚所見，恐是後人因不全之本，補綴五篇，以合本傳篇數。今知不然者，羣書治要載有八篇，其辨惑、本行、明誡、思務四篇，皆非王伯厚所見，而與明本相同。文選張載雜詩注引「建大功於天下者，必垂名於萬世也」，古詩行行重行行注引「邪臣之蔽賢，猶浮雲之鄣日月」，今在辨惑篇；王粲從軍詩注引「聖人承天威，承天功，與之争功，豈不難哉」，今在本行篇；意林所載「衆口毁譽，浮石沈木，羣邪相抑，以直爲曲」，今在辨惑篇；

「玉斗酌酒，金椀刻鏤，所以夸小人，非厚己也」，今在本行篇；足知多出五篇，是隋、唐原本。至論衡本性篇引陸賈曰：「天地生人也，以禮義之性，人能察己所以受命，則順，順謂之道。」今十二篇無此文，論衡但云陸賈，不云新語，或當在漢志之二十三篇中。又穀梁傳孝武始立學，非陸賈所預見，今此道基篇引穀梁傳曰：「仁者以治親，義者以利尊。」乃是穀梁舊傳，故今傳無此文；因知瑕丘江公所受于魯申公者，其本復經改造，非穀梁赤之舊也。漢代子書，新語最純最早，貴仁義，賤刑威，述詩、書、春秋、論語，紹孟、荀而開賈、董，卓然儒者之言，史遷目爲辨士，未足以盡之。其詞皆協韵，流傳久遠，轉寫多譌，今據明各本，以羣書治要之八篇，及文選注、意林等書，改正删補，疑者闕之，間有管見一二，輒附案語，不敢臆定；後之覽者，或有取乎此。嘉慶乙亥歲（二十年）夏六月，烏程嚴可均謹叙。（鐵橋漫稿卷五）

案：鐵橋漫稿卷三答徐星伯同年書附所著書目，有「陸賈新語二卷，可均輯」。其鄉人范鍇花笑廎雜筆卷四亦登載嚴氏所著書目，大半未刊行，陸賈新語其一也。

周中孚鄭堂札記一

高氏子略三戰國策條，首云：「班固校太史公，取戰國策、楚漢春秋、陸賈新語作史記，三書者，一經太史公采擇，後之人遂以爲天下奇書。」此下將戰國策辨駁。後又云：「况于楚漢春秋、陸賈新語乎？三書紀載，殊無奇耳。然則太史公獨何有取于此？夫載戰國、楚、漢之事，舍三書，他無可考者，太史公所以加之采擇者在此乎？」中孚案：漢書遷傳贊祇云「據左氏、國語，采世本、戰國策，述楚漢春秋」，不曾數及新語，高氏頻言三書，甚誤已甚。况新語一書，漢志著録在儒家，繹其文，絶非戰國策、楚漢春秋之類，且亦不見有爲太史公所采擇者，何得相提而並論乎？予於子書，考縱横家、戰國策下，全采高氏此條，竟將兩陸賈新語删去，三書俱改作二書，免滋學者之惑。

案：周氏謂漢志儒家著録者爲新語，而不知實乃陸賈，亦可謂魯莽滅裂矣。

戴彦升陸子新語序

新語十二篇，漢大中大夫陸賈撰，今分二卷。史記陸賈傳：「陸生時時前説稱詩、書，高帝駡之曰：『迺公居馬上而得之，安事詩、書？』陸生曰：『居馬上得之，寧可以馬上治之乎？且湯、武逆取而以順守之，文武並用，長久之術也。昔者，吴王夫差、智伯極武而亡，秦任刑法不變，卒滅趙氏。鄉使秦已併天下，行仁義，法先聖，陛下安得而有之？』高帝不懌，而有慙色，迺謂陸生曰：『試爲我著秦所以失天下，吾所以得之者何，及古成敗之國。』陸生迺麤述存亡之徵，凡著十二篇。每奏一篇，高帝未嘗不稱善。左右呼萬歲，號其書曰新語。」（漢書略同）陸生作書之本末具此。漢藝文志儒家有陸賈二十三篇，彥升謂即新語也，高帝號爲新語，七略但署生名耳。「二十三」當爲「二十二」，蓋向校中書，每篇析爲上下，晏子春秋亦向所定，諫、問、雜皆分上下，是其證。或以漢志爲兼他所論述計之者非也。史記正義引七録云：「新語二卷，陸賈撰也。」則分十二篇爲二卷，始於阮孝緒。隋經籍志、舊唐書經籍志、新唐藝文志、崇文總目、通志藝文略、宋史藝文志並云二卷，因梁舊也。案顏師古漢書本傳「稱其書曰新語」注：「其書今見存。」可徵唐世未有闕佚。而玉海藝文志及漢志攷證並云：「今存於世者，道基、術事、輔政、無爲、資賢（當作「質」）、至德、懷慮纔七篇。」則宋世本缺五篇。季滄葦藏書目宋、元板書中有陸賈新語一本，不知歸誰氏，無從取證。明陳第世善堂書目載新語十三篇，「三」乃「二」之誤。今所據爲明程榮本，二卷與七録合，十二篇與本傳合，是明世此書校宋世轉完，或疑後人補綴五篇，以合舊目。彥升案：今所有辨惑、慎微、本行、明誡、思務五篇，協句皆古韻，詞義與道基等七篇一律。辨惑篇：「趙高駕鹿而從行，王曰：『丞相何爲駕鹿？』高曰：『馬也。』王曰：『丞相誤也，以鹿爲馬。』高曰：『陛下以臣爲不然，願問羣臣。』」今始皇本紀作「持鹿獻於二世」，似不若駕鹿爲近。又無高請問羣臣語。陸生在二世時，具知其詳，所述較史公爲得實，若是僞爲，不能立異也。愼微篇「故邪臣之蔽賢，猶浮雲之鄣日月也」，文選古詩十九首注、太平御覽八並引爲新語文，若後人僞爲，唐、宋人不得引也。以斯言之，此五篇非後人補綴明矣。蓋宋世館閣書籍，悉淪於金，王伯厚所見，或南宋時殘本，至明而全本復出耳。考證引吳儔曰：「輔政篇曰：『書不必起於仲尼之門。』」今此語在術事篇，可見殘本之錯互矣。陸生書本列儒家，惟崇文總目移入雜家，宋史志因之。彥升謂雜家者，兼儒、墨，合名、法，本書惟思務一篇稱墨子之門多（下缺），絕未道其學。輔政篇歎商鞅顯於西秦，世無賢知之君，能别其形。蓋於法家深疾之。獨陳儒術，無所兼合，入之雜家，謬矣。本傳稱每奏一篇，高帝未嘗不稱善，則十二篇非一時所作。道基篇原本天地，歷叙先聖，終論仁義，知伯杖威任力而亡，秦二世尚刑而亡，語在其中，蓋即面折高帝語，退而奏之，故爲第一篇也。術事篇謂言古者必合之今，述遠者必考之近，故云書不必起仲尼之門，藥不必出扁鵲之方，以因世而權行故也；吳儔執其單詞而議之，則以辭害志矣。（語見漢志考證）輔政篇言所任之必得其材，秦用刑罰以任李斯、趙高，而推其原于讒夫似賢，美言似信。無爲篇言始皇暴兵極刑驕奢之患，而折以虞舜、周公之治。此二篇著秦所以失也。辨惑篇道正言之忤耳，傷流言之害聖，而深惡縱橫家之阿從意旨，規則乎孔門也。愼微篇言脩于閨門之内，行于纖微之事，故道易見曉，而求神仙者，乃避世，非懷道，此亦取鑒秦皇，而早有見於新垣平等之事也。資賢（「賢」，今本誤作「執」，依玉海及漢志考證。器案：當作「質」，王伯厚所見亦誤本。）篇慮賢才之不見知，而歸責於觀聽之臣不明，謂公卿子弟、貴戚黨友，無過人之才，在尊重之位，此終漢世之弊也。至德、懷慮二篇，稱晉厲、齊莊、楚靈、宋襄、魯莊，蓋著古成敗之國，而警乎馬上得天下之言也。本行篇大旨在貴德賤財。明誡篇陳天文蟲災之變，謂天道因乎人道，開言春秋五行、陳災異封事者之先。思務篇言聖人不必同道。此三篇缺字較多。綜其全書，誠孟堅所謂從容風議，博我以文者乎。（漢書敍傳語，注：「李奇曰：『作新語也。』」）或以道基篇末引穀梁傳，非賈所及見，疑出依託。彥升案：本書凡兩引穀梁傳，至德篇末，故春秋穀（下缺）似引傳説魯莊公事，而缺其文。考漢書儒林傳：「申公，魯人也，少與楚元王交俱事齊人浮邱伯受詩。」又云：「申公以詩、春秋授，而瑕邱江公盡能傳之。」又云：「瑕邱江公受穀梁春秋及詩于魯申公。」楚元王交傳：「少時，嘗與魯穆生、白生、申公同受詩于浮邱伯，伯者，孫卿門人也。」夫穀梁家始自江公，而江公受之申公，申公受之浮邱伯，浮邱伯爲孫卿門人，今荀子禮論、大略二篇具穀梁義，則荀卿穀梁之初祖也。荀卿晚廢居楚，陸生楚人，故聞穀梁義歟？鹽鐵論包邱子與李斯俱事荀卿，本書資賢篇：「鮑邱之德行，非不高於李斯、趙高也，然伏隱於蒿廬之下，而不録於世。」鮑邱即包邱子，即浮邱伯也。楚元王傳注，服虔曰：「浮邱伯，秦時儒生。」陸生蓋嘗與浮邱伯游，故稱其德行，或即受其穀梁學歟？辨惑篇説夾谷之會事，與穀梁定十年傳大同。至德篇説齊桓公遣高子立僖公事，本穀梁閔二年傳。懷慮篇言魯莊公不能存立子糾，亦本穀梁莊九年傳，可徵陸生乃穀梁家矣。故所述楚漢春秋，向、歆入之春秋家。但輔政篇説鄭儋歸魯，至德篇説臧孫辰請糴，明誡篇説衛侯之弟鱄出奔晉，今穀梁傳無此義。道基篇所引傳曰「仁者以治親，義者以利尊」，今穀梁傳亦無此二語。彦升案：穀梁之著竹帛，雖不知何時，而出自後師，陸生乃親受之浮邱伯者，實穀梁先師。古經師率皆口學，容有不同，如劉子政説穀梁義，亦有今傳所無者，可證也。或乃以穀梁傳爲賈所不及見，既昧乎授受之原，且亦不檢今傳文矣。本傳言時時前説稱詩、書，而本書多説春秋，穀梁微學，藉以存焉。論語、孝經，亦頗見引，蓋所謂「游文六經之中，留意於仁義之際，祖述堯、舜，憲章文、武，宗師仲尼，以重其言」者，生書有以當之。太史公謂：「陸生新語書十二篇，固（原誤「因」，今改）當世之辨士。」以辨士目生，何淺之乎讀是書哉！答賓戲云：「陸子優游，新語以興。」與董生、劉向、楊雄並稱其「及時君之門闈，究先聖之壼奥，婆娑乎術藝之場，休息乎篇籍之囿，以全其質而發其文，用納乎聖聽，列炳於後人」。高帝紀言「天下既定，蕭何次律令，韓信申軍法，張蒼定章程，叔孫通制禮儀」，而終之以陸賈之造新語，班孟堅蓋深知生書者，識過馬遷矣。彦升以爲陸生猶及見未焚之書，及七十二子後學者，在賈、董諸人之先，西京儒者，未能或之過也。今是書昧晦，爲章句鄙儒所莫窺，故詳爲校定，如術事篇：「舜棄黄金於嶄巖之山，禹沈珠玉於五湖之淵，將以杜淫邪之欲。」據御覽八十一卷引無「禹」字，「杜」作「塞」。辨惑篇：「夷、狄之民何求爲？」以穀梁定十年傳校，「求」當作「來」，皆由傳寫者妄有增改，此類不可枚數。彦升是正粗畢，乃檃括體要，别白羣疑，爲此叙録，不嫌詳盡，後之君子，庶有考焉。道光六年十月，丹徒戴彦升記。（宋翔鳳浮溪精舍叢書新語校本序）

宋翔鳳新語校本題記二則

歲丁亥（道光七年）孟夏，桐孫自丹徒來，訪余於旌德學舍，出所作陸子新語序，考據詳密，論斷條析，嘗手録之；而余固自校此書，以後求其序稿，則已失去，在湘中刻新語時，不能録入，頗以爲憾。去夏還家，檢點舊籍乃得之。聞其於全文皆有注釋；然桐孫之没，年甫弱冠，如假以年壽，則深造於道，又何可量哉！咸豐三年三月五日，翔鳳記。

戴桐孫攜孫淵翁家藏子彙本（萬曆四年刻）及舊影抄明胡維新本（序作於萬曆間），抄本内有朱筆添改處，淵翁跋云：「不知何人據别本所增（余校中所引别本指此），兩家互有詳略，羣書治要所不載者，兩本差備，然皆不能無舡改也。」又有姜思復本（明弘治間刻），亦出淵翁家，雖在子彙本之前，而譌脱尤甚。余此所校，係漢魏叢書本，首載（原誤「在」）弘治間錢福序，稱莆陽李廷梧始梓是本，當就李本重刻，故中間闕字多於他本，而文少譌錯，尚無舡改也。道光七年閏月，長洲宋翔鳳記。（俱見浮溪精舍叢書新語宋翔鳳校本）

黄式三讀徐栞陸氏新語

王仲任論衡屢稱陸賈新語，其二十九案書篇云：「新語陸賈所造，董仲舒相被服焉，皆言君臣政治得失，言可采行，事美足觀，鴻智所言，參貳經傳，雖古聖之言，不能過增。」其推譽可謂至矣。愼微篇云：「説道者所以通凡人之心，而達不能之行，道者人之所行也。夫大道履之而行，則無不能，故謂之道。」鄭君注禮中庸、朱子注論語皆用之。資執篇云：「名木生於深山之中，商賈所不至，工匠所不窺，知者所不見，見者所不知。」又云：「人君莫不知求賢以自助，近賢以自輔，然聖賢或隱於田里，而不預國家之事，乃觀聽之臣不明於下，則閉塞之譏歸於君。」反復諸篇，感慨係之。式三家藏舊鈔本有「揖臣」「築民」諸印，其書與漢魏叢書同本，中有稍異，後得徐天池所栞本，較鈔本爲勝，辯惑篇第五自「邑土單於彊齊，夫用人若彼，失人若此，然定公不覺悟」起，至「不操其柄，則無以制其剛」止，皆舊本愼微第六之錯簡，讀之文順意適；知古書錯譌，類此者多，恨不能多得古本以校正之。（儆居集四讀子集一）

譚獻復堂日記卷四

閲陸賈新語，義富文密，七十子之緒言，非必陸生所創。篇體頗有似東方朔者，而法語爲多。宋于庭浮溪精舍叢書中有校本。

汪之昌書新語後

陸賈撰新語，具詳馬、班書賈傳中，藝文志著録於儒家。案：自戰國時横議蠭起，儒術幾爲天下裂，論者謂漢武表章六經，儒術漸近於古，爰開一代崇儒之規模。吾謂漢高過魯，以太牢祠孔子，實爲後來崇儒肇基；而漢高之崇儒，當以稱説詩、書者，朝夕於左右。考漢高初起時，與共周旋者，微論販繒屠狗徒所不知，刀筆吏所未習，即義士如張蒼，緒正者律曆，叔孫通號儒者，進言罔非大猾壯士；獨陸賈以行仁義，法先王爲言，見於此十二篇中者，陳説古事，每引經文以證成其義，於春秋、論語，見采尤多。殆以春秋經孔子所筆削，論語記孔子之言行，凡爲儒者準繩在斯。案：王充論衡本性篇引陸賈曰：「天地生人也，以禮義之性，人能察己所以受命，則順，順謂之道。」今新語並無此文，似非完書。攷藝文志陸賈二十三篇，殆統賈之論述計之，新語則定箸爲十二篇，論衡所引，安知非在新語外十一篇中？攷意林引新語八條，其見文選注五條，雖或與此本微别，大致無甚懸殊，是唐人所見新語，即此十二篇本矣。夫漢初箸述流傳完本，於今殊罕，其爲儒家者流尤罕；況賈撰斯書，尚在漢武表章六經之先，守先王之道，以待後學，不可謂非有志之士矣。此本篇數，

撰之馬、班兩家，亦復相符，爰書數語於後。（青學齋集卷二十三）

唐晏陸子新語校注序

自始皇滅學，負大疚於天下，至今談古籍之亡，必歸其疚於始皇。然以史考之，始皇三十四年，李斯上言燒書，三十五年，阬儒於驪山，此後三年，二世之二年而秦亡，又後五年，漢高即位，其間不過八年耳。陸生以客從高祖，時已在學成之後。或者謂陸生爲荀卿弟子，然則陸生固及見全經矣，其視漢初諸儒抱殘守缺者何如？故其説經之言，與漢人不同，而説穀梁尤精；世以穀梁學出申公，烏知申公尚在陸生後乎？今人知重公羊，而以董生爲巨子；不知公羊齊學也，爲歷下游士之餘緒，穀梁魯學也，爲闕里諸儒之雅言，而陸生爲穀梁大師，又前乎董公，人知重董，而不知重陸，傎矣。陸生之書，自隋、唐志皆著于録，顔師古注陸生傳云：「其書今現在。」文選注亦引之，至宋崇文總目尚有之，南宋人書目，則未之見，殆亡於靖康之亂矣。比及明代，其書復出，非復出也，亡于南，存于北耳。金、元史不志藝文，是以存亡無考。今代所傳漢魏叢書本，譌脱之處，均經妄人改失。余得明范氏天一閣刻本，雖譌誤不免，而第六篇中有第五篇錯簡一段，漢魏叢書本妄改，不復可尋，范本則起止宛然。後復見子彙本，則第五篇完然不誤，又勝范本。又漢魏本十二篇之末，脱字累累，不可以句，范本存字固多，而子彙本尤多，遂合三本，正其譌誤，補其脱字，間引他書，以爲注釋，雖未必有當大雅，而亦可云首鬬鼃叢矣。夫高帝本强人也，又不悦儒，卒之，陸生陳書，未嘗不稱善，遂能以太牢祀闕里焉，漢代重儒，開自陸生也。迨其末季，王莽不臣，而楊雄頌美功德，譎言無實，法言、太玄，亦儒林之側調也，乃千載下法言昭昭，新語冥冥，亦事理之難解者也。潔川居士唐晏自叙于海上飛塵小駐。（據龍谿精舍校刊本）

案：扉頁紀年爲丁巳夏五，則一九一七年也。

又陸子新語校注跋

陸氏此書，見於漢、唐志，及崇文總目，流傳有序，決無可疑。乃四庫提要獨引漢書司馬遷傳遷取此書作史記之言，而是書之文不見史記爲疑；不知史記載趙高指鹿爲馬事，正本之此書也。提要又以此書引穀梁傳，謂穀梁傳武帝時方出；不知陸氏著此書，去秦焚書纔六年耳，其所讀者，未焚之穀梁傳也，至武帝則爲再出矣。故所引者，今本無之也。提要又疑自南宋以後，不見著録；則楊鐵崖序山居新語固引及此書，且云而今見在，則不得云南宋後無之也。提要之疑，全無影響，而今世和之者多，不得不爲分辨之如此。涉江唐晏跋。（據龍谿精舍校刊本）

附録四　史記漢書陸賈傳合注

史記卷九十七酈生陸賈傳第三十七，漢書卷四十三酈陸朱劉叔孫傳第十三。

史記太史公自序：「結言通使，約懷諸侯，諸侯咸親，歸漢爲藩輔。作酈生陸賈列傳第三十七。」漢書叙傳：「……賈作行人，百越來賓；從容風議，博我以文。……述酈陸朱婁叔孫傳第十三。」注：「李奇曰：『作新語也。』師古曰：『論語稱顔回喟然歎曰：夫子博我以文。謂以文章開博我也。此言陸賈嘗之越也。從音千容反，風讀曰諷。』」齊召南曰：「師古謂從容二句亦指使越，非也。此二句指賈著新語，每奏一篇，高祖稱善。李説得之。」

陸賈者〔一〕，楚人也〔二〕。以客從高祖定天下，名爲有口辯士〔三〕，居左右，常使諸侯。

〔一〕漢書無「者」字。

〔二〕索隱：「案：陳留風俗傳云：『陸氏，春秋時陸渾國之後。晉侯伐之，故陸渾子奔楚。賈其後。』又陸氏譜云：『齊宣公支子達，食采於陸。達生發，發生皋，適楚。賈其孫也。』」器案：元和姓纂十一屋：「陸，齊宣王田氏之後。宣王封少子通於平原陸鄉，因氏焉。漢大中大夫陸賈，子孫過江，居吴郡吴縣。」唐書宰相世系表同，「陸鄉」上有「般縣」二字。陸氏譜之「齊宣公」當作「齊宣王」，蓋此乃田氏之齊，非太公之齊也。陸渾氏則戎姓，晉侯謂晉頃公，晉滅陸渾，陸渾子奔楚，見左傳昭公十七年。陳留風俗傳謂賈爲陸渾子之後，非是。

〔三〕「名爲有口辯士」，漢書作「名有口辯」，説苑奉使篇與史記同。師古曰：「時人皆謂其口辯。」瀧川資言史記會注考證（以下簡稱考證）曰：「藝文類聚（案見卷五十三）引史無『士』字，與漢書合。」

及高祖時〔一〕，中國初定，尉他〔二〕平南越，因王之〔三〕。高祖使陸賈賜尉〔四〕他印爲南越王。陸生〔五〕至，尉他魋結〔六〕箕倨〔七〕見陸生。陸生因進説他〔八〕曰：「足下〔九〕中國人〔一〇〕，親戚〔一一〕昆弟墳墓在真定〔一二〕。今足下反天性〔一三〕，棄冠帶〔一四〕，欲以區區〔一五〕之越與天子抗衡〔一六〕爲敵國，禍且及身矣。且夫秦失其政〔一七〕，諸侯豪傑並起，唯〔一八〕漢王先入關，據咸陽。項羽倍約〔一九〕，自立爲西楚霸王〔二〇〕，諸侯皆屬，可謂至彊〔二一〕。然漢王起巴、蜀〔二二〕，鞭笞天下〔二三〕，劫略諸侯〔二四〕，遂誅項羽，滅之〔二五〕。五年之間，海内平定。此非人力，天之所建也。天子聞君王王南越，不助天下誅暴逆〔二六〕，將相欲移兵〔二七〕而誅王〔二八〕；天子憐百姓新勞苦，故〔二九〕且休之，遣使臣授君王印，剖符通使〔三〇〕。君王宜郊迎〔三一〕，北面〔三二〕稱臣，迺欲以新造〔三三〕未集〔三四〕之越，屈彊於此〔三五〕。漢誠聞之，掘燒王先人冢〔三六〕，夷滅宗族〔三七〕，使一偏將〔三八〕將十萬衆臨越，則〔三九〕越殺王降漢，如反覆手耳〔四〇〕。」

〔一〕漢書無「及高祖」三字，藝文類聚引史記，與漢書同。

〔二〕索隱：「趙他爲南越尉，故曰『尉他』。他音駞。」正義：「他，音徒何反。趙他，真定人，爲龍川令，南海尉任囂死，使他盡行南海尉事，故曰尉他。後自立爲南越王。」（據會注考證本）案：漢書、説苑奉使篇作「佗」，師古曰：「佗，音徒何反。」張文虎校史記札記曰：「柯、凌本作『佗』，下同。」

〔三〕史記南越列傳：「南越王尉佗者，真定人也，姓趙氏。秦時已併天下，略定揚、越，置桂林、南海、象郡，以讁徙民，與越雜處十三歲。佗，秦時用爲南海龍川令，至二世時，南海尉任囂病且死，召龍川令趙佗語曰：『聞陳勝等作亂，秦爲無道，天下苦之，項羽、劉季、陳勝、吴廣等，州郡各共興軍聚衆，虎爭天下，中國擾亂，未知所安，豪傑畔秦相立。南海僻遠，吾恐盗兵侵地至此，吾欲興兵絶新道，自備，待諸侯變，會病甚；且番禺負山險，阻南海，東西數千里，頗有中國人相輔，此亦一州之主也，可以立國。郡中長吏，無足與言者，故召公告之。』即被佗書，行南海尉事。囂死，佗即移檄告横浦、陽山、湟谿關曰：『盗兵且至，急絶道，聚兵自守。』因稍以法誅秦所置長吏，以其黨爲假守。秦已破滅，佗即擊併桂林、象郡，自立爲南越武王。」

〔四〕漢書無「陸」字「尉」字，藝文類聚引史記同漢書。考證曰：「高山寺本『陸賈』作『陸生』。」案：此爲漢十一年事。

〔五〕漢書「陸生」作「賈」。説苑同史記。案：漢人言生或言先，猶言先生。史記儒林傳：「言詩於魯則申培公，於齊則轅固生。」正義：「公、生，其處號也。」又曰：「言尚書自濟南伏生。言禮自魯高堂生。」索隱：「謝承云：『秦氏季代，有魯人高堂伯。』則伯是其字。云生者，自漢已來，儒者皆號生，亦先生省字呼之耳。」又匈奴傳：「其儒先以爲欲説，折其辯。」集解：「先，先生也，漢書作『儒生』也。」漢書高帝紀上：「以魏地萬户侯封生。」師古曰：「生，猶言先生。」又鼂錯傳：「學申、商刑名於軹張恢生所。」（史記鼂錯傳作「張恢先」，集解：「徐廣曰：『先即先生。』」）又：「公卿言鄧先。」師古曰：「鄧先，猶言鄧先生也。」又梅福傳：「夫叔孫先非不忠也。」師古曰：「先，猶言先生也。」又霍光傳先言茂陵徐生，人爲徐生上書則稱茂陵徐福。又貢禹傳：「朕以生有伯夷之廉、史魚之直。」下文載詔語，凡七稱生，師古曰：「生，謂先生也。」經典釋文叙録：「魯扶卿，鄭云扶先，或説，先，先生。」

〔六〕集解：「服虔曰：『魋音椎。今兵士椎頭結（漢書注引作「髻」）。』」索隱：「魋，直追反。結音計。謂爲髻一撮似椎而結之，故字從結。且案：其『魋結』二字，依字讀之亦得。謂夷人本被髮左衽，今他同其風俗，但魋其髮而結之。」師古曰：「結讀曰髻。椎髻者，一撮之髻，其形如椎。」今案：説苑作「椎結」。

〔七〕藝文類聚引史記「倨」作「踞」，與漢書同。師古曰：「箕踞，謂伸其兩脚而坐。亦曰箕踞，其形似箕。」齊樹楷史記意曰：「尉他箕踞見陸生，與高帝洗足見酈生相映。」

〔八〕漢書、説苑無「進」字，藝文類聚引史記同漢書。

〔九〕酉陽雜俎前集一禮異：「秦、漢以來，於天子言陛下，於皇太子言殿下，將言麾下，使者言節下、轂下，二千石長史言閣下，父母言膝下，通類相稱言足下。」（「稱言」原作「言稱」，今從類説本）事物紀原公式姓諱部：「異苑曰：『介之推逃禄，抱樹燒死。文公拊木哀嗟，伐而製屐，每懷其功，俯視其屐曰：悲乎足下。』足下之稱，當緣此爾。史記，戰國之士，或上書時君，或談説君前，及相與論難，多相斥曰足下，蓋自七國相承至今也。」

〔一〇〕藝文類聚引史記「人」上有「之」字。王治皞史記榷參下：「陸生挐把尉他處，只在『真定人』（應曰「中國人」）三字。彼王粤，却也内顧。文帝修祠其親冢，官其昆弟，真得懷遠之法。」

〔一一〕古代稱父母爲親戚。墨子節葬篇：「楚之南有炎人之國者，其親戚死，㱙其肉而棄之，然後埋其骨，迺成爲孝子。秦之西，有儀渠之國者，其親戚死，聚柴薪而焚之，熏上，謂之登遐，然後成爲孝子。」荀子議兵篇：「而其民之親我，歡若父母。」新序雜事三作「驩然如父母」，（韓詩外傳三作「歡如父子」）漢書刑法志作「歡若親」。左傳昭公二十年：「棠君尚謂其弟員曰：『……親戚爲戮，不可以莫之報也。』」親戚，謂其父奢也。大戴禮記曾子疾病篇：「曾子曰：『親戚既没，雖欲孝，誰爲孝？』」史記五帝本紀：「堯二女不敢以貴驕，事舜親戚，甚有婦道。」

正義：「親戚，謂父瞽叟、後母、弟象、妹顆手等也。」

〔一二〕索隱：「趙地也。本名東垣，屬常山。」

〔一三〕師古曰：「偕父母之國，無骨肉之恩，是反天性也。」

〔一四〕史記天官書：「內冠帶，外夷、狄。」冠帶謂華族，與四夷對言。漢書嚴助傳：「越，方外之地，劗髮文身之民也，不可以冠帶之國法度理也。」文義與此同，正謂南越非冠帶之國也。

〔一五〕師古曰：「區區，小貌。」

〔一六〕「抗」，漢書作「伉」，景祐本、武英殿本作「抗」，説苑亦作「抗」。索隱：「案：崔浩云：『抗，對也。衡，車軛上横木也。抗衡，言兩衡相對拒，言不相避下。』」

〔一七〕「政」，漢書作「正」，師古曰：「正亦政也。」

〔一八〕「惟」，漢書作「唯」，古通。

〔一九〕「項羽」，漢書、説苑作「項籍」。「倍」，漢書作「背」，古通。

〔二〇〕史記項羽本紀：「項王自爲西楚霸王，王九郡，都彭城。」正義：「貨殖傳云：『淮以北，沛、陳、汝南、南郡爲西楚也。彭城以東，東海、吴、廣陵爲東楚也。衡山、九江、江南、豫章、長沙爲南楚。』孟康云：『舊名江陵爲南楚，吴爲東楚，彭城爲西楚。』」

〔二一〕漢書「彊」下有「矣」字。

〔二二〕史記項羽本紀：「項王、范曾疑沛公之有天下，業已講解，又惡負約，恐諸侯叛之，乃陰謀曰：

『巴、蜀道險，秦之遷人皆居蜀，乃曰，巴、蜀亦關中地也。』故立沛公爲漢王，王巴、蜀、漢中，都南鄭。」正義：「括地志云：『南梁州所理縣也。』」又高祖本紀：「負約，更立沛公爲漢王，王巴、蜀、漢中，都南鄭。」正義：「梁州，本漢中郡，以漢水爲名。」集解：「徐廣曰：『三十二縣。』」張文虎曰：「集解三十二縣，舊刻作『四十二縣』，漢書云『四十一縣』，漢紀同，據漢志，漢中郡十二縣，蜀郡十五縣，巴郡十一縣，則共三十八縣。」

〔二三〕文選賈誼過秦論：「執敲扑以鞭笞天下。」鞭笞，猶今言鞭撻。

〔二四〕漢書、説苑作「劫諸侯」。器案：此即史記高紀所言「漢王以故得劫五諸侯兵遂入彭城」也。（史記叔孫通傳：「漢二年，漢王從五諸侯入彭城。」）漢書高紀：「漢王以故得劫五諸侯兵。」（又漢王數羽之十大罪，有云：「擅劫諸侯兵入關，罪三也。」）史記項羽本紀作「漢王部五諸侯兵，凡五十六萬人，東伐楚」。集解：「徐廣曰：『一作劫。』」索隱：「按漢書，見作『劫』字。」正義：「凡兵初降，士卒未有指麾，故須劫略而行。」則正釋「部」爲「劫略」也。漢紀作「漢王率諸侯之師凡五十六萬人」，通鑑亦作「漢王以故得率諸侯兵凡五十六萬人」。項羽本紀下文又云：「獨魯不下，漢乃引天下兵欲屠之。」又太史公曰：「三年遂將五諸侯滅秦。」然則劫字自有部、將、率之義，而單言之曰劫，複言之則曰劫略也。

〔二五〕漢書、説苑無「滅之」二字。

〔二六〕漢書此句上有「而」字。

〔二七〕左傳宣公十二年：「晉師右移，上軍未動。」杜預注：「言餘軍皆移去，唯上軍在。」則移兵猶言出師也。

〔二八〕考證：「楓山本『誅王』作『誅君王』。」

〔二九〕漢書、説苑無「故」字。史記南越列傳：「高帝已定天下，爲中國勞苦，故釋佗弗誅。」

〔三〇〕史記南越列傳：「漢十一年，遣陸賈因立佗爲南越王，與剖符通使，和集百越，毋爲南邊患害，與長沙接境。」又高祖本紀：「乃論功，與諸列侯剖符行封。」文選王子淵聖主得賢臣頌：「剖符錫壤，而光祖考。」張銑注：「剖，分也。符者，所以諸侯與天子分之，各執一契，舉動所爲，必合於契，然後承命而行之。」

〔三一〕師古曰：「郊迎，謂出郊而迎。」又司馬相如傳注師古曰：「迎於郊界之上也。」

〔三二〕史記田單列傳：「王蠋布衣也，義不北面於燕。」謂北面稱臣也。孟子萬章上：「舜南面而立，堯帥諸侯北面而朝之。」

〔三三〕尚書君奭：「厥亂明我新造邦。」正義：「其治理足以明我新成國矣。」項羽本紀：「夫以秦之彊，攻新造之趙。」

〔三四〕師古曰：「集猶成也。」案：尚書武成：「大統未集。」孔氏傳：「大業未就。」漢書荆燕吴傳贊：「天下未集。」師古曰：「集，和也。」

〔三五〕正義：「屈彊，謂不柔服也。」（據會注考證本）漢書作「屈强」，師古曰：「屈音其勿反。屈强，謂不柔服也。」

〔三六〕漢書、説苑「冢」下有「墓」字。考證：「楓山本、三條本『冢』下有『墓』字，與漢書合。」

〔三七〕漢書、説苑作「夷種宗族」，師古曰：「夷，平也，謂平除其種族。」器案：由顔注，則「夷種宗族」實爲不辭，疑漢書原文當作「夷種族宗」，今倒植耳。族讀爲族誅之族，戰國策趙策上：「犯姦者身死，賊國者族宗。」族宗，謂族滅其宗也。族宗與夷種並言，文從字順。

〔三八〕文選陳孔璋檄吳將校部曲文：「偏將涉隴，則建、約梟夷。」偏將，謂偏裨之將。

〔三九〕漢書「則」作「即」，古通。説苑同史記。

〔四〇〕師古曰：「言其易。」器案：杜甫貧交行：「翻手作雲覆手雨。」即本此意，亦言翻雲覆雨之易耳。翻、反古通。

於是尉他迺蹶然起坐〔一〕，謝陸生〔二〕曰：「居蠻、夷〔三〕中久，殊失禮義〔四〕。」因問陸生曰：「我孰與〔五〕蕭何、曹參、韓信賢？」陸生曰：「王似賢〔六〕。」復〔七〕曰：「我孰與皇帝賢？」陸生曰：「皇帝起豐、沛，討暴秦，誅彊〔八〕楚，爲天下興利除害，繼五帝、三王之業，統理中國〔九〕。中國之人以億計，地方萬里，居天下之膏腴〔一〇〕，人衆車轝，萬物殷富，政由一家，自天地剖泮〔一一〕，未始有也〔一二〕。今王衆不過數十萬〔一三〕，皆蠻、夷，崎嶇山海閒〔一四〕，譬若〔一五〕漢一郡，王何乃比於漢〔一六〕！」尉他大笑〔一七〕曰：「吾不起中國，故王此。使我居中國，何渠不若漢〔一八〕？」迺大説陸生〔一九〕，留與〔二〇〕飲數月。曰：「越中無足與語〔二一〕，至生來，令我日聞所不聞〔二二〕。」賜陸生橐中裝〔二三〕直千金，他送〔二四〕亦千金。陸生卒拜尉他爲南越王〔二五〕，令稱臣奉漢約〔二六〕。歸報〔二七〕，高祖大悦〔二八〕，拜賈爲太中大夫〔二九〕。

〔一〕漢書無「尉」字。索隱：「蘇林音厥。禮記：『子夏蹶然而起。』埤蒼云：『蹶，起也。』」師古曰：「蹶然，驚起之貌也。音厥。」李慈銘曰：「案顧氏炎武云：『坐者，跪也。』似非。古人坐雖有訓跪者，然此則與上酈生傳『延酈生上坐謝之』一例，尉他初箕踞，至此蹶起端坐也。觀其下云『我孰與皇帝賢』，則此時安肯遽向陸生跪乎？」

〔二〕藝文類聚引史記「陸生」作「賈」，與漢書同。

〔三〕藝文類聚引史記「夷」下有「之」字。

〔四〕藝文類聚「義」作「儀」。

〔五〕師古曰：「與，如也。」

〔六〕考證曰：「高山寺本『似』作『已』。」漢書句末有「也」字。

〔七〕漢書、説苑「復」下有「問」字。

〔八〕説苑「彊」作「强」。

〔九〕漢書作「統天下，理中國」，說苑與史記同。

〔一〇〕史記劉敬傳，劉敬說高帝曰：「因秦之故，資甚美膏腴之地，此所謂天府者也。」索隱：「案戰國策蘇秦說惠王曰：『大王之國，地勢形便，此所謂天府。』高誘注云：『府，聚也。』」案：天府，即此下文「萬物殷富」之義也。

〔一一〕漢書、說苑「泮」作「判」，考證曰：「楓山本、三條本、柯維熊本、凌稚隆評林本『泮』作『判』，與漢書合。高山寺本作『泮』。」正義：「剖判，猶開闢也。」（據會注考證本）

〔一二〕漢書、說苑作「未嘗有也」，師古曰：「言自開闢以來，未嘗有也。」齊樹楷曰：「又從陸生口中寫高帝。」

〔一三〕漢書作「數萬」，說苑同史記。

〔一四〕說苑作「踦軀山海之間」，字同。師古曰：「崎音丘宜反，嶇音區。」考證曰：「高山寺本『山』作『小』。」

〔一五〕漢書「若」作「如」。

〔一六〕考證曰：「高山寺本、楓山本、三條本『何』下有『可』字。」案：說苑作「何可乃比於漢王」。

〔一七〕考證曰：「高山寺本『笑』作『嘆』。」

〔一八〕漢書、說苑「渠」作「遽」，集解：「渠音詎。」索隱：「渠，劉氏音詎，漢書作『遽』字，小顔以爲有何迫促不如漢也。」師古曰：「言有何迫促而不如漢也。遽音其庶反。」王若虛諸史辨惑曰：

「何遽，猶言豈便也，與越大夫種言『何遽不爲福』同意，而注云『有何迫促而不爲』，非。」王念孫曰：「顔訓遽爲迫促，非也。遽亦何也，連言何遽者，古人自有複語耳。遽字或作詎、距、巨，又作渠，墨子公孟篇曰：『雖子不得福，吾言何遽不善，而鬼神何遽不明。』淮南人間篇曰：『此何遽不能爲福乎？』韓子難篇曰：『衛奚距然哉。』秦策曰：『君其試焉，奚遽叱也。』（史記甘茂傳作「何遽叱乎」。）荀子王制篇：『豈渠得免夫累乎。』正論篇曰：『是豈詎知見侮之爲不辱哉？』呂氏春秋具備篇曰：『豈遽叱哉？』莊子齊物論篇曰：『庸詎知吾所謂知之非不知邪？庸詎知吾所謂不知之非知邪？』（釋文曰：「詎，徐本作巨，李云：『詎，何也。』」）淮南齊俗篇曰：『庸遽知世之所自窺我者乎？』史記張儀傳曰：『且蘇君在，儀甯渠能乎？』（索隱曰：「渠音詎，古字少，假借耳。」）或言何遽，或言奚遽，或言豈遽，或言庸遽，或言甯渠，其義一也。『何遽不若漢』，史記作『何渠不若漢』，則遽爲語詞而非急遽之遽明矣。」

〔一九〕説苑「説」作「悦」。考證曰：「高山寺本『説』作『悦』。」師古曰：「説讀曰悦，謂愛悦之。」

〔二〇〕説苑「留與」作「與留」。

〔二一〕考證曰：「楓山本、三條本『語』下有『及』字。」

〔二二〕師古曰：「言素所不聞者，日聞之。」

〔二三〕集解：「張晏曰：『珠玉之寶也。裝，裹也。』」索隱：「橐音托。案：如淳云『以爲明月珠之屬也』。又案：詩傳曰：『大曰橐，小曰囊。』埤蒼云：『有底曰囊，無底曰橐。』謂以寶物以入囊橐也。」師古曰：「有底曰囊，無底曰橐。言其實物質輕而價重，可入囊橐以齎行，故曰橐中裝也。」周壽昌曰：「有底曰囊，無底曰橐，索隱引作埤蒼語。案左僖二十八年傳：『甯子職納橐饘焉。』宣八年傳：『趙盾見靈輒餓，爲之簞食與肉，寘諸橐以與之。』是橐可盛食，無底何以能盛？説文：『橐，囊也。』殆與囊一物，而大小分耳。索隱引詩傳曰：『大曰橐，小曰囊。』今毛傳作『小曰橐，大曰囊』，是傳寫異也。埤蒼語未然。」

〔二四〕「他」，漢書作「它」，説苑作「佗」。集解：「蘇林曰：『非橐中物，故曰他送也。』」師古曰：「它猶餘也。」

〔二五〕漢書作「賈卒拜佗爲南越王」，説苑作「陸生拜尉佗爲南越王」。考證曰：「高山寺本、楓山本、三條本、宋本、中統本、游本、毛本、吴校金板，『爲』下有『南』字，與漢書合，當據補。」漢書高帝紀下：「十一年五月，詔曰：『粵人之俗，好相攻擊。前時，秦徙中縣之民（如淳曰：「中縣之民，中國縣民也。」）南方三郡（如淳曰：「桂林、象郡、南海」），使與百粵雜處，會天下誅秦，南海尉它居南方，長治之，甚有文理，中縣人以故不耗減，粵人相攻擊之俗益止，俱賴其力。今立它爲南粵王。』使陸賈即授璽綬，它稽首稱臣。」

〔二六〕漢書高帝紀上：「初，懷王與諸將約，先入定關中者，王之。」師古曰：「約，要也，謂言契也。」

〔二七〕考證曰：「楓山本、三條本『報』下重『高祖』二字。」

〔二八〕漢書「悦」作「説」。師古曰：「『説』讀曰『悦』。」

〔二九〕續漢書百官志二：「太中大夫，千石。本注曰：『無員。』」劉昭注：「漢官曰：『二十人，秩比二千石。』」案：百官志二：「光禄大夫，比二千石。本注曰：『無員。凡大夫、議郎，皆掌顧問應對，無常事，唯詔命所使。』」然則賈之拜太中大夫，蓋掌應對也，故於文帝時又爲太中大夫，使南越。

陸生時時前説稱詩、書。高帝罵之〔一〕曰：「迺公〔二〕居馬上而得之〔三〕，安事詩、書！」陸生曰：「居馬上得之，寧可以馬上治之乎〔四〕？且湯、武逆〔五〕取而以順守之〔六〕，文武並用，長久之術也。昔者，吴王夫差、智伯〔七〕極武而亡。秦任刑法不變，卒滅趙氏〔八〕。鄉使秦已〔九〕併天下，行仁義，法先聖，陛下〔一〇〕安〔一一〕得而有之？」高帝不懌而有慙色〔一二〕，迺謂〔一三〕陸生曰：「試爲我著秦所以失天下、吾所以得之者何〔一四〕，及古〔一五〕成敗之國〔一六〕。」陸生迺粗述存亡之徵〔一七〕，凡著十二篇。每奏一篇，高帝未嘗不稱善〔一八〕，左右呼萬歲〔一九〕，號〔二〇〕其書曰新語〔二一〕。

〔一〕案：漢高帝之辱罵儒生，非僅陸生一人而已，史記酈生傳，罵酈生豎儒。又叔孫通傳，叔孫通儒服，漢王憎之。又酈生傳載里中騎士謂酈生曰：「沛公不好儒，諸客冠儒冠來者，沛公輒解其冠，溲溺其中，與人言，常大罵。未可以儒生説也。」其不好儒，可謂極矣；然終能亡秦滅楚，開炎漢數百年之基者，豈非以聞陸生之言而有慙色，及未嘗不稱善之故耶？然則陸生啟沃之功，誠有大造於漢也。

〔二〕吴曾祺涵芳樓文論曰：「文有叙述事要，而必出於他人口吻，則不得不力求其肖；若一一務從典雅，則牴牾必多，劉子玄所謂『怯書今語，勇效昔言』是也。然此，太史公最爲絶技，他人莫之及。觀高祖本紀，屢曰乃公，又曰而公，使後人見之，必想見嫚駡語氣；令當日悉改爲朕字，以符詔諭之體，豈不贏皇典重？然而語氣全失。至陳涉世家云『夥頤涉之爲王沈沈者』，儼然是一村俗人語。『佳城蕩蕩，寇來不得上』，儼然是一滑稽人語，而當日並不以鄙俚爲病。」

〔三〕漢書無「而」字。「迺」作「乃」。

〔四〕漢書無「之」字。齊樹楷：「一言而高帝轉，寫陸生，正寫高帝。」

〔五〕考證曰：「楓山本、三條本『逆』上有『以』字。」

〔六〕牛運震史記評注曰：「『逆取順守』四字，道理極深，似涉權術家言，實三代以後有天下者不易之道也。宋儒見此等語，必痛詆之矣。」許鍾璐史記書後下曰：「陸賈、酈生、隨何，皆戰國策士之遺，以用於高祖，遂得竭其智，以顯功名；而吾獨多乎陸生之言也，其對高祖曰：『湯、武逆取而以順守之，文武並用，長久之術也。』高祖謾駡腐儒，故人不敢以儒術進，如陸賈之言，尚未聞於漢廷也，惜當時君相未足語此。」

〔七〕師古曰：「夫差，吴王闔閭子也，好用兵，卒爲越所滅。智伯，晉卿荀瑶也，貪而好勝，率韓、魏共攻趙襄子，襄子與韓、魏約，反而喪之。夫音扶。差音楚宜反。」宋祁曰：「浙本注文，『宜』作『崖』。」

〔八〕集解：「趙氏，秦姓也。」索隱：「案：韋昭云：『秦伯益後，與趙同出非廉，至造父，有功於穆王，封之趙城，由此一姓趙氏。』鄭氏曰：『秦之先造父封於趙城，其後以爲姓。』張晏曰：『莊襄王爲質於趙，還爲太子，遂稱趙氏。』師古曰：『據秦本紀，鄭説是。』」

〔九〕漢書「已」作「以」。宋祁曰：「『以』疑作『已』。」師古曰：「『鄉』讀曰『嚮』。」

〔一〇〕陛下，已見前「足下」注引酉陽雜俎。尋日知録卷二十四：「賈誼新書：『天子卑號稱陛下。』蔡邕獨斷：『陛，階也，所由升堂也。天子必有近臣執兵陳於陛側，以戒不虞；謂之陛下者，羣臣與天子言，不敢指斥天子，故呼在階下者而告之，因卑達尊之義也。』（原注：「記曰：『君子於其所尊弗敢質，敬之至也。』」）上書亦如之。及羣臣士庶相與言曰殿下、閣下、執事之屬，皆此類也。據此，則陛下猶言執事，後人相沿，遂以爲至尊之稱。」

〔一一〕師古曰：「安，焉也。」

〔一二〕漢書無「而」字。師古曰：「懌，和樂也。」林伯桐史記蠡測曰：「陸賈以客從高祖定天下，出處甚正當。其稱詩、書於高帝前曰：『居馬上得之，甯可以馬上治之乎？』高帝有慚色，憚其人，非徒以其言也。」

〔一三〕漢書無「迺」字。

〔一四〕漢書無「何」字。師古曰：「著，明也，謂作書明言之。」

〔一五〕考證曰：「楓山本、三條本『古』下有『今』字。」

〔一六〕漢紀「國」作「故」，義較勝，當從之。蓋「故」以音近而誤爲「固」，而「固」又以形近而誤爲「國」也。

〔一七〕李景星漢書評議曰：「『及古成敗之國』下，史有『陸生乃麤述存亡之徵』句，惟麤述，故僅十二篇，此删之，非。」

〔一八〕齊樹楷曰：「爲國者須雜許多方面人而擇用之，有一不備，必偏至而終歸於敗。秦人於統一之後，仍以氣呑宇内者行之，不再傳而遽斬。漢有天下，高帝嫚儒已甚，陸賈一言，即知馬上守之之不當；酈生謂不宜倨見長者，猶一時事耳。自陸賈新語一奏，而興亡之概，了然胸中，所謂天授者也。」

〔一九〕趙翼陔餘叢考卷二十一：「萬歲本古人慶賀之詞，吕氏春秋：『宋康王爲長夜之飲，室中人呼萬歲，堂上堂下之人，以及國中皆應之。』韓非子：『巫覡之祝人曰使君千秋萬歲之聲聒耳。』新序：『梁君出獵歸入，廟中呼萬歲。』史記：『優旃憫陛楯郎雨立，有頃，殿上上壽稱萬歲。』『田單僞約降於燕，燕軍皆呼萬歲。』『紀信誑楚曰食盡，漢王降，楚軍皆呼萬歲。』『陸賈奏新語，左右皆呼萬歲。』……蓋古人飲酒，必上壽稱慶曰萬歲，其始上下通用，爲慶賀之詞，猶俗所云萬福、萬幸之類耳。因殿陛之間用之，後乃遂爲至尊之專稱，而民間口語相沿未改，故唐末猶有以爲慶賀者，久之，遂莫敢用也。」

〔二〇〕漢書「號」作「稱」。

〔二一〕正義：「七録云：『新語二卷，陸賈撰也。』」師古曰：「其書今見存。」

孝惠帝時〔一〕，吕太后用事，欲王諸吕，畏大臣有口者〔二〕，陸生自度不能争之〔三〕，迺病免家居〔四〕。以好畤田地善〔五〕，可以家焉〔六〕。有五男，迺出所使越得〔七〕橐中裝，賣千金〔八〕，分其子，子二百金，令爲生産〔九〕。陸生常安車駟馬〔一〇〕，從歌舞鼓琴瑟侍者十人〔一一〕，寶劍直百金，謂其子曰：「與汝約〔一二〕：過汝，汝給吾人馬酒食，極欲〔一三〕，十日而更〔一四〕。所死家，得寶劍車騎侍從者〔一五〕。一歲中往來過他客〔一六〕，率〔一七〕不過再三過〔一八〕，數見不鮮〔一九〕，無久慁公爲也〔二〇〕。」

〔一〕漢書無「帝」字。

〔二〕考證：「高山寺本『臣』下有『及』字。」案：漢書亦有「及」字。師古曰：「有口，謂辯士。」

〔三〕師古曰：「度音徒各反。」

〔四〕漢書作「乃病免」。

〔五〕正義：「時音止。雍州縣也。」師古曰：「好時，即今雍州好時縣。」案：在今陝西省乾縣西北三十五里。

〔六〕漢書此句作「往家焉」。

〔七〕漢書無「得」字。

〔八〕正義：「漢制：一金直千貫。」

〔九〕齊樹楷曰：「治産，使呂后不疑，且見陸生豪氣，不泥于家人生産之見。不言大略，正其大略處。」

〔一〇〕史記儒林列傳：「於是天子使使束帛加璧，安車駟馬，迎申公。」漢書儒林傳作「於是上使使束帛加璧，安車以蒲裹輪，駕駟，迎申公」。

〔一一〕漢書作「從歌鼓瑟侍者十人」，查慎行曰：「漢書删卻『舞』『琴』兩字，絶無意義。」器案：漢書武五子傳：「使所幸八子郭昭君、家人子趙左君等鼓瑟歌舞。」據此，疑史記衍「琴」字，漢書脱「舞」字。

〔一二〕集解：「徐廣曰：『汝，一作公。』」

〔一三〕考證引高山寺本、漢書作「極飲」，宋祁曰：「『欲』疑作『飲』。」杭世駿漢書疏證曰：「愚案：此本史記之文，欲兼酒食，改『極飲』，校偏。」

〔一四〕師古曰：「又改向一子處。」

〔一五〕徐孚遠史記測義曰：「所死家有喪葬費，故得所遺物。」

〔一六〕漢書「往」上有「以」字。

〔一七〕索隱：「率音律。」

〔一八〕漢書無「三」字。索隱：「過音戈。」（案指下「過」字）師古曰：「非徒至諸子所，又往來經過它處爲賓客，率計一歲之中，每子不過再過至也。上過音工禾反。」牛運震史記評注曰：「言一歲中尚有他客處可往來，大率不過再三次過汝也。索隱讀率爲律，誤。」王文彬曰：「客游於外也，顔專屬爲賓客言，非也。一歲之中，或訪問親舊，或留連道塗，其往來經過它處者爲日恒多，故於其子所，率不過再過也。」

〔一九〕漢書作「數擊鮮」。索隱：「數見音朔現。謂時時來見汝也。不鮮，言必令鮮美作食，莫令見不鮮之物也。漢書作『數擊鮮』，如淳云：『新殺曰鮮。』」師古曰：「鮮謂新殺之肉也。」劉攽曰：「史記作『數見不鮮』，言人情頻見則不美，故毋久溷女也。馬宫傳：『君有不鮮。』不鮮是漢人語也。」宋祁曰：「按宫傳自云：『三公之位，鼎足承君，不有鮮明固守，無以固位。』劉似誤引。」考證曰：「中井積德曰：『常相見，則意不新鮮，故不數數相過也。』愚按：此承上文『十日而更，……一歲中往來，率不過再三過』句，劉、中井二説得之。漢書作『數擊鮮』，義異。」

〔二〇〕漢書作「毋久溷女爲也」。集解：「韋昭曰：『溷，污辱。』」索隱：「溷，患也。公，賈自謂也。」

言汝諸子無久厭患公也。」漢書注：「服虔曰：『溷，辱也。吾常行，數擊新美食，不久辱汝也。』師古曰：『溷，亂也。言我至之時，汝宜數數擊殺牲牢，與我鮮食，我不久住亂累汝也。數音所角反，溷音下困反。』」方苞曰：「我一歲止再三過，無久慁汝爲也。公，謂其子。」牛運震曰：「言人情數見則不鮮美，久而易厭也，故一歲中率不過再三過，無久慁苦公，令厭患吾也。索隱解誤。」沈欽韓曰：「『溷』作『慁』是。秦策：『昭王謂范睢曰：天以寡人慁先生。』」王先謙曰：「説文溷下云：『亂也。一曰水濁皃。』慁下云：『憂也。一曰擾也。』此借溷爲慁，當訓爲擾，於義迺順，服訓辱，顔訓亂，皆未合。禮記儒行注：『慁猶辱也。』與服訓溷爲辱同。史記范睢傳：『是天以寡人慁先生。』索隱：『慁猶汨亂之意。』亦與顔訓溷爲亂同，足證慁溷二字古多通假。沈云作慁是，要爲未達。」李慈銘史記札記曰：「案：此『一歲中往來過他客(句)，率不過再(句)，三過數見不鮮(句)，無久慁公爲也』，乃謂一歲中過他客，無三至者，謂數見則不以爲鮮少，將令人厭矣。云『無久慁公』者，公指客也。慁猶煩也，與上過諸子是兩事，故上曰汝，下曰公，非稱子爲公也。陸生既以好時地善家居，分食於諸子，若謂一歲不過再過，則計家居者止百日，其餘皆客於他人，無是理也。漢書作『一歲中以往來過他客率不過再過(句)，數擊鮮，毋久溷女爲也』，自是班氏所見本偶異，以爲皆指其諸子言，注家遂以擊鮮爲殺鮮，各順其文解之，而索隱並以解史記，以不鮮爲莫令見不鮮之物，以公爲賈自謂，迂曲甚矣。顧氏炎武以數見不鮮，謂猶今人會常來之客不殺雞，而父子亦如此，當時薄俗可想，以稱公爲未安，皆牽於舊說也。」又漢書札記曰：「慈銘案：史記作『一歲中往來過它客，率不過再(句)，三過數見不鮮，無久慁公爲也』，與此文異。史記『率不過再』以下，皆指它客，言『數見不鮮』者，鮮讀爲尠，謂數過人，則人不以爲少見難得也。公指客言，慁猶煩也，與漢書義別，注家多誤，說詳史記札記。」李笠曰：「上文謂其子曰：『與汝約。』集解：『徐廣曰：汝一作公。』疑史記『汝』本作『公』，與此『慁公』，並指其子也。後人改上『公』字爲『汝』，小司馬遂以下『公』字爲賈自謂，失之遠矣。漢書上下並作『汝』。」

呂太后時，王諸呂，諸呂擅權，欲劫少主，危劉氏。右丞相〔一〕陳平患之，力不能爭，恐禍及己，常燕居深念〔二〕。陸生往請〔三〕，直入坐，而陳丞相〔四〕方深念〔五〕，不時見陸生〔六〕。陸生曰：「何念之〔七〕深也？」陳〔八〕平曰：「生揣我何念〔九〕？」陸生曰：「足下位爲上相〔一〇〕，食三萬户〔一一〕侯，可謂極富貴無欲矣。然有憂念，不過患諸呂、少主耳。」陳平曰：「然。爲之柰何？」陸生曰：「天下安，注意相；天下危，注意將〔一二〕。將相和調〔一三〕，則士務附〔一四〕；士務附，天下雖有變，即權不分〔一五〕。爲社稷計，在兩君掌握耳〔一六〕。臣〔一七〕常欲謂〔一八〕太尉絳侯，絳侯與我戲，易吾言〔一九〕。君何不交驩太尉，深相結〔二〇〕？」爲〔二一〕陳平畫呂氏數事。陳平用其計，迺以五百金爲絳侯壽〔二二〕，厚具樂飲〔三三〕；太尉亦報如之。此〔三四〕兩人深相結，則呂氏謀益衰〔三五〕。陳平迺以奴婢百人〔三六〕，車馬五十乘，錢五百萬，遺陸生爲飲食費。陸生以此游漢廷公卿閒〔三七〕，名聲藉甚〔三八〕。

〔一〕器案：史記酈商傳言遷爲右丞相，又傅寬傳言爲齊右丞相，與此傳之右丞相陳平，皆假虛稱，空職耳，故不見於百官表。

〔二〕漢書句上有「平」字。正義：「國家不安，故静居深思其計策。」（據會注考證本）師古曰：「念，思也。以國家不安，故静居獨慮，思其方策。」

〔三〕漢書作「賈往，不請」。考證：「高山寺本『請』下有『也』字。」集解：「漢書音義：『請，若問起居。』」師古曰：「言不因門人將命，而徑入自坐。」王文彬曰：「史記作『往請直入坐』，無『不』字，是請以請謁言，下云『直入』，即不假將命意也。集解引漢書音義云『請謂問起居』，則音義所見漢書本亦但作『往請』，無『不』字。此文『請』上有『不』字，師古即訓請爲將命，語意與史記各别。坐者，坐所也。平方深念，故賈至坐前而不見，顔謂爲自坐，失之。」器案：説文言部：「請，謁也。」荀子成相篇：「下不私請。」楊倞注：「請，謁也。羣下不私謁。」此文謂不先投謁，而徑直入坐也。

〔四〕漢書作「陳平」。

〔五〕漢書作「方念」。索隱：「深念，深思之也。」

〔六〕漢書作「不見賈」。師古曰：「思慮之際，故不覺賈至。」

〔七〕漢書無「之」字。李慈銘曰：「當依史記作『念之深也』。」

〔八〕漢書無「陳」字。

〔九〕考證：「高山寺本無『我』字。」集解：「孟康曰：『揣，度也。』韋昭曰：『揣音初委反。』」

〔一〇〕上相，猶言首相。尚書咸有一德疏：「伊尹，湯之上相，位爲三公。」史記天官書：「斗魁戴匡六星曰文昌宫，一曰上將，二曰次將。」

〔一一〕索隱：「案：陳平傳食户五千，以曲逆秦時有三萬户，恐復業至此，故稱。」正義：「陳平世家：『食曲逆五千户。』後攻陳豨、黥布，凡六出奇計，益邑蓋三萬户也。」（據會注考證本）

〔一二〕齊樹楷曰：「又以數言而安天下。」

〔一三〕漢書無「調」字。

〔一四〕漢書「務」作「豫」，下同。集解：「徐廣曰：『務，一作豫。』」考證：「高山寺本『附』下有『也』字。」師古曰：「豫，素也。」王文彬曰：「釋詁：『豫，樂也。』言將相和則士乃樂附也。訓爲素附，上下文義不屬矣。史記作『務附』，論語：『君子務本。』皇疏：『務，猶向也，慕也。』慕附與樂附意同，益證此訓豫爲素之誤。」

〔一五〕漢書「即」作「則」，又重「權不分」三字。考證：「高山寺本『即』作『則』。高山寺本、楓山本重『權不分』三字，與漢書合。」

〔一六〕淮南子精神篇：「玩天地於掌握之中。」

〔一七〕顧炎武日知録卷二十四：「漢初人對人多稱臣，乃戰國之餘習。（原注：「刺客傳聶政稱臣，嚴仲子亦稱臣。」）史記高祖紀：『吕公曰：臣少好相人。』張晏曰：『古人相與言，多自稱臣，猶今人相與言自稱僕也。』（原注：「西都賦李周翰注：『臣者，男子之賤稱，古人謙退皆稱之。』」）至天下已定，則稍有差等，而臣之稱惟施之諸侯王，故韓信過樊將軍噲，噲趨拜送迎，言稱臣，曰：『大王乃肯臨臣。』（原注：「陳平、周勃對王陵亦曰：『臣不如君。』」）至文、景以後，則此風漸衰，而賈誼新書有『尊天子，避嫌疑，不敢稱臣』之説。王子侯表有利侯釘坐遺淮南王書稱臣棄市，功臣侯表安平侯鄂但坐與淮南王女陵通，遺淮南王書稱『臣盡力』，棄市，平棘侯薛穰坐受淮南王賂稱臣，在赦前免，（原注：「免侯爵。」）皆在元狩元年。而嚴助傳，天子命助諭意淮南王，一則曰『臣助』，再則曰『臣助』，史因而書之，未嘗以爲罪；則知釘等三人所坐者交通之罪，而自此以後，廷臣之於諸侯王遂不復有稱臣者爾。（原注：「晉時有自稱民者，世説：『陸大尉對王丞相曰：公長民短。』」）然王官之於國君，屬吏之於府主，其稱臣如故。宋書：『孝武孝建元年十月己未，大司馬江夏王義恭等奏：郡縣内史及封内官長，於其封君，既非在三，罷官則不復追敬，不合稱臣。詔可。』齊、梁以後，王官仍復稱臣，（原注：「隋書百官志：『諸王、公、侯國官皆稱臣，上於天朝，皆稱陪臣。』」）而屬吏則不復稱矣。諸侯王有自稱臣者，齊哀王遺諸侯王書曰『惠帝使留侯張良立臣爲齊王』是也。天子有自稱臣者，高祖奉玉巵起爲太上皇壽曰：『始大人常以臣無賴，不能治産業。』景帝對竇太后言『始南皮章武侯，先帝不侯，及臣即位乃侯之』是也。」

〔一八〕師古曰：「謂者，與之言。」錢大昭曰：「『謂』，閩本作『語』，注同。」

〔一九〕正義：「絳侯與生常戲狎，輕易其言也。」（據會注考證本）師古曰：「言絳侯與我相戲狎，輕易其言耳。」

〔二〇〕考證：「高山寺本『相』下有『連』字。」

〔二一〕資治通鑑「爲」上有「因」字。

〔二二〕漢書高帝紀上：「莊入爲壽。」師古曰：「凡言爲壽，謂進爵於尊者，而獻無疆之壽。」

〔二三〕漢書作「厚具樂飲太尉」，師古曰：「厚爲共具，而與太尉樂飲。」

〔二四〕漢書無「此」字。

〔二五〕漢書「則」作「即」，「衰」作「壞」。御覽四〇六引周昭新撰：「陳平、周勃，感陸生而相親，……所以定劉於幾殆。」

〔二六〕漢代貴族官吏及豪商大賈，蓄養奴婢，動以百數。漢書張良傳：「良家僮數百人。」又司馬相如傳：「臨邛多富人，卓王孫僮客八百人，程鄭亦數百人。」又王商傳：「今商宗族權執，合貲鉅萬計，私奴以千數。」又王丹傳：「僮奴以百數。」又哀帝紀：「詔曰：『制節謹度，以防奢淫，爲政所先，百王不易之道也。諸侯王、列侯、公主、吏二千石及豪富民多蓄奴婢，田宅亡限，與民争利，百姓失職，重困不足。其議限制。』有司條奏：……諸侯王奴婢二百人，列侯、公主百人，關内侯、吏、民三十人，年六十以上，十歲以下，不在數中。……諸名田、畜奴婢過品，皆没入縣官。」以此文所言者爲私奴，其官奴婢未暇覼縷也。

〔二七〕游謂交游，漢書枚乘傳：「乘久爲大國上賓，與英俊并游。」文選任彦昇宣德皇后令：「客游梁，則聲華籍甚。」師古曰：「廷謂朝廷。」

〔二八〕集解：「漢書音義曰：『言狼籍甚盛。』」正義：「孟康云：『猶言狼藉，甚盛也。』按藉，言公卿假藉陸生名聲，甚敬重也。」師古注：「孟康曰：『言狼籍之甚。』」周壽昌曰：「『籍甚』，史記作『籍盛』，（案：史記一本「甚」作「甚盛」，故周氏云然。）蓋籍即藉用白茅之藉，言聲名得所藉而益盛也。甚與盛意同。孟言狼籍，失之。」器案：文選任彦昇宣德皇后令：「客游梁，則聲華籍甚。」又劉先生夫人墓誌：「籍甚二門，風流遠尚。」又劉孝標廣絶交論：「公卿貴其籍甚。」李周翰注：「籍甚，猶名聲也。」王仲寶褚淵碑文：「風流籍甚。」劉良注：「籍甚，言多也。」文心雕龍論説篇：「陸賈籍甚。」

及誅諸吕〔一〕，立孝文帝〔二〕，陸生頗有力焉〔三〕。孝文帝即位〔四〕，欲使人之南越。陳丞相等乃言陸生爲太中大夫〔五〕，往使尉他，令尉他〔六〕去黄屋、稱制〔七〕，令比諸侯〔八〕，皆如意旨〔九〕。語在南越語中〔一〇〕。陸生竟以壽終〔一一〕。

〔一〕漢書作「及誅呂氏」。

〔二〕漢書作「立孝文」。

〔三〕漢書作「賈頗有力」。

〔四〕漢書作「孝文即位」。

〔五〕漢書「陳丞相等」作「丞相平」。李慈銘曰：「慈銘案：此謂賈復以太中大夫使尉佗也。乃言者，猶云舉也。」

〔六〕漢書無「令尉他」三字。李景星曰：「『往使尉佗』下，史有『令尉佗』三字，少嫌重疊，此删之，是。」

〔七〕師古曰：「黄屋，謂車上之蓋也。黄屋及稱制，皆天子之儀，故令去之。」史記項羽本紀：「紀信乘黄屋車。」正義：「李斐云：『天子車以黄繒爲蓋裏。』」器案：屋者楃之借，説文木部：「楃，木帳。字一作幄。」又案：漢書高后紀：「太后臨朝稱制。」師古曰：「天子之言：一曰制書，二曰詔書。制書者，謂爲制度之命也，非皇后所得稱。今吕太后臨朝，行天子事，斷決萬機，故稱制詔。」後漢書光武紀上注：「漢制度曰：『皇帝之下書有四：一曰策書，二曰制書，三曰詔書，四曰誡敕。策書者，編簡也，其制長二尺，短者半之，篆書，起年月日，稱皇帝，以命諸侯王；三公以罪免，亦賜策，而以隸書，用尺一木兩行，唯此爲異也。制書者，帝者制度之命，其文曰制詔三公，皆璽封，露布州郡也。詔書者，詔，告也，其文曰告某官云，如故事。誡敕者，謂敕刺史太守，其文曰有詔敕某官，它皆倣此。』」劉攽曰：「注『告某云』，案文當更有『云』字。」獨斷上：「漢天子正號曰皇帝，……其命令：一曰策書，二曰制書，三曰詔書，四曰戒書。」

〔八〕沈欽韓曰：「御覽一百九十四引裴淵明廣州記曰：『尉佗築臺，以朔望升拜，號爲朝拜臺。傍江構起華館，以送陸賈，因稱朝亭。』」

〔九〕漢書「旨」作「指」。

〔一〇〕漢書作「語在南越傳」。史記南越列傳：「高后時，（前文已見上引。）有司請禁南越關市鐵器。佗曰：『高帝立我，通使物；今高后聽讒臣，別異蠻、夷，隔絶器物，此必長沙王計也，欲倚中國，擊滅南越，而并王之，自爲功也。』於是佗乃自尊號爲南越武帝，發兵攻長沙邊邑，敗數縣而去焉。高后遣將軍隆慮侯竈往擊之，會暑溼，士卒大疫，兵不能踰嶺，歲餘，高后崩，即罷兵。佗因此以兵威邊，財物賂遺閩越、西甌駱，役屬焉，東西萬餘里，迺乘黄屋左纛，稱制，與中國侔。及孝文帝元年，初鎮撫天下，使告諸侯四夷從代來即位意，喻盛德焉。乃爲佗親冢在真定，置守邑，歲時奉祀，召其從弟，尊官厚賜寵之。詔丞相陳平等，舉可使南越者；平言好時陸賈先帝時習使南越。迺召賈以爲太中大夫，往使；因讓佗自立爲帝，曾無一介之使報者。陸賈至南越，王甚恐，爲書謝，稱曰：『蠻、夷大長老夫臣佗，前日高后隔異南越，竊疑長沙王讒臣；又遥聞高后盡誅佗宗族，掘燒先人冢，以故自棄，犯長沙邊境。且南方卑溼，蠻、夷中間；其東，閩越千人衆，號稱王；其西，甌駱裸國，亦稱王。老臣妄竊帝號，聊以自娱，豈敢以聞天王哉？』乃頓首謝，願長爲藩臣，奉貢職。於是乃下令國中曰：『吾聞兩雄不俱立，兩賢不並世。皇帝賢天子也，自今以後，去帝制、黄屋、左纛。』陸賈還報，孝文帝大説。遂至孝景時，稱臣，使人朝請。」按：又見漢書南粤王傳。

〔二〕牛運震曰：「陸生竟以壽終，一篇絶好結束，善陸生之以智謀自全也。漢初將相功臣得以壽終者幾人哉！此中感歎不少。」何焯曰：「在兩傳中，不可無此句。」齊樹楷曰：「陸以壽終，反應上酈生，反起下朱建。」

太史公曰：「余讀陸生新語十二篇，固當世之辯士〔一〕。」

〔一〕器案：此酈生陸賈列傳太史公贊陸賈語也。索隱述贊云：「陸賈使越，尉佗慴怖；相説國安，書成主悟。」太史公自序云：「結言通使，約懷諸侯，諸侯咸親，歸漢爲藩輔。作酈生陸賈列傳第三十七。」此則申明酈、陸合傳之旨也。尋漢書酈陸朱劉叔孫傳贊曰：「高祖以征伐定天下，而縉紳之徒，（師古曰：「縉紳，儒者之服也。」）騁其知辯，並成大業。語曰：『廊廟之材，非一木之枝；帝王之功，非一士之略。』（師古曰：「此語本出慎子。」）信哉！……陸賈位止大夫，致仕諸吕，不受憂責，從容平、勃之間，附會將相，以彊社稷，身名俱榮，其最優乎！」又叙傳曰：「賈作行人，百越來賓，從容風議，博我以文。」（李奇曰：「作新語也。」）蓋自史遷斥言「賈固當世之辯士」，後世或以此少之。查慎行得樹樓雜鈔曰：「陸賈，漢初儒生之有體有用者，觀其絀尉佗以禮義，説高帝以詩、書，當吕后朝，不汲汲於功名，既能全身遠患，又能以事外之人，隱然爲社稷計安全，有曲逆智所不逮者。子房已從赤松遊，漢之不奪於諸吕，亦賴有此人也。因其與朱建善，史記概以口辯士目之，淺之乎論陸生矣。」齊樹楷史記意曰：「酈陸、劉叔孫二傳，當係前後繼續，以其所言，均關漢之得失安危也。酈、陸二人，一在得天下以前，一在其後。酈、陸乃以書生而事辯説，與蘇、張輩徒事辯説者不同。太史公傳之，令人知别。且亦高帝文學人進用之始也。」李景星漢書評議曰：「贊語曰：『騁其智辯，並成大業。』正言五人合傳之故；而於五人之出處遇合，亦頗有抑揚，雖疏宕不如史記，嚴密則過之。」一查二李辯之是矣。雖然，辯亦非貶辭，孟子稱「予豈好辯哉」（孟子滕文公下），史記鄒陽傳上書自明，言「孔、墨之辯」，「挾伊、管之辯」（又見文選鄒陽獄中上書自明），文選李蕭遠運命論：「以仲尼之辯也，而言不行於定、哀。」蓋所謂聖賢豪傑之士無不好辯矣，辯何可少哉！且辯亦自有辯也。

賈陸行事，除本傳外，尚有别見者，今最録於此，省讀者繙帑之勞也。

平原君朱建者，楚人也。故嘗爲淮南王黥布相，有辠去，後復事黥布。布欲反時，問平原君，平原君止之，布不聽，而聽梁父侯，遂反。漢已誅布，聞平原君諫，不與謀，得不誅，語在黥布語中。平原君爲人辯有口，刻廉剛直，家於長安，行不苟合，義不取容。辟陽侯行不正，（案：辟陽侯，審食其也。）得幸呂太后。時辟陽侯欲知平原君，平原君不肯見；及平原君母死，陸生素與平原君善，過之，平原君家貧，未有以發喪，方假貸服具，陸生令平原君發喪。陸生往見辟陽侯，賀曰：「平原君母死。」辟陽侯曰：「平原君母死，何乃賀我乎？」陸賈曰：「前日君侯欲知平原君，平原君義不知君，以其母故。（集解：「張晏曰：『相知當同恤災危，母在，故義不知君。』」索隱：「案崔浩云：『建以母在，義不以身許人也。』」）今其母死，君誠厚送喪，則彼爲君死矣。」辟陽侯乃奉百金往税，列侯貴人以辟陽君故往税，凡五百金。（集解：「韋昭曰：『衣服曰税。』税當爲襚。」索隱：「案説文：『税，贈終服也。』襚音式芮反，亦音遂。」案：漢書「税」作「裞」。）辟陽侯幸呂太后，人或毁辟陽侯於孝惠帝，孝惠帝大怒，下吏欲誅之；呂太后慙，不可以言，大臣多害辟陽侯行，欲遂誅之。辟陽侯急，因使人欲見平原君。平原君辭曰：「獄急，不敢見君。」迺求見孝惠幸臣閎孺，（原作「閎籍孺」，今據索隱説刪「籍」字，下同。）説之曰：「君所以得幸帝，天下莫不聞；今辟陽侯幸太后而下吏，道路皆言，君讒欲殺之。今日辟陽侯誅，旦日，太后含怒，亦誅君。何不肉袒爲辟陽侯言於帝？帝聽君出辟陽侯，太后大驩，兩主共幸君，君貴富益倍矣。」於是閎孺大恐，從其計，言帝，果出辟陽侯。辟陽侯之囚，欲見平原君，平原君不見辟陽侯，辟陽侯以爲倍己，大怒，及其成功出之，迺大驚。呂太后崩，大臣誅諸呂，辟陽侯於諸呂至深，而卒不誅，計畫所以全者，皆陸生、平原君之力也。（史記酈生陸賈傳，案亦見漢書酈陸朱劉叔孫傳）

是時，漢兵盛食多，項王兵罷食絶，漢遣陸賈説項王請太公，項王弗聽。漢王復使侯公往説項王，項王乃與漢約，中分天下，割鴻溝以西者爲漢，鴻溝而東者爲楚。項王許之，即歸漢王父母妻子，軍皆呼萬歲。漢王乃封侯公爲平國君，匿弗肯見，曰：「此天下辯士，所居傾國，故號爲平國君。」（史記項羽本紀，案又見漢書項羽列傳）

案：正義引楚漢春秋云：「上欲封之，乃肯見。曰：『此天下之辯士，所居傾國，故號曰平國君。』」此爲史記用楚漢春秋之一例也。

及趙高已殺二世，使人來，欲約分王關中。沛公以爲詐，乃用張良計，使酈生、陸賈往説秦將，啗以利，因襲攻武關，破之。又與秦軍戰於藍田南，益張疑兵旗幟，諸所過毋得掠鹵，秦人憙，秦軍解，因大破之。又戰其北，大破之。乘勝遂破之。

（史記高祖本紀，案又見漢書高帝紀）

梁玉繩曰：「月表、留侯世家及漢書紀傳，沛公以秦二世三年八月攻破武關。九月，秦遣將距嶢關。張良説沛公，張旗幟爲疑兵，使酈生啗秦將以利，秦軍懈，因引兵繞嶢關，踰蕢山，擊破之藍田關。叙次甚明。此紀不書破武關及踰蕢山事，則武關乃嶢關之誤，當云：『乃用張良計，益張疑兵旗幟，使酈生往説秦將，啗以利，因襲攻嶢關，破之，又與秦軍戰于藍田。』而『陸賈』二字似衍文，留侯世家、陸賈傳及漢書張、陸兩傳，荀悦漢紀皆無之，疑此與漢書高紀並妄攙陸賈耳。」（史記志疑卷六）